Managing Human Resources

인적자원 관리

안동규 · 신충호 · 최정웅

마인드탭
MIND TAP

머리말

현재는 정보를 지식화하여 활용하는 지식/정보화 사회이며, 4차 산업혁명 시대이다. 그러므로 최신의 화두 중 하나는 단연 "4차 산업혁명"일 것이다. 하지만 정확하게 4차 산업혁명이 무엇이냐고 물어보면 명확하게 이야기할 수 있는 사람은 별로 없는 것 같다. 단순하게 인공지능을 통한 변화 또는 기계를 통하여 시스템의 단순화 및 편리한 프로세스 구축 정도로 표현하는 경우도 있다.

1차 산업혁명은 18세기 증기기관 발명 이후 기계에 의한 생산으로, 2차 산업혁명은 19세기 후반부터 20세기 초반 전기와 생산 조립 라인의 결합에 의한 대량생산으로, 3차 산업혁명은 20세기 후반 컴퓨터와 인터넷으로 촉발된 지식정보로 일어났으며 뒤이어 세상의 모든 것이 인터넷으로 연결되고 인간과 사물의 데이터가 수집·축적·활용되는 새로운 4차 산업혁명의 시대가 시작되었다. 4차 산업혁명으로 인공지능, 나노기술, 로봇공학, 무인운송수단, 사물인터넷, 3D인쇄와 같은 6대 분야에서 새로운 기술혁신을 하고 있으며 이러한 변화를 통해 우리 사회에도 많은 영향을 끼치고 있다. 쉽게 말하면 3차 산업혁명의 정보에서 인공지능이 더해져 진화한 것이다. 3차 산업혁명에서는 자동화된 공장 설비를 통해 생산 공정을 자동화하는 데 초점을 맞췄다면, 4차 산업혁명에서는 생산 공정에 지능화가 도입되는 것이다. 지능화가 도입될 경우에는 생산 기기는 생산품과 상호작용을 하며 실시간, 근실시간으로 생산품을 구성하는 각 부품들과 요소들을 추적하고 품질 높은 생산품 양산에 활용된다.

이러한 4차 산업혁명이 내가 몸 담고 있는 조직에 어떠한 영향을 끼칠 것이냐고 질문한다면 굉장히 머리가 복잡해진다. 4차 산업시대에 직원들에 대한 교육을 어떻게 할 것인가? 조직원들은 어떻게 관리할 것인가? 직원의 채용은 어떻게 할 것인가? 사람들이 일할 수 있는 자리가 다 사라지는 것은 아닌가라는 고민이 생기기 시작한다. 4차 산업혁명은 우리 사회 모든 부분에 영향을 미치고 있고 앞으로도 더 많은 영향을 미칠 것이다. 특히 산업·경제·교육·고용 등 전반적인 생활에 많은 영향을 미칠 것이다.

아직까지 4차 산업혁명이라는 말이 추상적으로 들릴지도 모르고, 위협적인 존재로 생각될지도 모른다. 하지만, 이것이 곧 기회가 될 수 있다. 누가 먼저 변화에 적응할 수 있냐는 부분이 지금 시대를 생존하는 가장 큰 요소이기에 지금 기회를 잡는다면 충분히 성공할 수 있을 것이다.

이제는 4차 산업혁명에 대한 파고를 넘어야 하는 과제를 풀어야 한다. 특히 인적자원관리 측면에서는 그 고민이 크지 않을 수 없다. 사람이라는 본질에 집중해야 한다는 주장부터 새로운 체계를 도입해야 한다는 목소리도 있다. 산업의 구조와 쓰임이 달라지는 상황에서 인적자원관리가 태동했던 배경과 목적성을 되돌아 보면 좀 더 명확한 방향성을 찾을 수 있다. 4차 산업혁명의 영향에 직접적으로 노출되는 직무에 대한 경쟁력 약화로 기존 인력들의 직무전환과 재교육 수요가 상당할 것이다. 지속적인 근로시간의 단축과 압축성과를 창출해야 하는 능력을 습득하고 강화해 나가야 한다. 이와 관련한 부분을 종합하면 궁극적으로 경력개발과 관리에 주목해야 할 것이다. 조직 내에서의 경력관리가 아닌 조직을 넘어선 상당히 전문화된 코칭을 접목한 경력개발이 중요해진다. 개방형 경력개발모델에 경력개발 코칭서비스가 커리어 블랙박스에 내재화되는 확장된 개방형 경력개발모델을 실무에 구현해야 할 것이다. 이것이 제4차 산업혁명시대에 대응하는 인적자원관리의 주요한 전략적 과제가 될 것이다. 기업 내부에서는 경력개발/관리가 특정 직군/직무와 인력의 전환배치에 활용되거나 의욕과는 달리 전사적으로 작동되지 않는 경우가 대다수였다. 때문에 인사관련 임원들은 경력개발/관리에 대한 불신이 상당한 것이 현실이다. 하지만 4차 산업혁명 새대를 맞이하여 조직과 개인이 모두 상생을 통한 생존을 모색해 나가려면 개인 차원의 경력개발/관리에 주목해야 한다.

현대 경영학의 아버지인 피터 드러커는 "경영은 사람에서 시작해서 사람으로 끝난다"라는 말을 하였다. 경영에 있어서 인적자원관리가 가장 중요하다는 의미일 것이다.

최근 미국 경영자들을 대상으로 조사한 자료에 의하면, "경영자들이 가장 고민하고 있는 것이 무엇인가"에 대한 질문에 인적자원관리가 1위로 나타났다. 인적자원관리가 미국 경영자들에게 가장 시급한 현안이라고 조사된 경과의 타당성은 우리 현실에서도 큰 이견이 없을 것이다.

본서는 다음과 같은 점을 강조하여 출간하였다.

첫째, 각 장마다 내용과 관련 있는 최신의 정보를 각 장의 앞부분에 실어 내용의 이해를 돕는 데 도움을 주고자 하였다.

둘째, 교재의 전체적 흐름을 기업(또는 조직)에서 실질적으로 인적자원관리를 하는 데 초점을 맞추어 서술하였다.

셋째, 가능한 한 이해하기 쉽도록 표현을 간결하게 표현하였고, 표와 그림으로 내용을 쉽게 이해할 수 있도록 하였다.

넷째, 저자들의 직무 경험을 최대한 반영하여 인적자원관리를 이해하고 활용하고자 하는 개인이나 조직에 실질적 도움을 주고자 하였다.

저자 모두가 본서의 집필을 시작할 때 나름대로 본서에 대한 열의가 대단하였지만 막상 마무리 하려고 하니 부족한 점이 있어 아쉽고 부끄럽기도 하다. 그러나 앞으로 더 큰 책임감과 열정을 안고 수정·보완하여 인적자원관리를 활용하고자 하는 분들에게 보탬이 되도록 노력할 것을 약속드린다.

마지막으로 저자들이 오늘이 있기까지 가르치시고 이끌어 주신 은사님들과 이 책을 저술하는 데 많은 도움을 주신 동료 선배님과 후배들에게 지면을 빌어 감사를 드리며, 아울러 본 교재를 집필할 수 있도록 격려와 사랑을 보내준 가족들에게도 감사를 드린다. 또한 본서를 출간하는 데 적극적인 도움을 주신 마인드탭의 김중용 대표님과 좋은 교재가 될 수 있도록 편집에 도움을 주신 심성보 이사님께 감사를 드린다.

"教學相長"

2019년 2월

저자 일동

차 례

Chapter 1

인적자원관리 개요

2024년 콜센터, 2049년 소설가, 2053년 외과의사… "AI, 50년 내 인간의 모든 직업 접수"

손정의 소프트뱅크 회장 도쿄강연 "2061년엔 인간이 설 자리 없을 것… 기업경영인들 지금부터 준비해야"

2018년 7월 19일 오전 일본 도쿄 미나토(港)구의 한 호텔. 세계 정보기술(IT) 업계를 주도하는 일본 소프트뱅크그룹의 손 마사요시(한국명 손정의) 회장은 직원들을 대상으로 한 강연을 이런 말로 시작했다. 강연장의 3,000석을 메운 직원들은 '무슨 말이지?' 하고 궁금한 듯 웅성거렸다. 손 회장은 "이미 인공지능(AI)이 모든 산업 구조를 바꾸기 시작했다"며 강연을 이어갔다.

손 회장은 50년 안에 AI가 인간의 모든 직업을 대체할 것으로 내다봤다. 2024년엔 '상담 로봇'이 콜센터 직원을 대체하고, 2027년엔 운전사 없이 자율주행이 가능한 트럭과 멜로디 전개 방식을 학습한 작곡기계가 인간을 대신할 것으로 예상했다. 2031년 판매원, 2049년 소설가, 2053년 외과의사가 AI에 자리를 내주고 2061년이 되면 AI 기능이 탑재된 로봇이나 기계가 모든 직업 분야에 투입될 것으로 예측했다. 손 회장은 "인간이 AI로 한번 대체되고 나면 다시는 그 자리에 투입될 수 없을 것"이라며 "기업경영자들은 지금부터 AI 산업을 준비해야 한다"고 강조했다.

손 회장은 지난해 5월부터 IT 투자펀드인 '비전펀드'를 만들어 AI 관련 유망 벤처기업에 투자하고 있다. 사우디아라비아 국부펀드를 비롯해 애플이나 퀄컴 같은 세계적인 IT기업들로부터 지원을 받아 1,000억 달러(약 113조 4,000억원)의 자금을 만들었다. 이 펀드로 투자한 벤처기업만 30곳이 넘는다. 손 회장은 비전펀드로 투자한 기업들에 대해 "AI 산업끼리 교류를 해 더 행복한 세상을 만드는 것이 목표"라고 말했다.

손 회장은 미국의 '우버', 중국의 '디디추싱(滴滴出行)' 등 차량공유 서비스 회사들에 잇달아 투자하면서 세계의 차량공유 서비스 시장을 장악하고 있다.

AI가 대체할 직업들

연도	직업
2024	콜센터
2027	트럭 운전사, 작곡가
2031	판매원
2049	소설가
2053	외과의사
2061	모든 직업

자료: 소프트뱅크

디디추싱은 차량공유 관련 애플리케이션에 AI 기술을 적용해 이용자가 목적지까지 막힘없이, 가장 빨리 갈 수 있는 길을 안내하는 시스템을 구축 중이다.

손 회장은 이날 강연에서 중국의 AI 기술을 높이 평가해 눈길을 끌었다. 그는 "중국이 AI산업에서 현재 세계 톱 수준"이라고 말했다. 바이두(百度)의 자율주행 버스 '아폴롱', 5,000개 점포 개점을 목표로 하는 무인 편의점 '빙고박스' 등이 대표적이다. 반면 규제를 풀지 않는 일본에는 쓴소리를 던졌다. 그는 "차량 합승 사업 등을 금지하고 있는 것은 정말 바보 같다"며 "기존 업계를 지키기 위해 미래(의 도전)를 포기하는 것은 좋지 않다"고 지적했다.

소프트뱅크그룹 연례행사 '소프트뱅크월드'의 대표 프로그램 중 하나로 진행되는 손 회장의 강연은 2012년 그룹 내 계열사들을 대상으로 시작됐다. 손 회장의 통찰력을 엿볼 수 있는 기회로 알려지면서 행사 규모가 커지고 있다.

(동아일보, 2018년 7월 20일)

제 1 절

인적자원관리의 정의와 중요성

1.1 인적자원관리의 정의

인적자원관리(HRM: Human Resource Management)는 조직의 목적을 달성하기 위하여 효율적으로 활용하여야 하는 자원 중에 인적자원을 선발하고 개발하며, 직원들의 활동에 대한 정당한 보상을 하고 직원들이 이직하지 않고 잘 근무할 수 있도록 관리하는 모든 활동을 말한다.

이를 위해서는 인적자원계획(HRP: Human Resource Planning), 인적자원개발(HRD: Human Resource Development) 그리고 인적자원활용(HRU: Human Resource Utilization)의 계획적인 관리가 필요하다.

그리고 인적자원관리는 직원의 채용·선발·배치부터 조직설계·개발, 교육과 훈련까지를 포괄하는 광범위한 활동에 있어 종래의 인사관리의 틀을 넘어선 더욱 포괄적인 개념이다.

1.2 인적자원관리의 중요성

인적자원관리는 기업활동의 성과를 좌우하는 중요한 활동이다. 기업이 자금과 기계, 원료 등의 생산요소를 결합하여 가치를 창조하는 것은 이를 결합하는 인간의 정신적, 육체적 능력에 의한 것이며, 이들 성과는 개인의 능력이나 노력뿐만 아니라 기업활동에 참가하는 모든 사람들의 협업에 의하여 이루어지는 것이다.

이와 같이 인간이 조직을 통하여 각자의 능력을 발휘하는 과정을 적절히 기업 전체의 역할로 통합하는 것은 경영성과를 높이는 데 매우 중요하면서도 가장 어려운 기능 중의 하나이다. 그래서 어떤 경영자는 "경영은 사람에서 시작해서 사람으로 끝난다"라고 강조하기도 했다. 이와같은 표현은 경영에서 인간활동의 관리가 핵심이 된다는 것을 강조하는 것이다. 이것은 기업의 규모나 업종에 따라 다소 차이는 있지만 그 중요성의 차이는 없다.

기업이 인적자원관리를 효율적으로 함으로써 기업의 생산성을 높인다면 이는 바로 기업의 기본적인 기능, 즉 고객에게 보다 좋은 재화나 서비스를 보다 나은 가격과 좋은 조건으로 제공하는 결과를 가져오므로 이는 사회에 공헌하는 기본방향이 된다.

그러나 우리는 보다 직접적으로 기업에서의 인적자원관리가 기업에 참가한 사람들에게 보다 인간다운 대우를 받는 직장을 제공함으로써, 그러한 직장에서 일하는 사람들이 일하는 보람을 가지고 자신의 능력을 키우고, 직무를 통하여 발휘함으로써 기업도 발전하고 개인도 경제적으로 생활이 향상되고, 사회적으로도 원만하고 안정된 인간관계를 형성하면 보다 향상된 인생을 설계하는 데 기본 바탕을 만들 수 있는 것이다. 이렇게 볼 때 기업의 인적자원관리는 기업 자체의 목적뿐만 아니라 이에 참가하는 사람들의 개인적인 목적도 실현하게 하는 중요한 수단이 된다.

제 2 절

인적자원관리의 체계와 과정

인적자원관리는 필요한 인력(man power)을 확보하고 이들의 능력을 최대한 개발하여 조직의 목표를 달성하고 아울러 개인의 성장과 발전을 위한 관리활동을 말한다. 그러므로 인적자원관리의 궁극적인 목표는 개인의 목표와 조직의 목표가 동시에 달성되는 방향으로 나아가야 된다.

그러므로 인적자원관리는 목표달성을 위하여 조직이 필요로 하는 인적자원을 확보하고 이들을 개발·보상 그리고 유지하는 활동을 여러 환경적 조건과 관련하여 계획·조직·지휘·조정·통제하는 관리활동이라 할 수 있다.

그림 1-1 인적자원관리의 체계

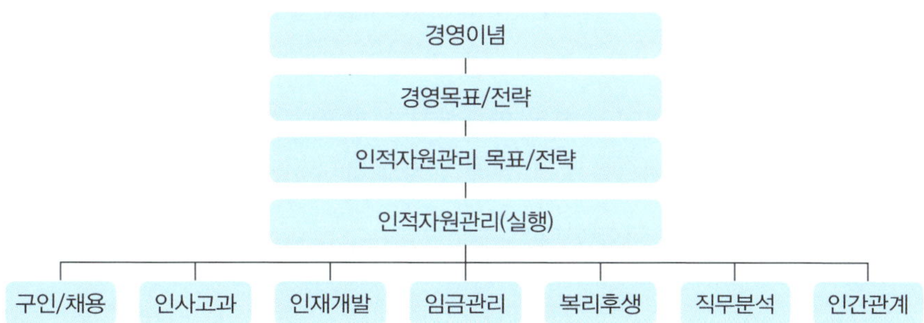

그림 1-2 인적자원관리의 과정

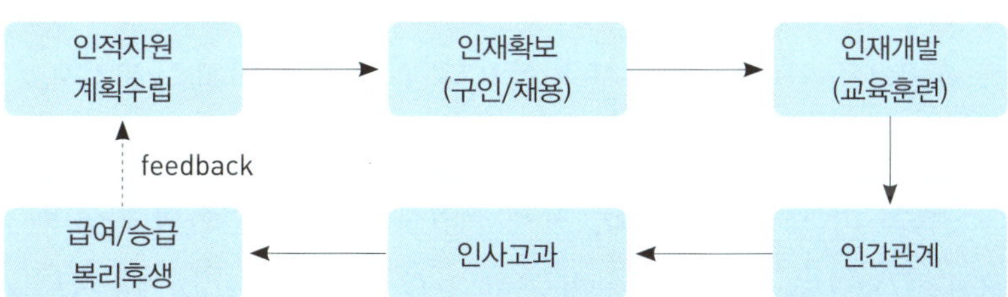

제 3 절

인적자원 개발의 환경변화와 글로벌 기업의 인적자원 개발 구조

3.1 인적자원 개발의 환경변화

인적자원관리는 최근에는 기업이 추구하는 가치 비전이나 기업전략이 글로벌화됨에 따라 인사전략을 수립하는 프로세스와 정책 실행 프로세스를 유기적으로 통합 관리하는 전략적 인적자원관리 모형이 요구되고 있다.

글로벌 인적자원관리는 크게 네 가지 형태가 단계적으로 나타난다.

1단계: 본국 중심의 집권화전략으로 본사가 있는 본국의 인사 정책을 그대로 현지 국가에 적용한다.

2단계: 현지 중심으로 글로벌화된 국가 간의 다양성을 인정하고 해외지사 운영을 현지인들에 맡기는 등 본사의 개입을 최소화한다.

3단계: 지역 중심 전략으로 세계를 몇 개의 지역으로 구분하여 지역을 관리하는 관리자를 지역 내에서 확보하고 육성한다.

4단계: 글로벌화 전략으로 지역과 국적에 관계없이 전체 기업을 하나의 글로벌 네트워크로 운영한다.

3.2. 글로벌 기업의 인적자원 개발 구조

결국 글로벌화된 환경하에서는 지역이나 국적에 관계없이 글로벌 노동 시장에서 새로운 인재를 발굴하여 교육, 훈련시키며 이를 통하여 글로벌화된 인재를 육성하는 것이다. 따라서 기업은 글로벌 가치 비전을 중심으로 기업전략과 인사전략에서도 글로벌 노동 시장을 기반으로 해야 한다.

특히 최근 정보 산업화, 전자 산업화, 지식 산업화의 기업 환경과 고령화, 여성화, 정규직·비정규적 간의 격차 등은 국내의 기업 환경을 넘어서 글로벌 노동 시장에서의 인적자원관리에 대한 전략적 중요성을 증가시키고 있다.

그림 1-3 글로벌 기업의 인적자원 개발 구조

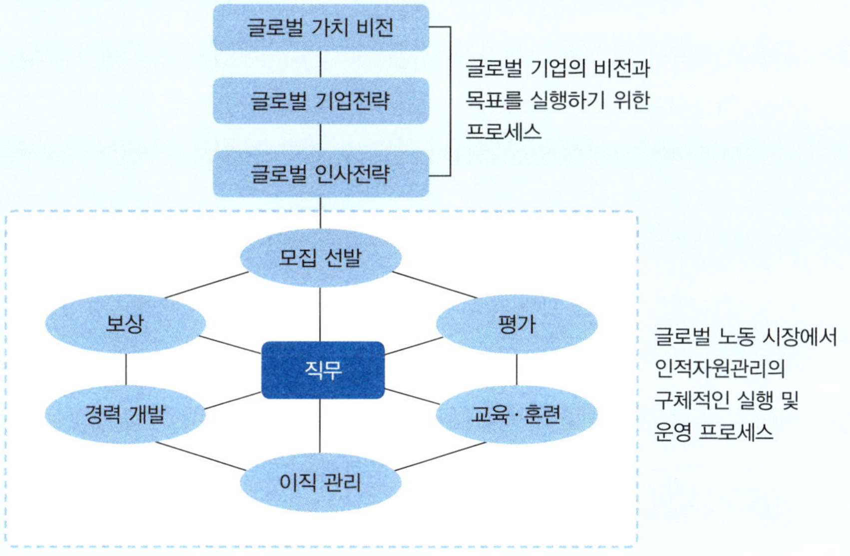

제 4 절

인적자원관리의 원칙

인적자원관리의 기본 원칙은 능력주의, 적재적소 등 개인의 업적이나 적성 및 소질을 감안하여 각 분야별로 본인의 능력을 충분히 발휘하도록 배치해야 한다. 따라서 공정성, 일관성, 합리성을 기본 원칙으로 한다.

그림 1-4 인적자원관리의 원칙

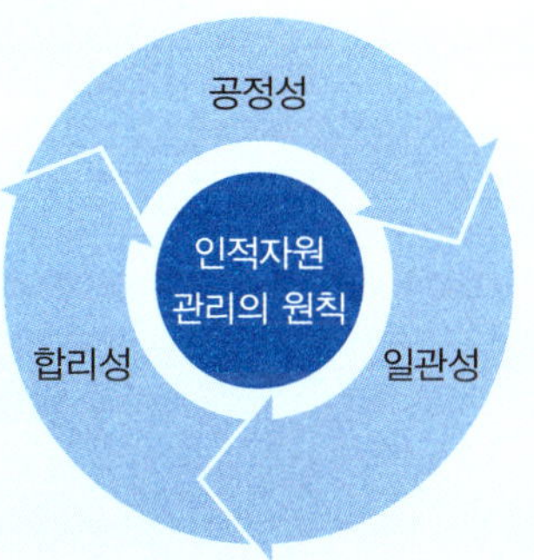

1) 공정성의 원칙

인적자원관리와 관련된 의사결정 과정에서 어느 한쪽에 유리하지 않도록 공정한 과정과 절차를 거쳐야 하며, 이에 대하여 통제 가능하여야 한다. 또한 성과를 배분하는 점에서도 공정해야 하며, 조직 구성원의 상호 이해 관계에서도 어느 한쪽이 일방적으로 유리하지 않도록 해야 한다.

2) 일관성의 원칙

일관성은 인적자원관리의 원칙을 수립하고 운영하는데, 제도나 관리 면에서 일관성을 유지하는 것이다. 만약 경우에 따라 제도나 관리의 기준이 바뀌게 된다면 조직 구성원 사이의 신뢰를 형성할 수 없다.

3) 합리성의 원칙

인적자원관리가 조직의 성과 향상에 도움이 될 수 있어야 한다는 것이다. 만약 인적자원관리의 수행 절차나 과정에 있어서 비합리적인 측면이 발생하게 되면 조직 내부와 외부에 대한 설득력을 상실할 것이고 조직 구성원의 불만을 가져와 조직 성과에 나쁜 영향을 미칠 것이다.

제 5 절

인적자원관리의 발전과정

5.1 테일러의 과학적 관리의 인사관리(1910년대)

생산능률을 향상시키기 위해 작업 과정에서 시간연구와 동작연구를 행하여 과업의 표준량을 정하고, 그 작업량에 따라 임금을 지급함으로써 조직적인 태업을 방지하며 생산성을 향상시키려는 관리방식이다. 미국의 테일러(F. W. Taylor)가 창시하였으므로 테일러 시스템이라고도 한다.

과학적 관리법의 기본철학은 생산성 향상을 통해 노사 모두 '최대 번영'을 이루어야 한다는 것이다. 여기서, '최대 번영'은 곧 최대 생산이고, 고용주에게는 큰 이익을, 노동자에게는 더 많은 임금을 의미한다. 생산성 향상을 통한 최대 번영을 이루기 위해 노동자는 자신의 능력을 최대로 발휘하여 열심히 일해야 하며, 생산방식은 과학적으로 혁신되어야 하고, 경영자는 더 적극적으로 자기 역할을 해야 한다.

그림 1-5 테일러 시스템

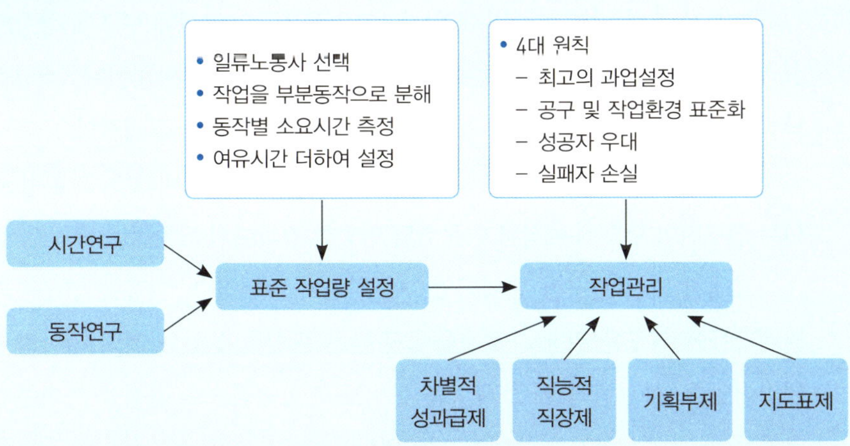

이 과학적 관리법을 실현하기 위해서는 시간/동작연구, 노동/작업 방식의 개발/표준화, 일류노동자들의 선발과 훈련, 과업 설정, 작업 관리 등이 이루어져야 한다.

5.2 메이요의 인간관계적 인사관리(1920~1940년대)

20세기 초 하버드 대학의 메이요(E. Mayo) 교수는 호손이라는 GE 계열의 전기회사를 상대로 실험을 시작했다. 작업 환경 개선에 따른 작업 능률 향상을 연구하려는 것이었다. 당시에 GE는 전구의 생산량을 늘리기 위해 여러 가지 시도를 하던 중에 학계와 정부에 연구를 의뢰했다.

연구진은 먼저 조명상태·소음·습도 등의 작업장 환경이 근로자들의 생산성에 미치는 영향을 알아보기로 했다. 그래서 조명의 밝기를 몇 단계로 나눈 다음 한 단계씩 차례로 밝게 만들었다. 그리고 계속 연구진과 회사 관계자들이 그 차이점을 조사하면서 근로자들에게 물어보며 관심을 쏟았다. 작업장의 밝기를 높일수록 당초 예상대로 생산량이 증가했다.

몇 단계를 거치면서 공장 안이 대낮처럼 밝아지자 처음과는 비교가 안 될 정도로 생산량은 높아지고 불량률은 낮아졌다. 그래서 연구진과 회사 관계자들은 작업 환경이 작업 능률에 미치는 영향이 지대함을 확인했으며 연구가 성공하는 듯했다.

그래서 조명 상태를 다시 원위치해보기로 했다. 그런데 당초에 상상하지 못한 일이 생겼다. 조명을 낮췄는데도 생산량은 약간 증대된 것이다. 조명을 계속 낮춰서 실험을 시작 단계로 어둡게 해서야 생산량이 조금 떨어졌다.

하지만 그 생산량도 실험을 처음 시작할 때의 양과는 비교할 수 없이 높았다. 이는 연구진이 당초에 예상하지 못했던 엉뚱한 결과여서 당황할 수밖에 없었다.

그래서 다시 연구가 진행되었으며 원인이 밝혀졌다. 이유는 연구진과 회사 관계자들이 연구를 위해 근로자들에게 많은 관심을 쏟았던 것이 생산량 증가의 원인이었다. 불편함과 애로 사항을 물어보고 집중적으로 관심을 보여주면서 근로자들의 사기가 급격히 높아진 것이었다.

메이요 교수는 근로자들은 작업환경이나 금전(보수)적 요인보다는 심리적인 요인들(긍지감·동료애·관심·기대감·칭찬·의견 존중을 통한 불만 해소 등)이 근로자의 생산성을 증가시킨다는 것을 알았다. 이것이 인사관리의 시초가 되었으며 인사관리의 개념 "근무자가 일을 통해 생계 보장은 물론 삶의 보람과 행복과 인생의 보람까지 느끼도록 여건을 조성해주고 이를 지속적으로 지원·관리하는 것"이 설정되었다.

이 호손 실험 결과로 인해 기업생산성을 결정하는 조건으로 테일러의 과학적 관리법을 부정하고 인간관계의 중요성을 처음으로 부각시킨 계기가 되었다. 이때까지 테일러의 과학적 관리의 원칙, 즉 테일러의 시간연구, 길브레스의 동작연구, 시간 및 노력의 낭비 없이 경제적인 작업방법과 표준시간을 설정하고 적성에 맞는 작업자를 선발해서 훈련시켜 장려금제도를 실시했고 생산성을 향상시킨 능률제일주의와 고임금, 고능률의 포드시스템이 생산성을 향상시키는 임금 제일주의가 주류를 이루었으나 앞에서 언급한 것처럼 호손 실험 결과 인간을 생산활동 도구가 아닌 생산활동의 주체로 인식해서 인간적 만족감을 느낄 때 생산에 대한 태도가 변화하고 스스로 생산능률을 향상시킬 의욕을 갖는다고 인식되어 임금이나 작업조건은 이와 비교해 덜 중요하게 인식되었다.

5.3 매슬로우의 욕구단계설의 인사관리(1950~1960년대)

매슬로우(A. Maslow)는 인간의 욕구는 욕구단계이론을 제시하였다. 매슬로우는 인간의 행동을 유발하는 욕구체계를 제시함으로써 인간행동이론에 있어서 동기를 이해하는 데 많은 기여를 하였다.

그림 1-6 매슬로우의 욕구 5단계

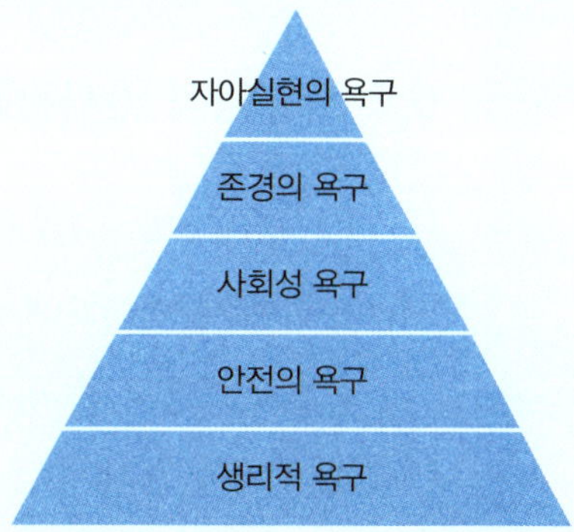

매슬로우의 욕구 5단계 이론은 다음과 같다.

생리적 욕구

의식주에 대한 욕구로 생명을 유지해 가기

위한 기본적인 욕구를 말한다. 음식, 물, 공기, 수면, 성(性), 추위나 더위로부터의 보호, 감각적 자극에 대한 욕구 등이 포함된다.

안전의 욕구

생리적 욕구가 충족된 후에 나타나는 욕구로 확실하고 잘 정돈되고 예측할 수 있는 환경 내에서 생활하고 싶은 욕구를 말한다. 위험, 위협에서 자신을 보호하고 불안을 회피하려는 욕구 등이 포함된다.

사회성 욕구: 소속과 애정에 대한 욕구

가족과 친구, 친지 등과 친교를 맺고 원하는 집단에 귀속되고 싶어하는 욕구를 말한다. 이 욕구는 사회적인 고독, 소외, 배타성을 경험할 때 특히 강하게 나타난다.

존경의 욕구: 자기존중의 욕구

소속단체의 구성원으로 명예나 권력을 누리려는 욕구를 말한다. 자기존중과 존경, 지위, 신분, 인정 등이 포함된다.

자아실현의 욕구

자신의 재능과 잠재력을 최대한 발휘해서 자신이 이룰 수 있는 모든 것을 성취하려는 가장 높은 수준의 욕구를 말한다. 다른 욕구와 달리 욕구가 충족될수록 더욱 증대되는 경향을 보여 '성장욕구'라고 부르기도 한다. 알고 이해하려는 인지욕구나 심미욕구, 자기완성욕구 등이 포함된다.

5.4 시스템적 인사관리(1970~1980년대)

1970년대 이후 1980년대에 걸쳐 크게 보급된 시스템이론은 종래의 폐쇄적 인사관리의 연구방법에서 개방적 인사관리에의 연구방법의 변화를 가져오게 되었다.

종래의 기계론적, 인간관계적 인사관리의 폐쇄적 접근방법과 대조를 이루는 개방체계적, 동태적 접근방법의 인적자원관리 필요성이 강조되는 등의 변화가 이루어지게 되었다.

시스템적 이론에 입각한 인사관리는 인사관리를 하나의 시스템으로 인식하는 것에서 출발한다. 일반적으로 시스템은 뚜렷한 목적을 가지며, 구성인자가 유기적으로 연결되어 있고, 동시에 각 구성인자가 상호작용을 하는 하나의 결합체라 할 수 있다. 시스템을 하나의 실체로 볼 때 시스템은 전체성·목적성·구조성·기능성을 그 속으로서 지니고 있다.

그림 1-7 시스템의 정의

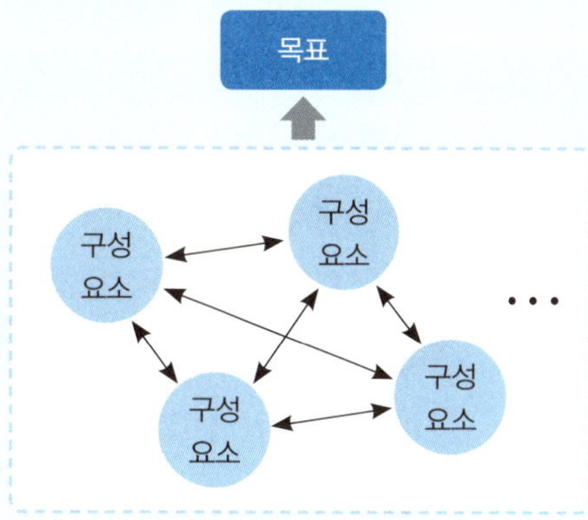

전체성

'전체는 부분의 합보다 크다'라는 말로서 설명될 수 있는 것이다. 상위 시스템은 하위 시스템의 결합으로 이루어지며 상위 시스템 또한 다른 상위 시스템의 하위 시스템으로써의 역할을 한다. 그러나 그 전체는 각 부분의 하위 시스템의 단순한 총합이 아니라 그 이상의 것이 된다. 시스템의 유기적 결합은 단순한 합의 개념이 아니라 승의 개념으로서 소위 말하는 시너지 효과를 가지고 있다.

목적성

시스템은 목표 지향적 행동을 한다. 이러한 시스템의 목표는 부여된 자원을 최대한 활용하여 가치를 창조하는 데 있다고 말할 수 있다. 시스템은 요구조건 내지 제약조건하에서 어떤 목적을 달성하고자 하는 목적적 행동을 한다.

구소성

시스템의 유기적 결합과 관련된 속성으로 시스템의 구성인자는 서로 유기적으로 연결된 구조를 지닌다. 시스템의 구조는 상·하위를 나타내는 수직적 측면과 동위를 나타내는 수평적 측면의 유기적인 관계를 이루고 있다. 그러므로 구성인자가 어떤 수준에 있는지 파악하는 것은 시스템분석에 중요하다. 이와 같이 시스템은 그의 구조적인 속성에 따라서 상위, 하위, 동위계층의 각 구성인자들의 유기적인 관계를 지니고 있다. 또 시스템의 구조에는 시스템 자체의 내부 상호연관뿐만 아니라, 그 시스템 외부환경과의 상호연관성도 포함된다.

기능성

시스템은 각 구성인자 간의 상호작용을 하는 데 이를 기능성이라 한다. 앞의 세 가지 속성(전체성, 목적성, 구조성)이 시스템이 돌아가는 데 있어서 정태적이라면 시스템의 기능적 측면은 외부환경이나 조건에 대해 동태적인 측면이 강하다고 할 수 있다. 기능적인 측면에서 시스템의 구조속의 전환과정을 파악할 필요가 있다. 전환과정을 나타내는 블랙박스 속에는 구조적인 측면과 기능적인 측면이 함께 존재한다. 또 시스템의 기능적인 상호작용은 대내적·대외적인 환경과 끊임없이 상호 작용한다. 폐쇄시스템이 아닌 개방시스템으로서의 시스템은 항상 외부환경과 끊임없이 상호작용을 한다.

5.5 전략적 인적자원관리(1980년대 이후)

1980년대 이후 종래의 전통적 인사관리의 연구방법을 통합한 총합적·전략적 관점에서 인적자원관리 및 전략적 인적자원관리의 접근법이 이용되고 있다. 인사관리에서 인적자원관리로 변경이 되었듯이 사람을 채용·교육훈련·배치·보상·성과창출능력 유지·이직 및 퇴직에 이르는 과정 중심에서 사람을 자원의 관점에서 부가가치를 창출할 수 있도록 확보된 인력의 능력을 최대한 발휘할 수 있도록 개발하여 효율성을 증대하는 방향으로 전환되고 있다.

최근의 인적자원관리는 기업의 경제적 성과향상에 중점을 둔 인적자원의 경제적 가치존중과 인격적 존재로 이해하는 인간성 중시의 관리에 바탕을 두고 있으나, 그 후 경영전략과 인적자원관리의 이론을 통합하는 전략적 인적자원관리의 중요성을 강조하고 있다.

1980년대 전반까지 인적자원관리는 구체적인 프로그램의 개발이나 활용에 관심을 가졌을 뿐, 인적자원관리가 기업의 장기경영전략을 고려하고 지원하는 방향으로 이루어져야 한다고 강조하지 않았다. 특히 한국기업들의 인적자원관리가 장기적 관점에서 평생고용을 근간으로 하고 있었고, 그러한 맥락에서 회사의 장기경영전략과는 별도로 인적자원을 관리하는 관행을 가지고 있었다. 그러나, 1987년 민주화 조치 이후 생산성 향상을 상회하는 과도한 임금인상이 인적자원관리의 역할과 효용성을 다시 생각하게 만들었다. 인적자원관리가 기업 전체의 성과에 기여하는 분명한 역할을 요구하게 되었고, 현장관리자와 인사부서 간에 인적자원관리에 관한 권한과 책임도 재정립되는 과정을 겪게 되었다. 이러한 현상은 1990년대 말경에 맞이한 외환위기 때 다시 나타나게 되어 회사의 경영전략과 인적자원관리는 구분해서 생각할 수 없게 되었고, 기업의 재무적 성과가 인적자원관리에서 중요한 과제가 되었다.

"4차 산업혁명의 핵심은 사람"

미래는 비판적·사회적·인지적 능력 갖춘 융복합적 인재 요구
"21세기형 인재가 되기 위해선 나 자신을 되돌아 봐야"

4차 산업혁명에 대한 사회적 관심이 고조되는 가운데 문재인 정부는 대통령 직속 '4차 산업혁명위원회'를 신설하기로 했다. 자율주행차, 정밀의료, 드론 등을 선도 신산업 분야로 선정하고 예산과 인력을 지원할 예정이다.

한편 인공지능(AI)이 몰고 올 일자리 변화에 대한 우려의 목소리도 높다. 한국고용정보원이 최근 발표한 '인공지능, 로봇의 일자리 대체 가능성 조사' 결과에 따르면 2025년에는 우리나라 전체 직업종사자의 업무수행능력 중 70.6%를 AI, 로봇이 대체할 것으로 보인다.

4차 산업혁명의 기대와 우려 속에서 최근 발간된 〈4차 산업혁명, 교육이 희망이다〉(경희대학교 출판문화원 펴냄)는 4차 산업혁명이 가져올 다양한 변화 가운데서도 교육에 주목하고 있다.

교육공학전문가이자 미래교육학자인 미국 버지니아대 류태호 교수가 펴낸 이 책은 4차 산업혁명에 따른 교육 환경과 방법, 학습법의 변화, 무엇보다 지식을 습득하는 학습자 자신의 변화까지 아우르며 교육이 나아갈 방향을 제시한다.

21세기형 인재, 비판적·창의적 사고 중요하다

류태호 교수는 "미국과 영국 등이 4차 산업혁명을 주도할 수 있었던 가장 큰 이유는 교육"이라며 "새로운 패러다임의 출현에 두려워하기보다, 이를 교육에 변화를 줄 수 있는 좋은 기회로 삼아야 한다"고 말했다.

4차 산업혁명 시대는 사물인터넷(IoT)과 빅데이터, AI, 가상현실(VR)과 증강현실(AR), 3D 프린팅, 바이오 등 과학기술이 인간의 삶에 더욱 깊이 들어와 관여하는 '기술 지배적' 사회로 예측하는 목소리가 높다.

그러나 류 교수는 '사람 지배적'인 사회가 될 것이라 전망한다. "다가올 미래에 우리가 해결해야 할 문제는 대부분 새롭고 불분명한 문제일 것"이라며 "유연하고 비판적인 사고, 창의적 발상을 통해 복합적 문제를 해결하는 능력이 더욱 중요해질 것"이라고 말했다.

따라서 "4차 산업혁명의 핵심은 사람"임을 강조하는 류 교수는 "미래교육은 새로운 산업과 아이디

어를 끊임없이 창출해 나가는 21세기형 인재를 양성하는 데 초점을 맞춰야 한다"고 말했다.

미래 지식은 '공유의 지식', 핵심 역량을 함께 키워야

류 교수는 "지금까지의 지식이 학습자가 교수자에게 '받는 지식'이었다면, 앞으로의 지식은 '공유의 지식'이 될 것"이라며 "교수자 중심 수업에서 학습자 중심 수업으로 변화하고, 정보의 생산자, 전달자, 소비자의 구분이 없이 사회적 학습이 가능하다"고 말했다.

이어 한국 교육에 대한 생각도 밝혔다. "현재 한국 교육은 지식, 기술 등 직무 역량을 보다 더 중요하게 여긴다"며 "능력을 강조하는 핵심 역량도 함께 염두에 둬야 한다"고 강조했다.

세계경제포럼이 4차 산업혁명 시대에 인재가 갖춰야 할 역량으로 꼽은 것은 복합 문제 해결 능력, 비판적 사고 능력, 창의력, 인적자원관리 능력, 협업 능력, 감성 능력, 판단 및 의사 결정 능력, 서비스 지향성, 협상 능력, 인지적 유연력 등이다.

류 교수는 "미래에는 자기 자신부터 변화해 인생을 주도해 나가는 사람이 성공할 수 있다"며 "자신의 장점, 단점, 꿈과 목표 등 자신에 대한 탐구가 필요하다"고 말했다. 이어 "타인의 눈으로 볼 땐 실패한 일일지라도, 나 자신이 그것을 공부로 받아들이면 성공한 것"이라고 도전의 중요성을 강조했다.

(경희대학교 출판문화원)

Chapter 2

인적자원관리와 직무연구

취업준비 시작은 직무분석

필자는 예전 취업준비생들을 만나면 가장 먼저 “어느 기업에 가고 싶나요”라고 물었는데 지금은 다르다. 어느 기업이 아닌 어떤 직무를 하고 싶은지 묻는다. 답변을 못하는 취업준비생들이 많고, 일부는 전공과 관련된 업무를 하고 싶다고 말하기도 하고 막연히 사무직이나 영업직 등의 업무를 하고 싶다고 말하기도 한다. 그럴 때 그들에게 다시 묻는다. “지원하는 직무가 구체적으로 어떤 일이냐”라거나 “직무수행에 필요한 역량은 무엇이라고 생각하고 그 역량을 가지고 있느냐”라는 질문이다. 그런데 취준생 거의 전부가 이런 질문에 제대로 답하지 못한다.

직무는 신입사원 조기퇴사와 직결된 문제다. 잡코리아 조사에 따르면 ‘자신의 적성에 맞지 않는 직무’를 퇴사 이유로 꼽는 사람이 22.5%로 가장 많았다. 사람인 조사에서는 1년 이내에 퇴사하는 신입사원이 10명 중 3명, 국내 687개 기업을 대상으로 한 설문조사에서는 79.6%가 “입사 1년을 채우지 않고 퇴사한 신입사원이 있다”고 답했다. 피고용자와 고용주 모두 직무 동기가 불분명한 탓에 신입사원의 퇴사율이 높다는 것을 알 수 있다.

퇴직한 신입사원들은 다시 취업준비를 위해 고군분투해야 하고 기업은 새로운 직원을 뽑아 교육시키는데 돈을 낭비해야 하는 악순환이 반복되고 있다. 취업성공률을 높이기 위해, 입사 후 이직을 고려하지 않고 업무에 집중하기 위해, 자신의 경력 개발을 위한 로드맵 설정이 필요하다.

그러면 어떻게 해야 할까. 알고 보면 어렵지 않다. 포털 사이트에 ‘NCS’라고 검색하면 ‘국가직무능력표준’이라는 사이트가 나온다. 산업현장의 직무를 성공적으로 수행하기 위해 필요한 능력(지식, 기술, 태도)을 국가적 차원에서 표준화한 것이다. 회원가입만 하면 모든 자료는 무료로 볼 수 있다. 메뉴 중 ‘NCS·학습모듈 검색’에서 ‘키워드검색’으로 원하는 직무를 바로 검색하거나, ‘분야별 검색’으로 산업부분의 대분류부터 중분류, 소분류, 세분류(직무)까지 클릭하여 관심 있는 직무의 자료를 다운받으면 된다.

수행직무의 내용과 수행하기 위해 필요한 지식, 기술, 태도까지 아주 자세하게 볼 수 있다. 자료를 받아 보면 방대한 양에 놀라게 된다. 그러나 자료에 기술되어 있는 모든 능력을 갖추라는 것이 아니다. 그럴 필요도 없다. 관심 직무의 수행 내용은 무엇인지, 필요한 능력 중 자신이 가지고 있는 역량은 무엇인지, 더 노력해 키워야 하는 역량은 무엇인지, 어떤 경험(인턴 등)을 하는 것이 지원 직무와 연관성이 있는지 전체적으로 그림을 그려보자. 대단하지 않아도 완벽하지 않아도 좋다. 그 역량을 발휘했던 경험을 돌아보자는 것이다.

2016년부터 공기업은 NCS 기반의 정성적인 지표를 활용해 모집공고를 냄으로써 효율적인 인력관리를 시행하고 있다. 중소·중견 기업도 한국산업인력공단의 지원을 받아 NCS 기반의 채용을 시해하고 있다. 지원자들은 지원직무를 명확히 파악하고 자기가 왜 그 일을 하려는지 스스로 발견하면 취업에 유리한 고지를 선점할 수 있다.

평생직장이라는 말이 과거 속으로 사라지고 있다. 아니 사라졌다. 이제 ‘직장’이 아닌 ‘일’이 중요해졌다. 대기업, 공기업, 공무원 취업준비를 하기 전에 내가 하고자 하는 ‘직무’에 관심을 기울여 보자.

(매일일보, 2018년 9월 16일)

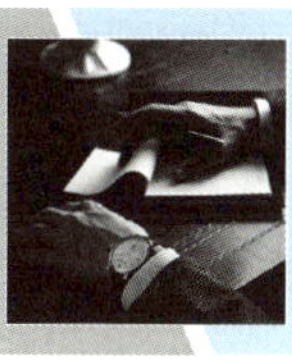

제 1 절

직무분석의 기초

1.1 직무분석의 개념

직무분석의 개념에 대해서는 다양한 해석이 존재한다. 일반적으로 "책임을 담당하고 있는 사무의 구체적인 정보 수집과 분석을 위한 시스템적인 방법"으로 정의하고 있다. 즉 직무분석이란 수행해야 하는 과업을 분석, 그 성질을 파악하여 어떤 유형의 노동을 투입할 것인가를 판별하는 작업이라고 할 수 있다.

표 2-1 직무분석과 관련된 개념

용 어	개 념
동작 요소 (motion element)	관련된 동작, 움직임, 정신적 과정을 따로 분리시켜 분석하지 않은 채 구분할 수 있는 가장 단위의 일(단순한 몸의 움직임)
직무분석 (job analysis)	직무와 관련된 중요한 정보를 수집하는 목적을 갖는 체계적인 프로세스
직무기술서 (job description)	직무에 대한 정보를 문서화하고 이를 요약, 기술한 것
직무명세서 (job specification)	주어진 직무의 효과적인 수행에 필요한 지식, 기능, 능력, 특질 그리고 이 외의 특징을 문서화하여 설명한 것
과업 (tasks)	특정인이 조직 내에서 특정의 목적을 달성하기 위해서 수행하는 신체적, 정신적 노력
직위 (position)	개인에 의해 수행되는 책임과 의무로부터 구성된다. 종업원이 존재하고 있는 만큼 조직에는 많은 직위가 있다.
직무 (job)	유사한 과업들이 모여 하나의 일의 범위를 형성하는 것
직무집단 (job family)	직군이라고도 하며, 유사한 직무를 갖는 2개 또는 그 이상의 그룹
직종 (occupation)	공통적인 성격을 가진 일정 직무군(직무들의 군집)
직렬 (job series)	직무의 특수성 및 전문성에 따라 특정결과를 목표로 유사한 직무가 결합된 것이며 직군의 규모가 지나치게 클 때 직군세분화를 위해 적용

직무분석에 대한 정확한 이해를 위해 관련된 용어의 정의를 명확하게 이해하는 것이 선결되어야 한다.

특히 직무분석의 직무단위(job units)는 일의 규모(size)에 의해 결정되며 요소, 과업, 직위, 직무, 직종, 직렬, 직군으로 분류한다.

어떠한 목적을 달성하기 위해서는 필연적으로 과업이 발생하게 된다. 과업을 수행하는 과정에서 추가적인 고용관계가 필요할 경우 직위가 생성된다. 직위란 개인에게 할당된 과업의 집합을 뜻한다. 유사한 직위의 군집은 일정한 직무를 형성하며, 유사한 직무는 최종적으로 직업(occupation)의 형태를 나타내게 된다.

직무분석의 일반적인 정의에 기초하면 테일러(F. W. Taylor)가 제안한 과학적 관리론을 최초의 직무분석이라고 할 수 있다. 산업혁명에 따른 과학과 기술의 급격한 발전으로 생산력이 비약적으로 상승하면서 이를 체계적으로 관리하기 위하여 탄생한 이론으로 기업의 비용절감과 효율적인 노동에 초점을 맞추고 있다. 이후 제1차 세계대전을 거쳐 낭비되는 노동력을 감소시키기 위한 목적을 가지고 지속적인 연구가 이루어졌다. 1920년대를 기점으로 직무분석의 개괄적인 형태가 구축되었다고 할 수 있다. 특히 1920~1922년 대공황을 계기로 직무분석의 필요성이 대두되어 방법과 내용이 정밀하게 발전하게 된다.

1.2 직무분석의 목적

직무분석은 노동력을 효율적으로 운용하기 위한 방법이다. 조직의 목표달성에 최대한 기여할 수 있도록 직무가 편성되기 때문에 경영 목표와 그 성과에 대한 평가 또한 직무분석의 결과를 토대로 이루어진다. 직무분석을 수행하는 이유는 여러 가지가 있으며 그 목적에 따라 세부적인 범위, 정보, 방법이 다르게 요구되기 때문에 직무분석에 임할 때에는 그 목적을 명확히 하여야 한다. 또한 직무분석의 궁극적인 목적은 제도의 도입이나 변화 등 조직 내부에 변화를 추구하기 위함이다. 변화란 다음과 같은 등식으로 정의할 수 있다.

효과적인 변화(Effective Change) = 품질(Quality) × 수용도(Acceptance)

품질은 구체적인 형태가 정의된 변화를 뜻한다. 효과적인 직무분석을 위해서는 기술적으로 잘 정립된 방법론과 추진절차를 확보하여야 한다. 또한 조직 내에서 이러한 변화를 수용할 수 있는 여건이 마련되어 있어야 성공적인 변화를 도모할 수 있다. 직무분석이 조직 내 다양한 목적으로 활용되는 구체적인 예시는 다음과 같다.

표 2-2 직무분석의 적용 영역 및 사용 목적

적용 영역	사용 목적
선발 및 배치	요구되는 직무에 적합한 근로자를 선발하고 배치하기 위한 목적
교육훈련	특정 직무에 요구되는 자질을 명확하게 파악하기 위한 목적
직무 재조직	특정 개인으로 인해 직무 변경 수요가 발생할 경우 이에 필요한 정보를 제공하기 위한 목적
조직목적의 학립	조직의 목적 설정과 필요한 기능의 확립을 위한 정보제공, 또한 직무에 따르는 책임, 권환, 의무를 설정하기 위한 정보제공
경력개발	조직 구성원에게 경력 축적을 위한 기회 및 관련 자료 제공
임금관리	임금의 공정성을 유지하기 위해 직무의 내용을 명확히 하고, 성과관리를 위한 작업자의 작업요건 기준 제시
산업안전	직무의 위험도, 애로사항에 대한 분석 통해 재해 최소화
상담	직무기술서 및 명세서를 통해 직무의 요구사항과 개인의 적성을 비교, 능력 극대화 가능한 직종 및 직무에 배치
노사관계	각 직위의 책임, 권한 그리고 임금에 관한 상호간의 이해를 확보하여 갈등 최소화

이들 예시 외에도 직무기술서의 준비, 직무명세서의 기술, 직무설계, 업적평가, 보수와 부가급부, 전략계획 등에 직무분석으로 얻은 정보가 이용된다.

제 2 절

직무분석 프로세스와 기법

2.1 정보수집방법

1) 관찰법(observation method)

실제 직무를 수행하는 현장을 직접 관찰하여 과업의 수행과정의 절차와 목적, 방법 등을 기록하는 방법을 뜻한다. 따라서 절차가 잘 구축되어 있고 작업과정의 관찰이 용이하여 직무관련 정보 수집에 적합한 방법이다. 대표적으로 조립생산라인이나 창고 작업자 등의 직무를 들 수 있다. 작업자가 관찰의 대상이 되고 있다는 것을 과도하게 의식할 경우 평소와는 다른 작업형태를 보일 수 있기 때문에 심리적인 부담감을 최소화하는 상태에서 특정 직무를 대표할 수 있는 활동을 관찰하는 것이 적합하다. 비정기적이고 특수한 활동을 관찰하여 이를 상시적인 활동으로 기록할 경우 분석의 타당성이 훼손될 수 있다.

관찰자가 현장에서 직접 작업현장을 관찰하기 때문에 실제 작업자의 설명을 통하여 정보를 수집하는 것보다 심층적이고 객관적인 정보를 수집할 수 있다는 장점이 있다. 그러나 정신적인 노동의 비중이 큰 직무의 경우, 작업활동의 범위가 매우 넓은 경우, 중요하지만 상시적이지 않은 활동이 중심이 되는 직무의 경우에 있어서는 관찰법이 적절한 방법이 될 수 없다.

2) 면접법(inverview method)

분석하고자 하는 직무의 성격이 직접 체험하는 것이 어렵거나, 특성상 관찰이 어려운 경우에는 실제 해당 직무를 수행하거나 경험이 있는 사람의 진술을 통해 직무의 절차, 방법, 목적 등을 수집한다. 여러 직무분석 방법들 중에서 면접법은 편의성이 높은 편에 속하기 때문에 가장 많이 사용되고 있으며, 다른 방법을 주로 사용하여 직무분석을 수행한다고 하더라도 면접법을 통해 추가적인 정보를 수집하는 경우가 많다.

면접의 방법에는 다양한 방식이 존재하며 방식의 채택은 해당 직무와 면담 대상자의 특성에 따라 정해진다. 개별 구성원의 전문성이 부각되는 직무의 경우에는 개별적인 면접이 적합하며, 세부적으로 분업화가 되어 있는 작업활동의 경우 관련된 직무를 수행하는 작업자들을 대상으로 집단적인 면접을 실시하는 것이 전체적인 흐름을 파악하는 데 유리하다. 면접을 실시할 때에는 보편적으로 준비된 양식에 답변하는 방식의 구조적 면접 방식을 사용한다.

면접법은 작업활동이 정형화된 절차를 가지고 있지 않은 경우를 포함하여 실제로 직무를 수행함으로써 얻을 수 있는 정보에 대해 접근이 가능하다는 점에서 장점을 가지고 있다. 그러나 수집되는 정보의 성격이 피면접자의 특성에 의해 객관성이 오염되기 쉬우며, 면접자에 대해 정보를 선별적으로 제공할 가능성이 존재하기 때문에 정보의 왜곡이 발생할 가능성이 높다. 이러한 한계로 인해 면접법은 주로 다른 방법의 직무분석을 통해 얻어낸 정보를 보완하는 성격을 가진다.

3) 중요사건법(critical incidents method)

직무를 수행하는 과정에서 나타나는 수행자의 행동 중에는 결과를 도출하는 데 효과적인 것과 그렇지 못한 것들이 존재한다. 여러 행동들 중에서 특별히 효과적이었던 것과 반대로 특별히 효과적이지 못한 행동에 대한 정보를 취합하는 것을 중요사건법이라고 한다. 지속적으로 직무 수행에 대한 모니터링이 필요하기 때문에 주로 직속상사에 의해서 정보의 취합이 이루어진다.

중요사건법은 작업자들이 실제 직무를 수행하면서 직면하게 되는 상황과 그에 대한 작업자들의 행동에 주목하기 때문에 관찰자의 입장에서 쉽게 알기 힘든 직무의 역동적 성격에 대한 정보를 제공하는 장점이 존재한다. 특히 효과적인 행동의 경우 특정 직무에만 적용되는 것이 아니라 다른 직무에도 적용할 수 있는 경우가 많아, 다른 분석을 위한 사전자료로의 가치 또한 높다고 할 수 있다.

앞서 설명하였듯 중요사건법은 직무 수행과정을 지속적으로 모니터링하여야 그 정보를 취득할 수 있기 때문에 상시적인 수집이 아닌 계획에 의한 직무 분석과정에서 중요사건법을 채택하는 것은 많은 시간과 비용을 감수해야 함을 뜻한다. 또한 각 행동의 효과에 대해 판단할 때, 그 효과가 뚜렷한 경우보다는 판단하기 애매한 경우가 대부분이며 기준을 설정하는 것이 쉽지 않다는 단점 또한 존재한다.

4) 체험법(empirical method)

분석하고자 하는 직무를 실제로 수행해 봄으로써 정보를 수집하는 방법이다. 분석자가 실제 직무 종사자와 동일한 수준으로 직무를 수행할수록 정보의 신뢰도가 상승하기 때문에 직무에 대한 지식이나 기능을 습득하는 것이 요구된다는 점은 단점이라고 할 수 있다. 그러나 여건이 갖춰질 경우 정확한 정보와 작업자의 심리상태를 분석자가 직접 느낄 수 있는 것이 체험법의 장점이다.

5) 질문지법(questionaire method)

준비된 질문지를 근로자들이 직접 작성하도록 하는 방법이다. 여러 직무분석 방법 중 가장 적은 비용으로 정보를 취합할 수 있다. 질문지에 답하는 행위는 곧 직무분석표를 작성하는 것과 동일하다고 할 수 있기 때문에 정보제공자(근로자)의 질문내용 이해 및 표현방법에 따라 결과에 영향을 받을 수 있다. 따라서 구체적인 답변을 얻을 수 있는 질문들로 구성되어야 하며, 작성요령에 대해서도 명확한 설명이 병행되어야 한다.

특히 정보제공자(근로자)에게 영향을 미칠 수 있는 내용을 제공자 스스로 작성하게 하는 것이기 때문에 이로 인한 정보의 오염 또한 고려해야 한다. 면접법과 마찬가지로 다른 직무분석법을 보충하는 형태로 사용하는 것이 바람직하다.

6) 작업일지법(job diary method)

직무를 수행하는 조직구성원들이 평소 작성한 작업일지를 분석하여 정보를 수집하는 방법이다. 이 방법은 각각 다른 작업자들의 표현방식과 성향에 따라 작성의 객관성이 크게 손상될 수 있기 때문에 여러 직무분석 방법들 중 가장 바람직하지 못한 방법이라고 할 수 있다. 따라서 물리적인 활동이 드물거나, 직무의 종사자가 관찰하기에 적합하지 못한 경우 등 특수한 직무를 분석하고자 할 때 주로 사용한다.

2.2 직무분석 프로세스

이반세비치(J. M. Ivancevich)는 6단계에 걸친 직무분석 프로세스를 구상하고 각 단계를 다음과 같이 설명한다.

제1단계: 현재의 직무가 조직 전체 구조 내에서 어떻게 작용하는지에 대한 폭넓은 정보를 수집한다.

제2단계: 직무분석과 직무설계를 통해 도출한 결과의 이용방법을 관계된 구성원들에게 고지한다.

제3단계: 어떤 직무를 분석할 것인지 범위를 설정한다.

제4단계: 직무분석을 실시하는 목적과 대상에 적합한 분석기법을 결정한다.

제5단계: 앞서 수집된 정보를 통해 직무기술서를 작성한다.

제6단계: 직무명세서를 작성한다.

2.3 분석기법

정보수집 방법에서 소개된 다양한 방법을 통해 수집된 정보들은 분석과정을 거치게 된다. 분석기법은 수집된 정보 유형에 따라 여러 가지가 있으며 다음과 같다.

1) 직무지향 기법

달성해야 하는 결과에 초점을 둔 기법이다. 원하는 수준의 성과를 설정한 뒤 관련된 조직 구성원이 수행해야 하는 과업을 전체적으로 조망한다. 구체적으로는 관련된 직무들에 대해 수집한 정보를 바탕으로 직무조사표를 작성하게 된다. 다른 기법에 비해 비교적 직무기술서를 작성하기 쉽고, 조직 구조 내 비효율적인 요소 제거 등 조직 개편과 새로운 구성원의 훈련계획 작성 등에 유용하다. 여러 유사한 직무로 구성되어 있거나 동일한 직무를 많은 근로자가 수행하는 형태의 조직에 적합하다.

2) 행동지향 기법

직무의 결과보다 직무수행을 위한 근로자의 행동에 중점을 두고 분석하는 기법을 말한다. 근로자의 행동은 서로 다른 직무에 대해서도 어느 정도 공통점을 가지는 특성이 있기 때문에 다양한 직무를 분석하는 데 동일한 조사표를 이용할 수 있다. 요구되는 행동들이 보이는 유사한 정도를 기준으로 직무군을 편성할 수 있다는 장점도 있다.

3) 특성지향 기법

직무의 원활한 수행을 위해 근로자에게 요구되는 조건을 중심으로 분석하는 기법이다. 조건으로는 지식, 보유기술 등의 개인의 능력에 대한 것을 들 수 있다. 임의의 직무를 수행하기 위해 요구되는 특성을 파악한 뒤 이에 기초하여 분석표를 작성한다. 파악한 특성들은 각각의 특성이 직무 수행에 얼마나 밀접하게 작용하는지를 기준으로 중요도가 정해진다.

제 3 절

직무기술서와 직무명세서

3.1 직무기술서

직무기술서(job description)는 직무수행과 관련된 과업(task) 및 직무행동을 중심으로 기술한 양식을 말한다. 직무기술서에는 다음과 같은 내용들이 포함된다.

1) 직무구분(job identificatino): 직무명칭, 직무코드, 부서 등의 해당 직무를 정확하게 식별할 수 있는 정보가 기재된다.
2) 직무개요(job summary): 직무를 구분하는 기준을 명시하기 위해 직무의 전반적인 개념에 대해 설명한다. 직무기술서의 다른 내용들을 정확하기 이해하기 위해서는 직무개요를 통한 설명이 선행되어야 한다.
3) 수행되는 의무(duties performed): 가장 중요한 정보라고 할 수 있다. 직무 수행 중 근로자에 의해 이루어져야 하는 주요 의무들에 대한 기술이다. 중요한 내용인 만큼 작성방법에 의해 의미가 왜곡되지 않도록 일정한 작성형식을 준수하여 작성된다. 각 문장은 행동의 의미를 지닌 동사로 시작하고, 현재시제를 사용, 의무의 주체가 일부 근로자일 경우 '해도 좋다(may)', 모든 근로자에 의해 불규칙적으로 수행되는 의무는 '때때로(occasionally)'라는 단어를 사용한다.
4) 직무수행 방법 및 절차: 해당 직무를 맡은 작업자가 수행해야 하는 활동에 대한 자세한 기술이 첨부된다.
5) 보고채널 및 다른 직무와의 관계(relation to the other jobs): 해당 직무와 연결되어 있는 다른 직무들과의 관계를 설명한다. 결재선을 밝혀 보고 및 의사결정이 어떤 방식으로 이루어지고 있는지, 연관된 직무들이 수직적, 수평적으로 해당 직무와 어떤 관계를 가지고 있는지 등을 밝혀 서술한다.

6) 직무수행시 사용되는 재료, 장비, 도구(machines tool and materials): 기계나 장비의 이름을 포함하여 각각 그 주요한 형태를 기술한다. 이 정보는 훈련계획을 작성하는 데 이용된다.
7) 작업조건(working conditions): 작업이 이루어지는 장소의 쾌적한 정도, 또는 작업의 결과에 영향을 줄 수 있는 환경적 요인, 목적 달성을 위해 감수해야 하는 조건 등이 기술된다.
8) 이외에도 필요한 경우 해당 직무를 수행하기 위해 숙지할 필요가 있는 특별한 용어, 사항들에 대한 서술이 기재된다

3.2 직무명세서

직무명서세(job specification)는 특정 직무를 수행하기 위해 요구되는 지식, 기능, 육체적·정신적 능력 등 인적요건(requirement)을 중심으로 기술한 양식을 말한다. 다음과 같은 내용들이 기재되어야 한다.

1) 직무확인 사항: 직무명칭, 직무코드, 부서 등 해당 직무를 식별할 수 있는 정보가 포함된다.
2) 직무내용: 직무수행 방법과 기간, 관계활동 등의 정보를 기술한다.
3) 각종 요구사항: 직무명세서는 해당 직무에 적합한 근로자를 선발하기 위한 정보를 담고 있는 자료라고 할 수 있다. 직무 수행을 위해 필요하다고 생각되는 각종 정보들이 서술되어야 하며 그 내용으로는 다음과 같은 것들을 들 수 있다.

- 교육수준
- 지식 정도, 기능, 기술, 경험(경력)
- 인성, 적성
- 가치, 태도
- 성별, 연령
- 자격, 면허
- 기타 인적 요건

표 2-3 직무명세서와 직무기술서의 비교

구분	직무기술서(job description)	직무명세서(job specification)
개요	• 직무수행과 관련된 과업 및 직무행동을 중심으로 기술한 양식(직무특성을 기술) • 직무기술서의 내용은 특정직무의 내용을 조직 전체와 연계하여 기술	• 특정직무를 수행하기 위해 요구되는 지식, 기능, 육체적·정신적 능력 등 인적요건을 중심으로 기술한 양식
내용	• 직무명칭·직무코드 • 직무의 소속 직군·직렬·직종 • 직급(직무등급) • 직무개요 • 사명 • 직무를 이루고 있는 구체적인 과업의 종류 및 내용 • 직무의 역할과 책임 • 직무수행 방법 및 절차 • 보고채널 및 다른 직무와의 관계 • 직무수행시 사용되는 재료, 장비도구 • 직무의 투입물 및 산출물 • 작업조건 • 업무상 대인관계, 대내외 접촉기관 • 직무수행자의 수	• 직무명칭·직무코드 • 직무의 소속 직군·직렬·직종 • 요구되는 교육수준 • 요구되는 지식 • 요구되는 기능·기술 • 요구되는 경험 • 인성·적성 • 가치 • 태도 • 성별 • 적정 연령 • 자격·면허

자료: 이홍민, 2008: 47.

직무명세서를 작성하기 위해서는 우선 직무에 대한 정확한 파악이 이루어져야 한다. 따라서 직무명세서의 작성 이후 직무기술서가 작성되는 순서가 보편적이다.

직무기술서와 직무명세서는 다음과 같은 사항을 반드시 준수하여 작성하여야 한다.

- 명확성: 직무의 성격 및 책임범위를 명확하게 기술하여야 한다. 직무의 특성과 범위를 직무기술서와 직무명세서를 통해 파악할 수 있어야 한다.
- 단순성: 해당 직무에 대한 지식이 없는 사람도 이해에 어려움이 없도록 객관적인 표현을 사용하여 정확하게 작성한다. 또한 빠른 이해와 해석의 여지로 인한 모호함을 제거하기 위해 간략한 표현을 사용한다.

- **완전성:** 직무의 핵심적인 내용이 빠짐없이 기재되도록 한다.
- **일관성:** 내용, 의미 및 용어의 사용에 있어 일관성을 유지하고 상호 모순되지 않도록 기술한다.

그림 2-1 직무기술서와 직무명세서

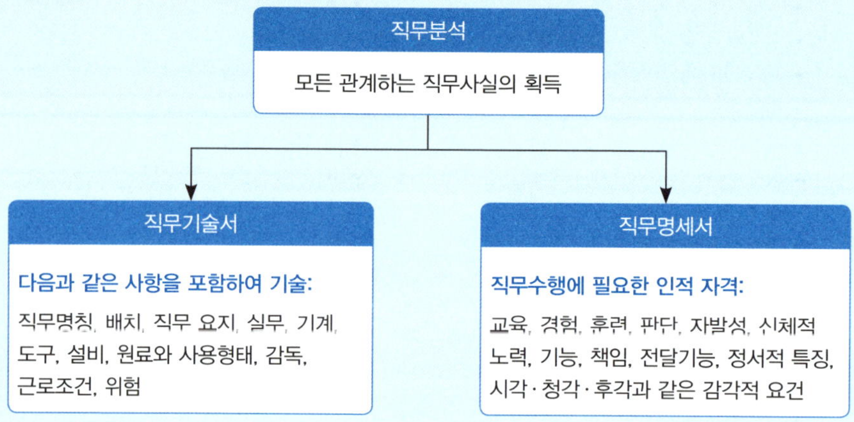

제 4 절

직무평가의 기초

4.1 직무평가의 개념

직무분석을 통해 수집, 생산된 정보들은 직무평가(job evaluation)를 위한 기초가 된다. 즉 직무평가는 직무분석의 연장이라고 볼 수 있다. 직무평가는 직무분석 자료를 기초로 여러 직무의 상대적인 가치를 설정하는데, 이것은 해당 직무에 종사하고 있는 근로자 개개인에 대한 인적 요소를 평가하는 것이 아니다.

이러한 인적 요소는 배제되며 해당 직무가 조직의 목적 달성을 위해 어느 정도의 중요도를 갖는지 확인하기 위한 작업으로, 직급의 결정, 임금, 인사이동, 교육, 고과 등 직무를 효과적으로 관리하기 위한 기초적인 정보를 제공하게 된다. 직무평가를 통해 근로자들이 목적을 달성하기 위해 최소로 요구되는 요소를 파악하고, 이를 고려하여 해당 근로자에게 타당한 보상 정도를 측정한다.

4.2 직무평가의 목적

직무평가의 주된 목적은 근로자들의 노력에 알맞은 보상을 책정하여 임금에 대한 공정성을 확보하기 위함이다.내적 일관성과 외적 일관성을 확보하기 위함이다. 내적 일관성은 조직 내 여러 직무들 간의 상대적인 임금 차이에 대한 개념이다. 높은 가치를 갖는 직무는 상대적으로 낮게 평가되는 직무와 비교할 때 더 높은 보상을 받아야 한다. 임금 차이가 존재한다면 해당 근로자들이 차이에 대해 충분히 수긍할 수 있는 객관적인 근거가 필요하다는 것이 내적 일관성의 개념이다.

외적 일관성이란 조직 외부의 환경, 이를테면 조직이 포함된 산업군, 지역사회, 임금에 대한 정책 등 조직의 임금에 영향을 줄 수 있는 외부적인 요인들에 관한 것이다. 조직의 임금 구조가 외부 기업들에 비해 높을 경우 조직은 손해를 감수하게 될 것이고, 적을 경우 조직 구성원들의 불만이 축적될 수 있다. 따라서 임금의 외적 일관성을 확보하기 위해 임금에 대한 시장조사가 필요하다.

직무평가를 통해 내적, 외적 일관성의 유지를 확보하는 것은 궁극적으로 사용자와 근로자가 임금에 대한 합의를 이루기 위함이다. 즉, 고용주는 종업원들에게 주어지는 보상이 정당하고 공정한 과정을 통하여 책정되었다는 것을 인식하고 만족한 상태를 원하는 것이다.

최초의 직무평가라고 할 수 있는 시도는 1920년대에 이루어졌으며 지속적으로 발전하여 1940년대에 이르러 그 형태가 어느 정도 완성되게 된다. 특히 직무평가의 중요성이 대두된 것은 여성 근로자를 포함한 다양한 소집단들의 정당한 보상에 대한 사회적 요구 증가와 조직의 거대화 및 복잡성의 증가로 인해 체

그림 2-2 직무분석과 인적자원제도의 흐름

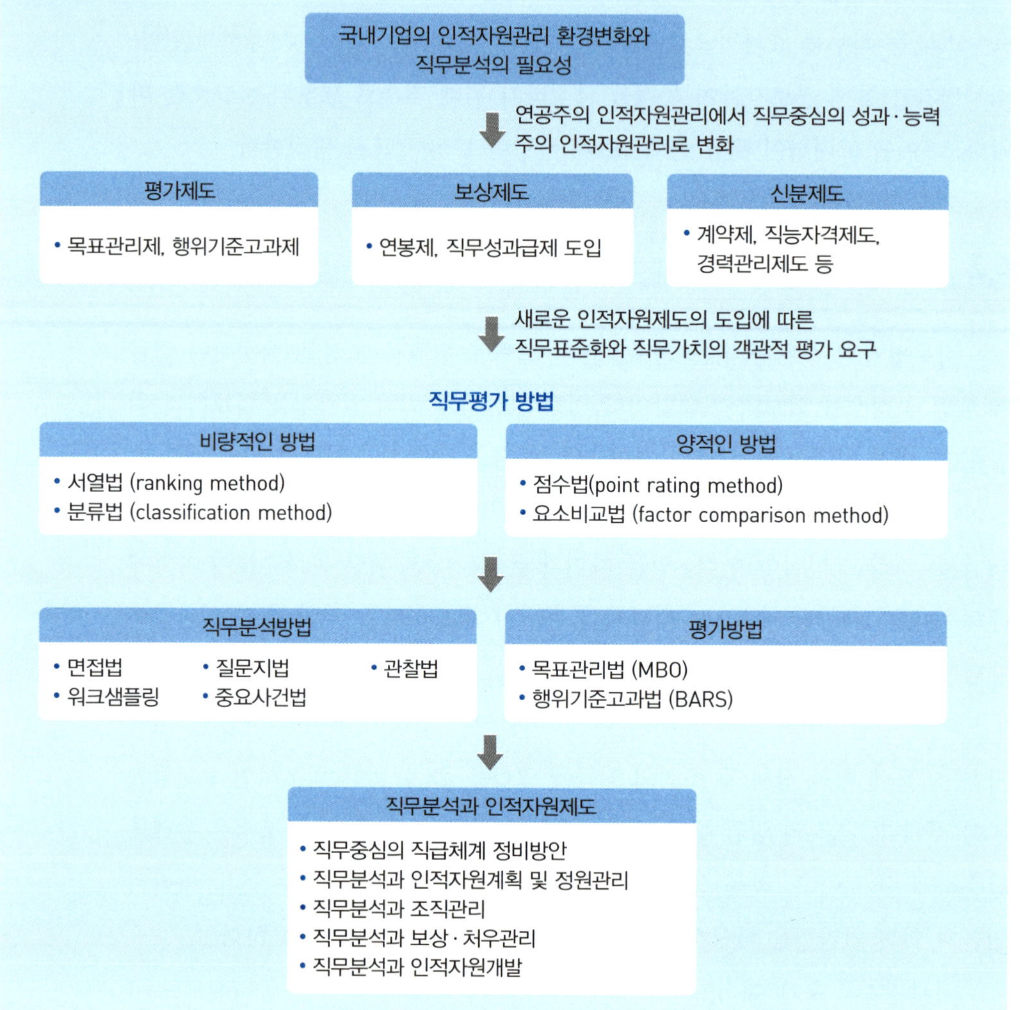

계적인 보상 측정 도구가 필요해졌기 때문이다. 이러한 요구에 따라 직무가치 평가와 기록을 위한 체계적인 접근방법을 요구하고 있다.

직무가치를 측정하기 위한 시스템적 접근방법을 수립하려면 필수적인 전제 조건들이 있다. 첫째, 측정해야 할 요소와 관련된 자료를 제공할 수 있는 매우 정확하고 명확한 직무기술서와 직무명세서가 있어야 한다. 둘째, 근로자 집단과 직무를 단일평가제도에 포함시키는 것과 관련된 결정이 이루어져야 한다. 대개 생산직, 사무직, 전문직, 경영직 근로자들로 분리하는 체계가 있다. 셋째, 시스템 내의 모든 참여자들에 대해 체계적 평가의 정당성을 설득시키는 것이다.

최근 직무평가는 인적자원관리를 효율적으로 활용하기 위해 그 목적을 확대해 가고 있다. 플리포(E. B. Flippo)는 직무평가의 목적을 선발, 교육훈련, 평가, 인사이동, 유인 요소, 상담, 노사관계, 직무 재설계, 조직 리엔지니어링 등을 기업에서 광범위하게 활용하기 위한 것이라 하였고, 요더(D. Yoder)는 해당 직무가 가진 상대적인 가치와 유용성을 결정하기 위한 정보를 제공하고, 형평성 있는 임금구조의 확립으로 근로의욕 및 노사관계를 정립하고 조직의 직계제도, 직무급 및 직급제도의 정착을 위한 자료를 제공하며, 근로자를 유인할 수 있는 우월한 임금구조의 수립과 더불어 단체교섭의 자료를 제공하는 데 그 목적이 있다고 하였다. [그림 2-2]는 직무분석과 인적자원제도의 흐름을 나타낸 것이다.

4.3 직무평가의 요소

직무평가의 요소는 유동적으로 설정할 수 있다. 직무평가의 목적을 달성하기 위해 적합하다고 판단되는 직무의 요소들을 구체적으로 파악하고, 이를 통해 직무를 정의할 수 있어야 한다. 직무평가에 포함되어야 하는 요소들에 대해 라이틀(C. W. Lytle)은 숙련도(지능적, 육체적 숙련), 노력(정신적, 육체적 노력), 책임(대인적, 대물적 책임), 작업조건(위험도, 불쾌도)을 제시했다. 한편 스미스(R. C. Smith) 등은 직무평가 요소를 성격에 따라 5가지로 분류하였다.

일반적으로 사용되는 요소들은 다음과 같다.

- 정신적 요소: 지식, 판단력.
- 육체적 요건: 근력, 주의력, 숙련도.
- 책임: 타인의 안전과 건강, 생산공정, 생산수단, 제품의 특징
- 작업환경: 온도, 습도, 진동, 화재위험도, 소음 등

표 2-4 직무평가의 요소

직무평가 요소	내 용
정신적 요건	선천적 지적 능력, 기억력, 표현능력, 판단력, 후천적인 지식
숙련적 요건	기계조작 시 근육운동 종합화 능력, 근육운동 시 요구되는 특수한 직무적 지식
신체적 요건	신체적 노력(반복 동작 한계 정도), 신체적 상태(연령, 체중, 성별, 힘, 시력 등)
책임	원재료, 제품, 도구, 설비, 회사재산, 현금증권, 이윤, 손실, 저축, 방법개량, 기록, 감독책임 등
작업조건	작업시간, 조명, 기압, 환기, 소음, 밀집, 위험도 등

4.4 직무평가의 절차 및 가중치

직무평가는 일반적으로 다음과 같은 절차에 따라서 진행된다.

- 직무에 관한 지식 및 자료의 수집: 직무분석을 하는 단계이다.
- 수집한 직무지식 및 자료의 정리: 직무기술서와 직무명세서 작성단계이다.
- 평가요소의 선정: 직무평가를 위한 평가요소를 선정하는 단계이다.
- 각 평가요소에 대한 가중치의 결정: 평가요소별로 등급을 매긴 결과를 점수로 나타내기 위해서는 각 평가요소의 가중치를 결정하여야 한다.
- 평가방법의 선정: 직무평가 방법에는 서열법, 분류법, 점수법, 요소비교법 등이 있으며 이들 중 적절한 방법을 선정해야 한다.
- 점수화: 이것은 최종적으로 각 직무의 점수를 결정하는 단계이며, 임금결정의 기초로 사용된다.

직무에 대한 평가요소는 직무가치를 구성하는 과정에서 그 중요도가 다르기 때문에 평가요소에 대한 가중치를 결정해야 한다. 그러나 가중치를 결정하는 객관적인 규정은 존재하지 않기 때문에 기업의 방침, 타기업과의 비교, 기업 및 직무환경 등을 고려하여 객관적인 가중치를 결정해야 한다. 가중치는 다음과 같은 방법에 의해 결정할 수 있다.

- 평가요소에 대한 개념 규정의 상호관계에서 추론적으로 가중치를 정한다.
- 외부에 어떠한 객관적 기준을 설정하고 그것과의 관련도를 통계적으로 구하여 가중치를 정한다. 이때의 객관적 기준으로서는 일반적으로 적정하다고 인정되는 기준직무 간의 임금비율 등을 이용한다.
- 기업 내의 많은 사람들의 의견을 구하여 그 결과를 통계적으로 집계하고 가중치를 결정한다.

제 5 절

직무평가의 기법

5.1 비계량적 평가법

비계량적 평가법은 평가자의 주관적 판단에 의하여 직무를 전체적으로 평가하는 방법이다.

1) 서열법

서열법은 가장 간단한 기법으로서, 직무가치를 종합적으로 평가하고 서열을 정하여 평가하는 것이다. 따라서 직무와 근로자의 수가 적은 기업에서 사용하는 것이 적합하다. 즉 직무를 곤란도, 중요도, 책임감, 작업조건, 지식 등의 평가요소를 객관적이고 종합적으로 비교하여 난이도의 순으로 배열하고, 정도가 높은 직무에서 낮은 직무로 서열을 정한다.

따라서 각 직무의 내용에 전문적 지식을 가지고 있는 사람에 의해 이루어져야 하며, 위원회를 구성하여 판정에 공정을 기함은 물론, 종업원이나 노동조합의 대표자를 참여시키는 것이 바람직하다. 서열법은 다음과 같은 기법으로 분류된다.

가. 교대서열법(alternative ranking method)

평가대상 직무 전체를 놓고 가장 가치가 높다고 판단되는 직무와 가장 낮다고 판단되는 직무를 선정하고, 나머지 직무들에 대하여 같은 방법으로 전체 직무에 대한 서열을 결정하는 것이다. 이 기법은 가치의 극단적인 비교에 의하여 서열이 결정되므로 평가자의 주관을 어느 정도 배제할 수 있으며 사용하기 쉽다고 하는 이점이 있다.

나. 쌍대비교법(paired comparison method)

평가대상 직무를 2개씩 짝을 지어 서열을 결정하는 것이다. 이것은 평가대상 직무들의 수가 증가하게 되면 적용하기가 불가능하기 때문에 직무의 수가 적은 소규모 기업에서 효과가 있다.

그림 2-3 쌍대비교법

	직무 A	직무 B	직무 C	직무 D	직무 E	직무 F
직무 A		B	A	D	A	A
직무 B			B	D	B	B
직무 C				D	C	C
직무 D					D	D
직무 E						E
직무 F						

1단계: 각 직무들을 비교하여 상대적 가치가 높은 직무의 이름을 빈칸에 표시

2단계: 각 직무별로 수를 집계
- A: 3
- B: 4
- C: 2
- D: 5
- E: 1
- F: 0

3단계: 2단계에서 높은 숫자를 가진 직무부터 서열을 정함
- 1순위: 직무 D
- 2순위: 직무 B
- 3순위: 직무 A
- 4순위: 직무 C
- 5순위: 직무 E
- 6순위: 직무 F

다. 위원회 방식(committed method)

직무평가위원회를 설치하여 직무간 서열을 결정하는 기법으로, 이 기법은 평가목적보다는 평가의 객관성을 유지하기 위하여 여러 명의 평가위원들이 평

가에 참여하기 때문에 평가의 객관성을 도모하기 위한 방법으로 사용한다.

이 기법은 비교적 간단하고, 등급을 신속하게 확정할 수 있다고 하는 장점이 있지만 다음과 같은 단점도 있다.

- 특정한 기준이 없기 때문에 평가자의 주관이 개입될 가능성이 높다.
- 직무에 대한 기본적 요소를 상세하게 고려하지 않음으로써 등급을 결정하는 일이 정확하지 않다.
- 모든 직무에 전문적 지식을 가지고 있는 평가자를 구하기가 어렵다.
- 직무의 수가 많아지고 내용이 복잡해지면 이 기법은 적용하기 어렵다.
- 부분간 또는 직장간 직무의 비교가 곤란하다.

2) 등급법(grade method)

분류법(classification method)이라고도 하며, 등급법을 적용하기 위해서는 먼저 분류할 직무의 등급을 결정해야 한다. 직무는 직무 전체로 측정되며 가치의 척도는 직무와 그들 직무의 직무기술서의 비교에 의해서 만들어진다. 따라서 등급과 등급기술서로 구성된다. 이때 등급은 전체 직무의 수나 성격에 따라 정해진다. 즉, 등급은 숙련과 미숙련과 같이 2등급으로 간단하게 할 수도 있고 보다 세분화하여 많은 등급으로 분류할 수도 있다.

또한, 분류등급표도 직종이나 산업별로 각각 다르게 작성되어야 한다. 그러나 이 경우에 분류하는 등급은 반드시 상호 밀접한 관련성이 요구된다. 즉, 최하위층이 미숙련지무보다는 반숙련, 숙련직무, 감독직무, 최고의사결정직무 등과 같이 분류되어 이들 상호간의 비교가 가능해야 한다. 그 차이점은 다음과 같다.

- 해당 직무를 평가할 때 주어진 등급에 분류만 하면 되므로 실시과정이 간단하고 용이하다.
- 직무내용이 정확하게 표준화되어 있지 않아도 평가가 가능하며 비용이 적게 든다.
- 평가대상 직무들이 가지고 있는 자격요건의 등급이 적을 경우 매우 효과적이다.

그러나 다음과 같은 단점도 가지고 있다.

- 개별 등급에 대한 정의를 내리기 어렵다. 특정 평가대상 직무를 어느 등급에 분류시키기 위해서는 개별 등급에 대한 정의가 명확해야 하고, 특히 중간등급에 대한 차별화의 정확한 정의를 내리는 데 어려움이 있다.
- 직무의 수가 증가하고 그 내용이 복잡해지면 정확한 분류를 할 수 없다.
- 점수법이나 요소비교법에 비해 평가자의 주관이 개입될 가능성이 높다.

5.2 계량적 평가법

계량적 평가법은 각 직무를 구성하는 평가요소로 분류하고 이를 계량화하여 평가하는 기법이다.

1) 점수법

점수법(point rating method)은 직무를 평가할 몇 가지 차원이나 요인들을 결정하고, 직무가 각 요인에서 어느 수준에 있는가를 평정하여 점수를 부여한다. 각 요인에서의 점수를 합하거나 가중치를 주어 합산하여 총점을 구하고, 이 점수에 의해 직무를 평가하는 것이다. 독일 레파(REFA)연구소에서 개발한 6개 항목과 라이틀(Lytle)의 4개 항목이 대표적인 방법이다. 〈표 2-5〉는 라이틀(Lytle) 모델의 한 예로서 평가요소의 대분류 및 소분류 그리고 각각에 부여한 가중치 등을 통해 개별 직무의 가치를 점수로 계량화하는 방법이다. 다음 표에서 중간 부분의 구간은 각 요소별로 구간의 설정이 반드시 필요하다.

예를 들면 교육 항목의 경우 초졸, 중졸, 고졸, 대졸 등으로 구분하여 초졸에게는 1점, 중졸에게는 3점, 고졸에게는 5점, 대졸에게는 7점을 준다고 설정할 수 있다. 각 요소 간의 점수는 1, 3, 5, 7... 이나 2, 4, 6, 8, ... 과 같이 일정비율로 나누어서 사용하여야 한다.

점수법에 의한 직무평가 방법은 다음과 같은 장점이 있다.

- 개인의 감정이나 편견을 최소화함으로써 어느 정도 신뢰할 수 있다.

표 2-5 라이틀 모델에 의한 예

평가요소		점수	가중치	점수×가중치
숙련	교육	7	5	35
	경험	9	15	135
	창의	9	10	90
노력	육체적	4	5	20
	정신적	8	20	160
책임	설비	7	5	35
	재료·제품	4	5	20
	타인의 안전	5	5	25
	타인의 작업	6	10	60
작업 조건	작업환경	5	10	50
	위험	2	10	20
합 계		–	100	660

자료: 김종재·박성수, 인적자원관리(법문사 1996), p.71.

- 비교적 용이하게 직무의 상대적 가치를 측정할 수 있으며 쉽게 이해할 수 있다.

그러나 다음과 같은 단점을 가지고 있다.

- 정확한 평가요소를 선정하거나 이러한 요소에 따라 실제로 직무의 상대적가치를 결정하기 위해서는 고도의 숙련을 요한다.
- 평가요소에 대해서 가중치를 결정하고 그 등급에 따라 점수를 배분한다는 것은 극히 어려운 일이다.
- 점수에 의해서 직무의 상대적 가치를 결정한다는 것은 다소간의 주관이 개입할 수 있다.
- 이 제도의 도입에는 준비단계가 필요하므로 상당한 시간과 비용이 많이 든다.
- 직무요소가 증가하고 등급이 다양화될수록 합리적인 점수배정이 어렵게 된다.

2) 요소비교법

요소비교법(factor comparison method)은 기준직무를 선정하여 이들 직무를 요소별로 분해하고 각 요소에 점수 대신 임률로 평가하고, 다른 직무를 기준직무와 비교하여 임률을 결정하는 방법이다. 즉, 직무의 상대적 가치를 금전적 척도로써 평가하는 방법이다. 이 기법의 실시과정은 다음과 같다.

- 직무요소의 선정
- 기준직무의 선정
- 기준직무의 정확한 임률 결정
- 각 직무요소하에서의 기준직무 서열 결정
- 직무요소들 사이에서 각 기준 직무의 정확한 임률 배분
- 이러한 척도들에 의하여 다른 모든 직무를 평가
- 임금구조를 설계, 조정, 운영

이 기법의 특징은 평가자가 직무에 대해 여러 요소를 개별적으로 평가하기 때문에 직무의 수 전부를 염두에 둘 필요가 없다는 것이고, 평가요소가 5~7개 정도로서 점수법에서보다 적다는 것이다. 이 기법의 장점은 다음과 같다.

- 특수직무에 적합하도록 설계할 수 있으며, 유사직무 간의 비교가 가능하다.
- 평가가 용이하며 신뢰성이 확보되어 있다.
- 임금가치의 배분과 결부되어 있기 때문에 변경을 필요로 하지 않는다.

그러나 다음과 같은 단점도 존재한다.

- 기준직무에 대한 직무평가에 정확성이 결여되면 이는 전체 직무평가에 영향을 미친다.
- 기준직무의 평가에 정확성을 기하기 어려워 평가자의 주관이 개입될 소지가 있다.
- 가치척도의 구성이 복잡하여 이해하는 데 어려움이 있다.
- 실시상 시간과 비용이 많이 소요된다.

이상의 직무평가 기법의 속성을 상호 비교하면 〈표 2-6〉과 같다.

표 2-6 직무평가 기법의 속성 비교

속성	직무평가 시스템			
	서열법	등급법	점수법	요소비교법
비교유형	직무 대 직무	직무 대 범주정의	직무 대 범주정의	직무 대 직무
요소의 수	없음	없음	평균 11	7개 이하
표준척도 유형	없음	직무등급을 기술한 단일척도	점수의 복수척도와 요소등급의 정의	복수의 화폐척도 핵심 직무명칭
타 직무평가법과의 유사성	요소비교법의 초기 형태	점수법의 초기형태	등급법의 세분된 형태	서열법의 정교화된 형태
업적평가시스템과의 유사성	서열법과 대응	등급법과 대응	도식척도법과 대응	인간 대 인간법과 대응

제 6 절

직무설계의 기초

6.1 직무설계의 개념

전통적인 직무연구는 직무의 기계적 측면만을 강조하였다. 이 때문에 직무를 중심으로 인간을 어떻게 적응시키도록 하느냐 하는 직무분석과 직무평가를 연구의 중심대상으로 삼았다. 그 결과 종업원들은 직무로부터 단조로움과 반복성으로 인한 직무 불만족, 사기 저하, 인간성 소외, 노동생활의 질 저하 등을 경험하게 되고 그것은 종업원의 효율을 저하시키는 원인이 되었다. 그러므로 기업은 종래의 전문화의 원리에 기반을 두고 성과만을 강조함으로써 종업원의 욕구충족을 등한시했던 종래의 기법으로는 기업목적 달성이 어렵다고 하는 것에 착안하여, 이를 극복하기 위한 다각적인 방안을 강구하지 않으면 안되게 되었다. 즉, 직무를 인간화시키는 새로운 접근방법을 모색해야 할 필요성에서 현대적인 직무연구는 인간을 중심으로 직무를 어떻게 설계할 것인가 하는 것을 연구의 중심대상으로 하게 되었다.

직무설계는 기술, 조직적인 요청과 작업을 수행하는 인간의 요청을 조화시킬 수 있도록 직무의 내용이나 작업방법을 결정하는 과정이라고 할 수 있다. 즉, 직무를 수행하는 사람에게 의미와 만족을 부여하기 위해 필요한 직무의 내용, 방법, 관계를 구체적으로 설계하는 활동을 말한다. 이를 위해서는 직무분석에 의하여 각 직무의 내용을 분석한 후, 이것에 영향을 미치는 조직적, 기술적, 인간적인 요소를 규명하여 종업원에게 직무만족을 부여하고, 나아가서는 생산성을 향상시킬 수 있는 작업방법을 결정해야 한다.

이에 대해서 이반세비치(J. M. Ivancevich)는 정확한 직무분석이 실시되고 이용 가능한 자세한 직무기술서 및 직무명세서가 존재하게 되면, 조직은 이 정보를 직무설계 또는 직무 재설계에 이용할 수 있다고 하였다.

6.2 직무설계의 목적

직무설계를 적용함으로써 조직 내에서는 다음과 같은 두 가지 결과를 기대할 수 있다. 첫째, 조직 자체의 생산성과 능률을 향상시키기 위한 조직적 목표의 달성, 둘째, 조직구성원이 이익과 만족을 달성시키기 위한 개인적인 목표가 그것이다. 따라서 바람직한 직무설계가 이루어지기 위해서는 이 두 가지 목표가 원만하게 통합되어야 한다.

이러한 목표를 달성하기 위한 직무설계의 첫 번째 단계는 조직목표 달성을 위해 직무를 분석하는 것이다. 이것에는 작업연구, 과정계획, 조직화 및 직무분석 등의 기법이 이용되고 있으며, 이러한 직무분석이 이루어짐으로써 과업의 전문화와 연속작업 과정의 고도화가 달성되고, 작업자 개인의 책임과 능력발휘의 기회도 극대화될 수 있다.

직무분석에 의해 수행해야 할 업무가 결정되면 작업자의 동기를 유발할 수 있도록 직무를 고안해 내야 한다. 이 때에는 또한 조직구성원의 노동생활의 질을 향상시키기 위한 노력도 가해져야 한다. 직무설계가 성공적으로 수행되면 다음과 같은 효과가 나타날 수 있다.

- 종업원들은 그들의 직무를 중요하고 가치 있는 것으로 지각하게 됨으로써, 직무에 대한 만족이 증대되고 사기가 향상된다.
- 종업원들의 사기가 향상되면 그 결과 인적, 물적 생산성이 향상된다.
- 생산성이 향상되면 재화 및 용역의 품질이 향상되고 원가가 절감된다.
- 종업원의 이직 및 결근율이 감소된다. 그 결과 학습속도가 가속화되고 훈련비용이 감소된다.
- 작업방법의 변화를 의미하는 직무의 재설계로 신기술에 신속히 적응할 수 있게 된다.

6.3 직무설계의 발전과정

직무설계는 스미스(A. Smith)의 『국부론』(*The Wealth of Nations*, 1776)에서 분업에 의한 전문화를 실현하고자 하는 것으로부터 출발하였으며, 체계적인 연구가 시도되기 시작한 것은 테일러(F. W. Taylor)의 과학적 관리법 이후라고 할 수 있다. 직무설계의 발전과정은 다음과 같다.

테일러는 인간 - 기계 가설에 입각하여 인간이란 합리성을 추구하는 경제인으로 보았다. 따라서 직무와 관련된 모든 연구, 분석 및 작업개선의 노력은 조직내 종업원의 사회적, 개인적 욕구충족을 위한 것이 아니라 과업 자체를 위한 것이었다. 그러므로 과업단위의 표준화, 전문화, 단순화를 통한 작업능률의 향상이 강조되었다. 이러한 그의 전통적 직무설계의 기본적 사고는 현재까지도 기술적, 경제적 합리성을 지향하는 조직의 직무설계에 대한 기본원리가 되고 있다.

그러나 과학적 관리법에 의해서 직무가 지나치게 전문화됨에 따라 종업원들은 그들의 직무에 권태와 싫증을 지각하게 되고 직무에 대한 불만으로 결근, 이직률이 증가하게 되었다. 이러한 문제점을 해결하기 위한 대응책으로 연구된 기법이 직무순환과 직무확대이다. 그러나 직무순환은 종업원을 다른 직무로 전환시키는 것으로 직무 자체를 설계하는 것이 아니며, 직무확대 역시 일시적인 해결책에 지나지 않는 결점을 가지고 있다.

이런 문제점에 기초하여 인간관계론과 행동과학에 근거를 두고 기술적, 조직적 욕구뿐만 아니라 사회적, 인간적 욕구까지도 충족시킬 수 있도록 직무내용, 작업방법, 작업 상호간의 관계를 종업원 지향적인 방향으로 변화시키고자 하는 노력이 나타나게 되었다. 주요 기법으로는 직무에 대한 도전, 성취, 책임 그리고 인식에 대한 동기요인을 강조하는 직무충실화와 직무특성의 내용, 기능, 관계뿐만 아니라, 개인 차이의 중요성을 고려하는 해크먼(J. R. Hackman) 등의 직무특성에 의한 재설계이론이 있다.

제 7 절 직무설계의 접근방법

7.1 전통적 접근방법

1) 스미스의 국부론

스미스는『국부론』에서 분업에 의한 전문화의 원리를 강조하였다. 따라서 이 당시의 직무설계의 초점은 종업원으로 하여금 매우 정형화된 몇 개의 과업만을 수행하도록 하는 것이었다. 이와 같은 입장에서는 인간을 기계의 종속물로 보고(기계론적 인간관) 기술과 생산요건에 인간을 적응시키려 하였다.

2) 과학적 관리론

20세기 초 테일러도 기계론적 인간관에 입각하여 종업원의 능률을 극대화하기 위해서는 최대의 전문화와 표준화를 이룩해야 하며, 이를 위하여 직무는 과학적으로 연구(시간연구, 동작연구 등)되어야 한다고 주장하였다. 따라서 이 당시의 직무설계의 초점은 과업을 수행하는 인간의 개인적, 사회적 욕구가 아니라, 과업 그 자체를 지향하여 이를 최소한으로 가능한 요소로 세분화하여 단순화, 표준화하는 것이다. 즉, 최대의 전문화와 표준화는 작업자의 능률을 극대화할 것이고, 이로 인해 높은 생산성과 수익이 기대된다는 것이다.

3) 인간관계론

과학적 관리법으로 일컬어지는 직무설계 방법은 경제적 능률이라는 측면에서 크게 기여한 것으로 보인다. 그러나 작업의 단조로움이나 작업의 무의미성, 성과에 대한 지나친 집착 등과 같은 부작용이 나타나게 되었다. 이후 등장한 인간관계론은 인간을 기계의 종속물로 보았던 과거의 기계론적 인간관을 탈피하여 종업원의 개인적, 사회적 욕구를 만족시키는 새로운 경향의 직무설계를 시도하였다. 그러나 이 당시에도 종업원이 수행하는 직무의 기본적인 재설계에 관해서는 거의 관심이 없었다.

4) 사회-기술적 접근방법

인간관계론은 인간이 수행하고 있는 과업과 그 과업에 관련된 기술 및 조직구조를 망각하고 있었다. 따라서 사회학자들은 직무설계방법의 근원이 되는 조직심리학, 사회심리학을 개발함으로써 인적 요소와 기술적 요소의 상호작용을 규명하기 위하여 노력하였으며, 이들에 의해 이루어진 직무설계에 관한 연구를 종업원의 사회적 욕구와 수행하는 과업 간의 관계에 관한 사회-기술적 시스템이라고 한다. 즉, 이 접근방법은 과업의 본질과 그 과업을 수행하는 과정에서 형성되는 인간관계의 본질 사이에는 불가분의 관계가 있음을 명백히 하려고 한 것이다. 그리고 종업원의 동기부여가 직무설계 개념의 실현에 의하여 향상될 수 있다는 전제하에서 직무가 인간에게 적합하도록 되어야 한다는 입장을 취하고 있다.

따라서 사회-기술시스템론은 작업방법 및 조직구조의 변화를 계획, 실행할 때 사회적 요인과 기술적 요인의 상호작용을 충분히 고려해야 하는 필요성을 강조하고 있다. 이런 접근으로부터 QWL 및 직무충실과 대단히 유사한 반자율적 작업진단 및 팀작업의 사고가 발생했다고 할 수 있다.

사회-기술시스템론의 기본적인 사고는 기술시스템과 사회시스템의 최적 결합을 요구하는 점에 있다. 새로운 기술이 도입될 때에 종래의 작업조직을 수정함으로써 기술시스템의 높은 효율을 유지하면서, 동시에 사회시스템에 있어서 작업자의 만족 및 인간적 성장을 달성하려고 하는 것이다. 이 사고의 기저에는 기술시스템 우선의 행동방식으로는 기업시스템의 유지와 효과적인 운영에 한계가 있다는 것이고, 또 생산성은 일하는 사람 및 그 집단이 갖는 감정에도 크게 의존하고 있다는 것을 시사하고 있다.

7.2 현대적 접근방법

1) 직무확대

직무확대(job enlargement)는 수평적 직무확대라고도 하며, 종업원으로 하여금 중심과업과 더불어 관련과업을 동시에 수행하도록 하는 것이다. 직무확대는 다음과 같은 목적을 가지고 조직에서 실시된다.

- 기술의 다양성을 증대시킴으로써 작업자의 기능의 폭을 증가시킬 뿐만 아니라, 전문직무 및 단조로운 직무수행으로 지각하게 되는 근로자의 피로와 단조로움을 감소시킬 수가 있다.
- 직무수행에 대한 의미를 증대시킨다.

그러나 직무확대 모델은 다음과 같은 실시상의 문제점을 가지고 있다.

- 흥미 없고 단조로운 직무를 작업자에게 추가로 할당했을 때 작업자의 실망은 더 커진다.
- 작업에 필요한 원자재의 크기, 무게, 저장능력에 따라 직무확대 모델 자체의 도입이 제약을 받는 경우가 있다.
- 작업자의 성장욕구의 정도에 따라 직무확대 모델의 도입은 성공할 수도, 실패할 수도 있다.

2) 직무순환

직무순환(job rotation)은 작업자가 수행하는 여러 가지 과업들이 호환성이 있으며, 작업흐름에 큰 지장 없이 과업상의 이동이 가능하다는 사실을 전제로 해서 이루어진다. 작업자들은 직무순환에 의해서 새로운 직무기술을 습득할 수 있고 직무의 사회적 관계에 변화를 가져오며, 전체 생산과정에 대한 시야가 확대되어 직무로부터의 단조로움과 권태감이 감소될 수 있다.

그런데 이 방법은 작업자의 기대수준이나 직무는 크게 변화되지 않고 일시적으로 단조로움과 권태감이 완화될 뿐, 또 다른 일련의 단조로운 직무에 접하게 되어 그 효과는 크지 않다.

3) 직무충실화

허츠버그(F. Herzberg)는 동기부여-위생요인이론을 주장하였으나, 그 후 그의 연구를 동기부여 요인에 초점을 맞추어 직무충실(job enrichment)로 전개하고 있다. 직무충실화는 직무가 동기부여 요인으로 작용하기 위해서는 직무내용 그 자체가 종업원에게 도전감, 성취감, 인정감, 책임, 발전 및 성장에 대한 기회를 제공할 수 있도록 재구성되어야 한다는 것이다. 여기서 직무충실화란 다양한 작업내용이 포함되고, 보다 높은 수준의 지식과 기술을 요하며, 종업원들이 그들의 직무를 수행함에 있어서 계획과 지휘 및 통제에 대한 자주성과 책임을 보다 많이 가질 수 있도록 직무를 재정의하고 재구성하는 것을 말한다.

직무충실화는 직무를 수직적으로 확장한다는 의미에서 수직적 직무확대로 분류되기도 한다. 이러한 직무충실화에 의한 직무설계에는 다음의 두 가지 측면이 포함되어 있다.

첫째, 직무에 포함된 과업의 수와 종류가 많을수록 직무는 확대되고 동시에 직무충실화에 기여하게 된다.

둘째, 직무내용이 얼마나 계획과 통제 그리고 팀 참여 등 보람 있는 과업내용으로 구성되어 있느냐에 관한 것으로, 이들 과업요소들의 비중이 높을수록 직무의 기술수준과 중요성은 높아지고 직무는 충실화된다.

이러한 직무충실화가 추구하는 목적은 다음과 같다.

- 직무를 보다 의미 있게 인식하게 하고 자유재량권 확대를 통한 직무수행자의창의력 개발을 촉진시킨다.
- 직무수행의 범위를 넓혀 직무의, 완성도를 증대시킨다.
- 작업자의 피로도, 단조로움, 싫증을 감소시킨다.
- 새 과업을 추가로 수행함으로써 작업자의 능력 신장을 기대할 수 있다.

4) 직무특성이론

직무특성이론(job characteristic approach)은 경영자들이 모든 종업원들의 직무를 맹목적으로 확대하거나 충실화해서는 안되며, 직무설계에 있어서의 어떤 변화에 대한 종업원 각자의 개인차의 영향도 고려해야 한다는 것이다. 그리고 나아가서는 어떤 지무특성 혹은 직무범위가 종업원의 직무만족이나 동기부여에 관련이 있는가를 고려해야 한다는 것이다. 이와 같은 직무의 내용과 관련해서 해크먼 등(J. R. Hackman and G. R. Oldham)은 직무진단조사(JDS) 모델을 제시하여 세 가지의 변수로서 설명하고 있다.

그들은 직무의 6개 차원, 즉 다양성, 자율성, 과업의 완결성, 피드백, 대인관계 처리, 친교의 기회 중 4개, 즉 다양성, 자율성, 과업의 완결성, 피드백에

그림 2-4 직무특성 모델

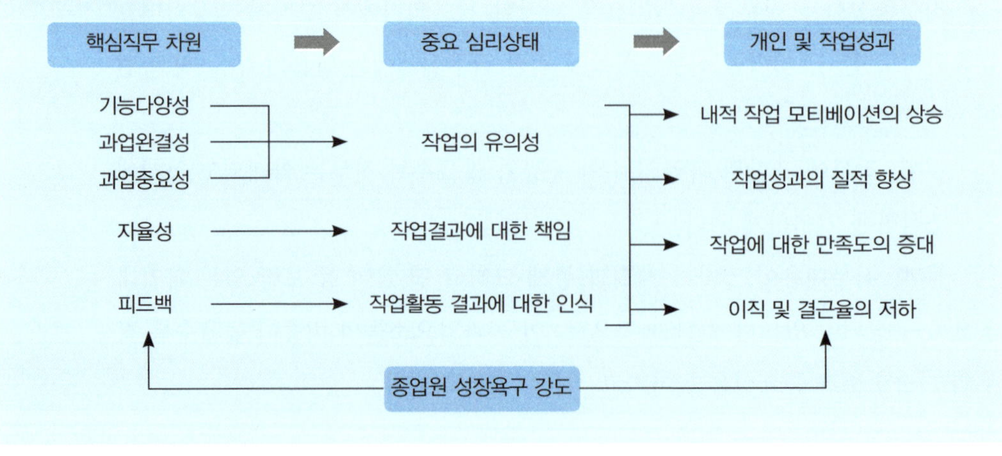

과업중요성을 더하여 결국 5개의 특성을 핵심 직무특성으로 했다. 그리고 이상의 특성은 동기부여 및 만족 등도 포함하며 조직업적에 직접적으로 영향을 미치는 것만은 아니고, 직무의 특성이 환기하는 중요 심리상태를 상정하고 이것을 매개로 해서 높은 직무성과가 얻어진다고 가정했다. 예를 들면 기능다양성과 과업완결성, 과업중요성은 직무의 유의미성을 환기하고, 자율성은 책임의 인식을, 또 피드백은 실제적인 성과의 파악감을 각각 환기한다. 그리고 이와 같은 심리상태가 종업원의 반응 — 직무에의 내적인 동기부여, 성장충족, 직무만족, 직무효과성 등 — 에 영향을 미치게 된다. 즉, [그림 2-4]에서 나타난 바와 같이 이들 변수군 사이에서 그 관계의 방향 및 강도를 조정하는 개인차 변수가 고려되며, 특히 성장욕구의 강도를 설정하는 것이다. 이들의 모델에서 이용되고 있는 각각의 개념을 규정하면 다음과 같다.

가. 핵심직무 차원

이는 중요 심리상태를 수반하는 직무특성이다. 이것은 다음의 다섯 가지가 직무를 객관적으로 측정하고 직무에 높은 모티베이션을 갖도록 변화시키는 데 중요한 역할을 한다.

- 기능다양성: 직무가 작업수행 과정에서 다양한 서로 다른 활동(능력 및 기능의 사용)을 요구하는 정도
- 과업완결성: 직무가 작업의 전체 혹은 확인하려는 일부를 완성하는 것을 요구하는 정도, 눈으로 보는 결과를 수반하는 직무수행이 범위
- 과업중요성: 직무가 조직 내외의 타인의 생활 및 직무에 중요한 영향을 부여하는 정도
- 자율성: 작업일정의 작성 및 업무수행의 수단을 결정할 때 부여되는 본질적인 자유재량의 정도
- 피드백: 종업원에게 그들의 과업수행의 유효성에 대해서 직접적이고 정확한 정보를 부여하는 정도

나. 중요 심리상태

무엇이 사람들로 하여금 열심히 일하게 만드는 것인가를 알아보려는 것으로 이는 다음과 같은 특성이 있다.

- 작업의 유의성: 개인이 어떤 직무에서 그 일이 얼마나 의미가 있고 가치가 있으며, 해볼 만하다고 지각하는가 하는 정도를 말한다.
- 작업결과에 대한 책임: 개인이 수행한 일의 결과에 대해 개인적으로 지각하는 책임감이나 설명의무의 정도를 말한다.
- 작업활동 결과에 대한 인식: 자기가 행한 성과가 얼마나 유효한가를 알고 있는 정도를 말한다.

다. 개인 및 작업성과

이는 이상과 같은 일련의 과정이 만든 결과를 의미하며 모티베이션, 성과의 질, 만족, 결근율과 이직률이 포함된다.

서울고용노동청, '중소기업 직무분석 경진대회' 시상식 개최

서울고용노동청(청장 나영돈)은 7일 서울고용노동청 1층 청년센터에서 '2018 중소기업 직무분석 경진대회' 시상식을 개최하고 '빅시스터즈' 등 총 10개 팀에 대해 서울특별시장상 등을 수여했다.

'중소기업 직무분석 경진대회'는 청년들이 중소중견기업의 직무 중 관심있는 직무를 선택하여 분석하고 직무수행에 필요한 역량들을 알아보는 대회로 올해에는 총 56개팀이 참가하여 1,2,3차 심사를 거쳐 총 10팀이 선정되었다.

최우수상(서울특별시장상)은 모바일 앱 개발업체 '크로키닷컴'의 '빅데이터 분석가' 직무를 분석한 상명대학교 '빅시스터즈' 팀이 차지하였는데 빅데이터 분석가의 직무수행단계, 직무필요역량 등을 다양한 방면에서 분석하여 빅데이터 분석가가 생소한 청년들도 쉽게 이해할 수 있도록 분석한 점이 높은 평가를 받았다.

이 외에 HRM 컨설턴트를 분석한 광운대학교 'HRs' 팀, 생산관리를 분석한 성신여대 '길라잡이' 팀, 영업기획을 분석한 성신여대 '멀티플성신' 팀 등이 우수상을 수상하였다.

한편 이번 대회는 서울특별시, 서울지방중소벤처기업청, 서울고용노동청 등 5개 정부기관과 서울시내 5개 대학(건국대, 상명대, 성신여대, 숙명여대, 한국외대)이 함께 주최하였으며 최우수상 1팀에게 150만원, 우수상 3팀에게 각 100만원, 장려상 6팀에게 각 50만원씩 총 750만원의 상금이 수여된다.

시상식 후 대회에 참석하지 않은 청년을 대상으로 수상자들의 직무분석 사례발표가 진행되고 향후 중소기업 직무분석 사례집을 발간하여 취업을 준비 중인 청년들 누구나 참고할 수 있도록 할 계획이다.

나영돈 서울고용노동청장은 "재학 중 직무체험의 기회가 부족하여 많은 청년들이 진로설정을 어려워하는 현실에서 직접 현장체험 및 직무분석을 통해 이런 고민이 해소되는 계기가 되기를 바란다"고 말했다.

(동대문구민신문, 2018년 9월 7일)

Chapter 3

인적자원 계획

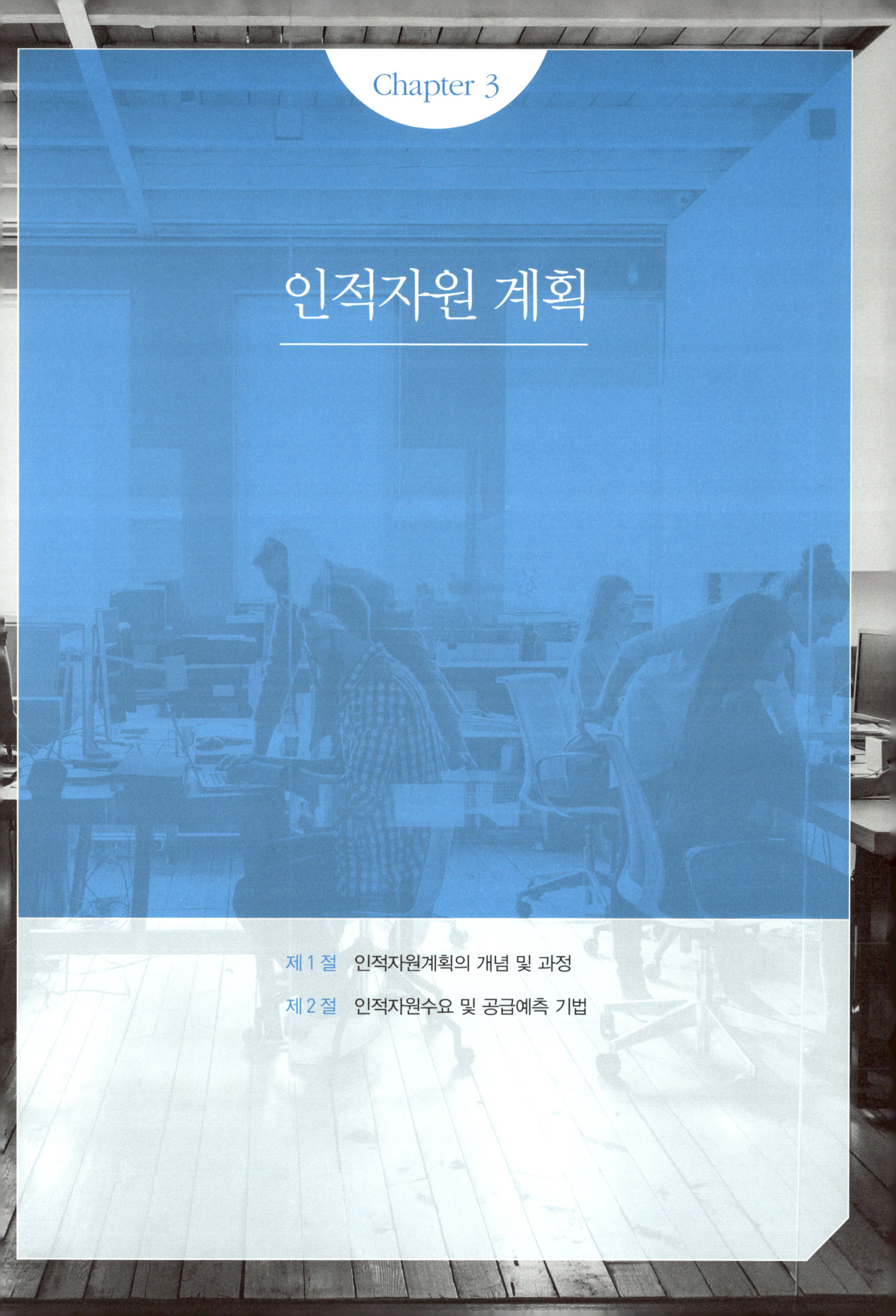

제 1 절 인적자원계획의 개념 및 과정

제 2 절 인적자원수요 및 공급예측 기법

농어촌公, 인적자원개발 우수기관 인증

실무 맞춤형 고졸인재 양성, 직무능력 중심 채용 등 인재관리·개발 분야 우수성 인정받아

한국농어촌공사(사장 최규성)가 교육부와 인사혁신처가 공동으로 인증하는 '2018년 공공부문 인적자원개발 우수기관'으로 인증됐다. '공공부문 인적자원개발 우수기관 인증제도'는 인적자원개발과 관리가 우수한 기관에게 정부가 인증을 부여하는 제도이다.

공사는 부서와 직원 개인의 필요를 반영한 체계적인 인재육성 계획 수립·운영, 온·오프라인 교육의 합리적인 운영, 현장에서 바로 근무 가능한 실무형 고졸인재 양성, NCS 기반 채용제도 등 인적자원 개발 및 관리 등에서 우수한 평가를 받았다.

김병찬 인재개발원장은 "보다 공정하고 합리적인 인사제도 운영 및 핵심인재 육성을 통해 국민께 더 나은 서비스를 제공하고 궁극적으로 공공기관의 경영혁신에 대한 국민의 요구를 만족시켜 나가겠다"라고 밝혔다.

(뉴스데스크, 2018년 10월 2일)

제 1 절

인적자원계획의 개념 및 과정

1.1 계획 수립(Goal Establishment)

인적자원계획(Human Resource Planning)은 조직 구성원의 활용방안에 관한 장, 단기적인 계획을 의미한다. 인적자원계획뿐만 아니라 개별 기업의 전반적인 계획(goals/objectives)의 구축은 조직의 지속적인 유지 및 성장을 위해 대단히 중요하다. 그렇다면 계획은 어떻게 구축되는 것일까? 계획의 구축은 지속적으로 발생하는 것이며 완료 전까지 많은 자원과 시간을 요구한다. 계획구성의 토대는 이 기업이 수행할 사업의 성격에 근거하는데, 우리는 이를 기업사명(mission statement)이라고 규정하고 있다. 기업의 설립자는 자신들이 생산할 제품, 서비스의 범위 그리고 주요 고객층을 규정하게 되는데 이것이 기업사명인 것이다.

여기에 기초하여 기업의 모든 의사결정이 이루어지게 되는데, 가정용 공구 제조회사인 홈데포(Home Depot)의 기업사명은 세계에서 가장 큰 가정용 공구 제조회사가 되는 것이다. 만약 이 기업이 다른 국가에 사업확장을 하고자 하는 것은 자신들의 사명에 부합되는 것이지만, 이들이 음식제조산업에 진출하려는 시도는 이에 반하기에 이와 같은 의사결정은 조직 내에서 받아들여지기 힘들다. 따라서 사명은 구성원들이나 소비자들로 하여금 향후 이 기업이 나아갈 방향을 명확하게 제시함으로써 이들의 기대나 행동을 제한하는 것이다.

사업의 범위와 고객이 결정되면 미래 일정기간 동안(보통 5년에서 20년) 기업은 자신들의 기업사명을 달성하기 위해 마련한 큰 틀에서 장기적인 계획을 만드는 작업을 하게 된다. 예를 들어 어느 대학이 향후 10년 내 자신의 지역 내에서 경영학 분야에 있어서 최고의 사이버강좌를 실시하는 대학으로 자리매김하는 것을 목표로 설정했다면 이것도 일종의 장기적인 계획인 것이다.

1.2 역량평가, 전략수립 및 조직화

계획이 수립되면 이에 따른 자신들의 역량에 대한 평가과정을 거치게 된다. 역량평가과정은 기업이 보유하고 있는 모든 자원에 대한 광범위한 분석작업이다. 다시 말하면 인적, 물적, 기술, 자본 등이 앞서 언급한 목표를 충족하기에 어느 정도 적합한지를 살펴보는 과정이다. 먼저, 자신들이 가지고 있는 장점(strengths) 및 약점(weaknesses)이 무엇인지를 규명하게 되고 여기에 주변환경에 대한 분석이 더해지는데 환경이 목표달성에 기회(opportunities)가 되는지 위협(threats)으로 작용하는지를 밝히는 과정이다. 이 모든 과정을 SWOT 분석이라고 부른다.

개별자원에 대한 평가과정 중의 하나가 인적자원에 대한 평가인데 현재 인적자원이 보유하고 있는 강점, 특히 최대 강점의 규명이 중요하며 아울러 약점에 대한 평가도 병행된다. SWOT분석은 목표와 이를 달성하기 위한 방향 및 수단설정의 가교역할을 한다. 결국 이 방향 및 수단설정이 전략인 것이다. 전략에 근거하여 이를 달성하기 위해 필요한 일들은 무엇인지가 결정되는데, 즉 요구되는 직무가 정해지고 이 일들을 할 수 있는 사람에 분석이 이어진다. 다시 말하면 어떤 자격을 갖춘 사람 몇 명 정도가 적절한지를 결정하게 되는데 이것이 조직

그림 3-1 SWOT 분석

내부환경 / 외부환경	강점(Strenth)	약점(Weakness)
기회(Opportunity)	SO 전략 • 공격전략 • 강점을 살림 • 기회를 활용	WO 전략 • 약점을 보강 • 기회를 활용
위협(Threat)	ST 전략 • 강점을 살림 • 위협요인을 극복	WT 전략 • 방어전략 • 약점을 보강 • 위협요인을 극복

화이다. 조직화는 사람과 일의 적절한 결합을 의미하며, 사람에 대한 분석의 요구는 결국 이 단계부터 실질적인 인적자원계획이 시작된다는 것을 의미한다.

목표와 연계되어 향후 요구되는 인력의 양적/질적 특성은 현재 상태에 대한 면밀한 분석으로서만 가능한데 이 과정의 하나가 직무분석이다. 인적자원에 대한 평가는 직무에 대한 평가, 즉 직무분석 외에 전체 인력의 양적·질적 평가를 포함하게 되는데 이것의 결과는 인적자원정보 시스템이나 계승계획의 구축으로 연결된다. 인적자원정보 시스템은 기업의 인적자원관련 주요정보를 데이터베이스화한 것으로 필요시 기업은 이 시스템을 이용하며 현재 인력의 상황의 파악하고 이에 근거하여 계획을 수립하게 되는 것이다. 계층계획에 유용하게 사용되는 계승차트는 계승의 합리적인 계획수립에 필요한 중요한 도구이다.

1.3 수요 및 공급에 대한 예측 및 분석

현재 인력에 대한 분석과 미래의 방향이 설정이 되면, 미래의 필요인력에 대한 구체적인 요구수준이 나와야 한다. 수요예측의 경우는 양적, 질적인 요구에 대한 정확한 예측이 필요한데, 이는 어떤 기술 및 경험을 가진 사람 몇 명이 필요한지에 대한 명확한 의견이 있어야 한다는 것이다. 수요가 정해지면 공급적인 측면에 대한 조명이 필요하다. 이는 조직내부의 인력공급 상황을 파악함으로써 필요로 하는 인력이 있는지를 분석하는 과정이며 전략과 연계된 필요인력에 대한 조사는 조직전체 차원에서의 인맥 수급현황을 파악함으로써 가능하다. 보통 증가분과 감소분에 대한 예측을 해보는 것이 정석이다. 증가분은 신입사원이나 임시직의 고용, 전입, 휴직으로부터의 복귀 등이 있다. 인력감소의 요인은 은퇴, 해고, 다른 부서로의 전출, 감원, 사표, 장기 병가, 사망 등으로 다양하다.

앞의 언급이 주로 조직 내부에서의 증감에 대한 분석이라면 조직 외부에서의 인력공급 가능성에 대해서도 조사할 필요가 있다. 최근 고교 및 대학졸업자, 직업학교 수료자, 파트타임 등의 구직자, 이민, 재교육을 통해 투입된 인력 등의 요인들이 외부노동시장에 영향으로 주는 것들이다.

이러한 과정은 결국 미래의 수요와 공급 상황을 통합적으로 분석하여 필요로 하는 인력을 어디서 얼마나 모집하여 선발할 것인지에 대한 틀을 제공한다. 먼저, 내부적으로 필요로 하는 인력의 공급가능성 여부를 따져보고, 부족한 경우 외부노동시장 상황에 대한 분석을 하게 된다. 또한 내부노동시장에서도 어느 정도의 훈련이나 교육을 통해 필요로 하는 인력의 양적, 질적 충원이 가능한지도 분석할 필요가 있다. 이러한 과정을 통해 어떤 부서, 어떤 분야에서 향후 인력의 과잉이나 부족현상이 발생하는지에 대한 예측도 가능하게 한다. 부족분에 대한 대비가 중요한데 이럴 경우 외부로부터의 고용, 내부에서의 훈련이나 교육을 통한 충원 아니면 다른 부서, 특히 인력과잉이 예상되는 부서로부터의 전입 등이 고려될 수 있는 방법이다. 이러한 과정은 향후 기업이 추구하는 목표를 계속적으로 추진할 것인지, 어느 정도의 변화를 줄 것인지 아니면 아예 철회할 것인지에 대한 근거를 제시하게 되기 때문에 상당히 중요하다고 볼 수 있다.

앞서 언급한 대학의 예에서 향후 어느 대학이 경영학 분야에서의 사이버 강좌의 선두주자로 자리매김하려는 경우, 이를 달성하기 위해 필요한 수단, 즉 우수한 컴퓨터 운영 및 강좌기술을 소유한 사람을 몇 명 정도 소유하여야만 이를 달성할 수 있을지에 대한 일종의 방침이 결정되어야 한다. 이럴 경우 먼저 경영학과 내에서 이러한 사람의 유무가 검토되어야 할 것이고, 부족한 경우 다른 학과에서 데려올 만한 적임자가 있는지에 대한 분석이 필요하다. 여기에서 필요로 하는 인력의 수급이 충족되면 좋으나, 그렇지 못한 경우 외부노동시장으로 눈을 돌려야 한다. 하지만 내적으로 어느 정도의 훈련이나 교육을 통해 인력을 충원할 것인지 아니면 외부적으로 할 것인지는 모집활동에 대한 개별기업의 방침에 의거하는데 이에 대한 논의는 다음 장에서 하기로 한다.

내부적인 충원의 경우 특정인물의 이동이 예상되고 이럴 경우 인력이 빠져나가는 부서는 다른 부서로부터의 인력충원을 필요로 하게 되는데, 이처럼 인적자원계획은 조직 전체에 파급효과를 주기 때문에 조직차원에서 통합적으로 그리고 포괄적으로 이루어져야 한다는 점을 강조하고 싶다.

제 2 절

인적자원수요 및 공급예측 기법

2.1 수요예측 기법

수요를 예측하는 방법은 예측목적이나 상품의 종류에 따라 달라진다. 예를 들어, 쌀 소비와 같이 적어도 단기적으로 어느 정도 변화가 없는 경우에는 예측이 비교적 수월하여 방법이 간단하다. 그러나 냉장고, 에어컨, 스키용품 같은 것은 계절적인 수요 변동이 심하여 예측기법이 복잡해진다. 수요예측 방법은 정성적 방법과 정량적 방법 등 두 가지로 나뉜다.

표 3-1 수요예측 방법의 종류

정성적 방법	시장조사법, 델파이법, 패널조사법, 관리자 판단법
정량적 방법	이동평균법, 지수평활법

정성적 방법에는 시장조사법, 델파이법, 패널조사법 그리고 관리자 판단법 등이 있다. 이 방법은 예측자의 주관적인 판단을 이용하는데, 이 경우에 예측자의 개인적인 능력이 중요시된다. 과거자료가 빈약하거나 장기예측의 성격을 띠고 있는 기술예측이나 신제품개발 등의 예측에 이용된다. 정량적 방법은 과거의 자료, 예를 들어 수요량이나 매출액 같은 계량적인 자료를 이용하여 미래의 수요를 예측한다. 이 방법에는 이동평균법, 지수평활법 등이 있다.

1) 정성적 방법

정성적 방법은 중장기적 예측에 적합한 예측기법으로 일반적으로 예측기법의 적용에 소요되는 시간과 비용이 높다. 제품개발, 기술예측, 시장전략, 공장입지 선택과 같이 중장기적 전략결정에 적용될 수 있다.

(1) 시장조사법

시장조사법은 질적 방법 중에서 가장 정교하고 가장 계량적인 방법이다. 제품수요를 결정하는 것은 소비자이기 때문에 소비자들로부터 의견을 수집하는 것은 극히 당연하다. 그러나 모든 소비자 또는 미래의 소비자들을 접촉할 수는 없기 때문에 우편에 의한 설문지발송, 전화에 의한 조사, 직접적인 인터뷰와 같은 표본조사방법을 채택하게 된다. 수집된 자료는 여러 가지 통계적 분석을 거쳐 시장에 대한 가솔을 검증하는 데 이용된다. 이러한 조사방법은 취급하는 데 기술이 필요하며, 타당한 정보를 끌어내기 위해서는 결과를 정확하게 해석할 수 있어야 한다. 한편, 이러한 조사방법에 의한 결과는 조사에 응한 소비자들이 그대로 행동하지 않는 경우에는 현실과 크게 어긋날 수도 있다. 시장조사법은 질적 방법 중에서 가장 많은 비용이 소요되고 시행하는 데 가장 긴 시간이 소요되는 결점이 있으나, 잘 적용하면 가장 정확한 결과를 초래하기도 한다.

(2) 델파이법

델파이법(Delphi method)은 원래 기술적 예측을 하는 경우에 사용되었는데, 근래에는 여러 가지 장기예측을 하는 데에도 사용되고 있으며, 이는 조직내외의 전문가들로 하여금 일치된 예측치를 얻기 위하여 실시하는 순환적인 집단 질문과정이다. 각 전문가들은 비공개적으로 미래수요에 대한 질문지에 답을 하도록 요구받는다. 관리자는 이 질문지들을 회수하여 그들의 의견을 종합하고 요약하여 이를 기초로 새로운 질문지를 만들어 전문가들로 하여금 다시 답을 하도록 한다. 이때 그들은 자기의 예측치들을 수정할 수 있다. 이러한 과정은 참석자들의 의견이 완전히 일치하여 하나의 예측치를 얻어낼 때까지 계속된다.

이 방법에서는 참석자들의 직접적인 관계가 배제되므로 설득력 있는 한 특정인에 의하여 결과가 영향을 받지 않는 장점이 있다. 그러나 이 방법은 참석자의 수와 질문지 배부의 횟수에 따라 비용이 결정되지만 일반적으로 많이 소요된다.

(3) 패널조사법

패널조사법(panel consensus)은 다른 말로 위원회에 의한 방법이라고도 한다. 패널조사법은 몇 사람의 전문가들이 하면 한 사람이 하는 경우보다 더 좋은 연구결과를 가져온다는 가정에 입각하고 있다. 위원회를 구성한 전문가들은 공개적으로 자유롭게 의사를 표시하여 모든 사람이 일치하는 예측결과에 이르면 임무가 끝난다. 이러한 방법은 설득력이 강한 사람에 크게 영향을 받아 참된 의견일치를 반영하지 못하는 경우도 있다. 또한 이러한 방법은 질적 방법 중 정확성에 있어서 가장 낮은 방법이지만 비교적 단기간에 저렴한 비용으로 달성할 수 있는 이점이 있다.

(4) 관리자 판단법

기업에서 예측을 하는 경우에는 정작 사람의 예감과 경험을 중요시한다. 최고경영자가 단독으로 예측하는 경우가 가장 오래되고 흔한 방법이었으나, 환경의 복잡성으로 인하여 관리자들과 함께 공동회의를 통하여 결정하면, 개인적인 위험부담을 덜 수 있다. 이때에 구성원들은 판매부서의 관리자에 한정되지 않고 여러 부서에서 선발 구성하여, 판매에 영향을 주는 요인들을 다양하게 고려하면서 예측을 실행하게 된다. 이 방법을 관리자 의견조사법이라고 한다. 한편, 수요예측이 현장을 중심으로 이루어지는 경우에는 판매부서 합성법이라고 부르는 방법이 있다. 상품에 대한 충분한 자료가 없어 통계적인 방법을 이용하기 어려울 때 적용된다. 이것은 고객에 가장 근접한 영업사원들이 매상 관련 자료를 상세하게 잘 알고 있으므로 신뢰성 있는 예측치를 얻어 낼 수 있을 것이다. 이들의 개별적인 예측치를 합하면 전체 예측치가 된다. 그러나 이 방법도 예감과 경험에 의하여 이루어지기 때문에 한정적일 수밖에 없다. 그래서 고객이 폭넓게 퍼지는 소비재보다는 생산재의 예측에 더 많이 활용되고 있다.

표 3-2 정성적 예측방법의 비교

예측방법	적용분야	예측기간	소요비용
시장조사법	신제품개발을 위한 시장수요조사, 신규사업계획	중기	고
델파이법	장기수요예측, 기술예측, 시설계획	중·단기	중-고
패널조사법	수요예측, 제품개발	중·단기	저
관리자 판단법	수요예측	단기	저

2) 정량적 방법

(1) 이동평균법

계량적인 예측 기법 중에서 이동평균법(moving average)은 가장 간단한 방법으로서, 과거 일정기간의 자료를 평균하여 곧바로 다음 기간의 예측치로 사용한다. 제품이나 서비스의 수요가 급격하게 변하지 않고 그리고 계절적 변동 요인을 가지고 있지 않는 경우에 유용하다. 이동평균법에는 크게 두 가지 방법이 있는데, 과거 일정기간의 실적치에 동일한 가중치를 두는 단순이동평균법(simple moving average)과 일정기간 중에서 최근 실적치에 가장 높은 가중치를 두는 가중이동평균법(weighted moving average)이 있다.

① 단순이동평균법

단순이동평균법은 가장 가까운 과거의 일정기간에 해당하는 시계열의 평균값을 바로 다음 기간의 수요예측값으로 사용하는 방법이다. 지수평활법은 예측(forecast)이 목적이라면 이동평균법은 계절조정을 통한 추세(trend)분석이 목적이다. 예를 들어 단순이동평균법을 이용하여 올해 1월의 판매량을 예측하여 보기로 한다. 예측값을 구하는 공식은 다음과 같다.

$$Y_t' = \frac{\sum_{i=1}^{n} Y_{t-i}}{n} = \frac{A_{t-1} + A_{t-2} + \cdots + A_{t-n}}{n}$$

* (현재시점(t)으로부터 i 이전기간의 실제수요량($Y(t-i)$)의 합)

여기서, Y_t': 기간 t의 수요예측값, Y_{t-i}: 기간$(t-1)$의 실제수요량, n: 평균대상기간

표 3-3 이동평균법 예

연도	월	판매액(수요) Y_{t-i}	단순3개월 이동평균에 의한 예측	3개월예측 Y_t'	오차 $Y_{t-i} - Y_t'$
2018	10	1,530			
	11	1,440			
	12	1,230	1,400		
2019	1			1,400	

위의 공식을 이용하여 내년 1월의 예상 수요량을 추정하여 보자.

가령, 3개월 이동평균치를 구한다고 하면, 올해의 10월, 11월, 12월의 3개월분을 합해서 $n=3$으로 나누면,

$$Y_t' = \frac{1,530+1,440+1,230}{3} = \frac{4,200}{3} = 1,400$$

이 되어, 내년 1월의 생산계획량은 1,400대가 된다.

② 가중이동평균법

가중이동평균법은 단순이동평균법에서처럼 평균하는 각 실제값에 동일한 가중치를 부여하는 것이 아니라 더욱 가까운 실제값에는 높은 가중치를 그리고 먼 과거의 실제값에는 점점 낮은 가중치를 부여하는 방법이다. 가중치의 합은 1이다. 자료 속에 추세 또는 패턴이 있을 때에는 최근의 자료에 높은 가중치를 부여함으로써 수요의 변화에 빨리 대응토록 하는 기법으로서 수학적으로 가중이동평균법 계산식은 다음과 같다.

$$Y_t' = \sum_{i=1}^{n} W_{t-i} Y_{t-i} = W_{t-1}A_{t-1} + W_{t-2}A_{t-2} + \cdots + W_{t-n}A_{t-n}$$

여기서, Y_t' = 기간 t의 수요예측치, W_{t-i} = 기간$(t-1)$에 부여된 가중치

A_{t-i} = 기간$(t-i)$의 실제 수요, $0 \leqq W_{t-i} \leqq 1$

$\sum_{i=1}^{n} W_{t-i} = 1$

예를 들어, 최근 3개월 기간을 이용하여 내년 1월의 판매량을 예측한다고 하자. 그러면, 최근 달(12월)의 판매량은 그 전달인 11월이나 10월보다 내년 1월의 판매량에 더 큰 영향을 줄 것으로 간주하는 것이 합리적일 것이다. 따라서 예측하는 기간에 가까울수록 가중치를 높여서 평균치를 구하는 방법이 가중이동평균법이다. 예제에서 가령, 올해 10월에 가중치를 0.2, 11월에 0.3, 그리고 12월에 0.5를 둔다고 하자. 그러면,

$$Y_t' = 0.2 \times 1,530 + 0.3 \times 1,440 + 0.5 \times 1,230 = 1,353(\text{대})$$

가 된다.

(2) 지수평활법

지수평활법(Exponential smoothing method)은 최소의 자료로 단기예측활동에 유용하게 활용할 수 있는 예측기법으로, 시계열 자료가 추세, 순환 변동, 계절적 변동이 크게 작용하지 않고 비교적 안정되어 있는 경우에 적합하다. 또한 단기예측은 특성상 이러한 시계열 요인들이 중요하게 작용을 하지 않으며 이러한 의미에서 지수평활법은 가장 최소의 자료를 가지고 폭넓게 활용될 수 있는 예측기법 중의 하나이다. 특히 이러한 시계열 자료의 요인들을 직접적으로 모형에 반영하는 경우에는 추세조정 지수평활법이나 계절적 변동조정 지수평활법의 요인조정 지수평활법을 적용할 수 있으며 이에 반하여 이러한 요인이 직접 모형에 반영되지 않는 모형을 단순 지수평활법이라 한다. 단순 지수평활법(지수평활법이라 함)은 다음과 같이 간단히 모형화될 수 있다.

지수평활법의 공식은 다음과 같다.

$$
\begin{aligned}
Y'_t &= \alpha A_{t-1} + (1-\alpha) Y'_{t-1} \\
&= \alpha A_{t-1} + Y'_{t-1} - \alpha Y'_{t-1} \\
&= Y'_{t-1} + \alpha (Y_{t-1} - Y'_{t-1})
\end{aligned}
$$

차기예측치 = 당기예측치 + α(당기실적치 − 당기예측치)

여기서 $Y'_t(F_t)$: 기간 t의 수요예측치(차기의 판매예측치)

Y'_{t-1}: 기간$(t-1)$의 예측치(당기의 판매예측치)

Y_{t-1}: 기간$(t-1)$의 실제치(당기의 판매실적치)

α = 평활지수(상수) $(0 \leq \alpha \leq 1)$

참고) α: 지수평활상수로서 0~1까지의 값이다. 이때 α의 작은 값은 안정성을 가지고 변화가 작을 때, α의 큰 값은 변화가 클 때

위의 공식에서 α의 값이 작을수록 더 적은 영향력을 나타낸다.

이제 올해 12월의 실제치와 예측치를 각각 1,230대, 1,490대로 그리고 $\alpha = 0.2$로 가정하고, 내년 1월의 판매량을 예측하여 보면,

$$Y_1' = 0.2 \times 1,230 + (1-0.2) \times 1,490 = 1,438(\text{대})$$

가 된다. 동일한 상황에서 만일 $\alpha = 0.7$로 한다면, $Y_1' = 1,308$대가 된다.

지수평활법에서는 α값을 결정하는 것이 중요하다. 만일 식료품과 같이 실제 수요가 안정적이라면 α값을 작게 하여 단기적 혹은 불규칙변동의 영향력을 줄인다. 반대로 패션제품과 같이 실제수요가 급격하게 증가하거나 감소하는 경우에는, α의 값을 크게 하여 수요변화의 추세를 따른다. 사실 α의 값을 정하는 것은 그리 쉬운 일이 아니나, 일반적으로 예측오차가 크면 α값을 크게(예를 들면, $\alpha = 0.8$) 하고, 반대로 예측오차가 작으면 α를 작게(예를 들면, $\alpha = 0.2$) 한다. 다시 말해서, α가 크다는 것은 실제 수요량에 더 높은 가중치를 두는 것이 된다.

지수평활법은 예측기법 중에서 가장 많이 이용되는 기법이다. 소매상, 도매상, 또는 서비스업에서 재고 주문을 위한 대부분의 컴퓨터 예측프로그램은 이 기법을 이용하고 있다. 이 기법의 장점은 모형이 비교적 이해하기 쉽고 간단하다는 점이다. 위의 공식에서 본 바와 같이 지수평활법을 이용하기 위해서는 예측기간 바로 전의 실제치와 예측치, 그리고 평활지수(α) 등 세 가지만 갖추고 있으면 된다. 따라서 계산시간이 오래 걸리지 않으며, 과거자료를 저장하기 위한 컴퓨터 용량이 많이 요구되지 않는다. 그리고 예측의 정확성을 검정하기 쉽고, 예측 모형이 놀라울 정도로 정확하다.

2.2 공급예측 기법

1) 기술목록(skill inventory)

기술목록은 기능목록이라고도 하며 비관리직 종업원들(non-managerial employees)을 대상으로 그들의 기능을 포함하여 그들에 관한 모든 인사정보를 기록, 입력시켜 승진, 이동 등에 사용하는 정보를 말한다.

기술목록에 포함되는 일반적인 내용들로서는 ① 개인적 신상자료, ② 업무경험, ③ 전문적 기술 및 지식, ④ 면허 및 자격, ⑤ 사내 교육훈련 프로그램 이수현황, ⑥ 성과관리 평점결과, ⑦ 경력복표 등이 있다. 이러한 기술목록은 최근 컴퓨터 관련 기술의 발전에 힘입어 보다 광범위한 정보를 효율적으로 제공할 수 있게 되어 인력의 공급예측에 크게 공헌하고 있다.

2) 관리자목록(management inventory)

유능한 관리자의 확보는 조직성패를 결정짓는 중요한 요인이다. 관리자 목록은 관리자를 대상으로 관리능력을 포함하여 그들에 관한 모든 정보를 입력시켜 승진, 이동 등에 활용하는 정보자료를 가리킨다. 관리자목록에 포함되는 정보에는 ① 업무경력과 경험, ② 교육적 배경(학력), ③ 장·단점의 평가, ④ 개발필요성, ⑤ 현 직위에서의 승진가능성, ⑥ 현재의 직무성과, ⑦ 직무상의 전문영역, ⑧ 직무선호도, ⑨ 근무지역 선호도, ⑩ 경력목표 및 희망, ⑪ 정년 퇴직예정일자, ⑫ 개인 신상정보 등이 있다.

3) 마코프 모형(Markov model)

이 모형은 시간의 흐름에 따라 조직구성원이 한 직무에서 다른 직무로 이동할 확률(transition probability)을 나타내기 위해 개발된 것으로 내부공급에서 변동인력의 수와 종류를 파악할 수 있어 인력예측에 사용된다. 즉, 이 방법은 과거에 일어난 종업원들의 직무간 이동에 관한 자료를 분석해서 미래의 인력공급을 예측하는 방법이다.

표 3-4 마코프 모형의 예

	(A)		P	M	S	J	이직
직무 수준	이사(P)		80				20
	부장(M)		10	70			20
	과장(S)			5	80	5	10
	계장(J)				15	65	20

	(B)	초기인원	P	M	S	J	이직
직무 수준	이사	40	32				8
	부장	80	8	56			16
	과장	120		6	96	6	12
	계장	160			24	104	32
	차기 예측 인원		40	62	120	110	68

자료: Wayne F. Cascio, *Managing Human Resources*(McGraw-Hill, 1989), p. 170.

예를 들어, 과거의 경험을 근거로 분석한 인력이동 확률 매트릭스가 〈표 3-4〉와 같다고 하자. (A)자료는 부장의 10%는 이사로, 20%는 다른 직무나 부서로 전출하거나 이직하고, 나머지 70%는 부장직에 그대로 머무르고 있음을 나타낸다.

이러한 분석을 기초로 다음 기간의 인력공급을 예측해보면 〈표 3-4〉의 (B)와 같다. 즉, 각 직무에 소속된 초기의 인원이 각각 40, 80, 120, 160명이었으나 한 기간이 지나게 되면 각 직무에 소속된 인원은 40, 62, 120, 110명으로 변하게 된다.

4) 후계자 계획(succession planning)

승계계획이라고도 하며 미래에 유능한 자질을 가진 관리자를 용이하게 확보하고자 마련한 계획이다. 이 기법은 관리자의 주요 직위에 대하여 승진대상자의 수를 알려주고 승진준비를 예고하며 또 경력개발의 필요성을 알려 승진에 대비하게 하는 계획을 말한다. 즉 현재 또는 미래에 조직을 효과적으로 이끌어 나갈 수 있는 관리자의 조건을 구체화하고 그에 적합한 관리자를 파악하는 데 활용하는 기법이다.

2.3 인적자원 조치

1) 채용관리

모집활동은 단순히 응모자를 모집하는 것만은 아니다. 구직자가 자신의 이익과 처우, 삶의 보람 및 자신의 능력발휘의 장을 추구하는 것을 중개하고 지도, 원조하는 활동이다. 여기에서는 당연히 직업안정법, 장애인고용촉진법, 고령자고용촉진법, 남녀고용평등법 등의 법률을 준수하고, 더불어 평상시부터 요구인원(요구하는 인재가 많이 있다든가, 모집하기 쉬운 집단 및 지역이라든가)을 개척한다든지, 구인매체(구인에 유효한 회사안내, 모집광고 및 사원, 관계 있는 사람들)를 개척한다든지, 기업의 구인능력(그 기업 및 경영자에 대한 사원 및 관계자의 신뢰감, 지지감 및 존속에 대한 기대 등)의 강화를 도모한다든지 하는 것이 필요하다. 선발은 그 과정을 통해서 응모자에게 기업의 분위기, 관행 및 특성, 사원에게 기대하는 능력 및 행동을 이해시켜 응모자 자신이 기업을 선택하게 하여야 한다.

채용과 거부를 결정한 후에는 이에 관계하지 않고 신속하고 확실한 방법으로 본인에게 통지한다. 졸업자의 경우에는 채용내정을, 학교에 대해서도 채용내정자와 불채용자를 병기해서 통지한다.

채용 결정으로부터 실제로 입사할 때까지 상당한 기간이 있다. 이 경우 내정자 관리 및 내정자의 정착대책이 필요하게 된다. 일반적으로는 이 기간에 입사전 교육을 실시함으로써 회사와의 친근감을 높이고 기업인, 직업인이 되기 위한 원조를 하는 예도 많이 있다.

또 입사에 필요한 노동계약서, 서약서, 신원보증서(보증인 서명), 가족사항 등을 정리해서 수속을 완료한다. 동시에 노동조건 및 사내활동에 대해서 배려하고, 신입사원 교육의 준비 등 채용준비를 정비해 두어야 한다.

2) 인적자원 배치

배치는 다수의 직무와 다수의 개인 간의 관계를 가장 잘 조합하여 조직의 성과를 전체적으로 높일 뿐만 아니라 개인의 만족도를 높이려는 것이다. 따라서 배치는 인적인 자격과 직무의 요건을 대응 또는 적합시키는 것을 의미한다. 효율적인 인원배치가 이루어지기 위해서는 먼저 직무분석을 통하여 직무의 내용을 충분히 검토하고, 그 직무를 가장 잘 수행할 수 있는 지원자의 적성에 대한 평가가 이루어져야 한다. 여기서 고려해야 될 사항으로는 특정 직무에 대한 지원자의 태도이다. 따라서 조직은 직무배치에 있어서 지원자의 성장 가능성이나 현재 및 잠재적 능력이나 적성 등을 고려하여 개인의 목표와 조직의 목표가 일치할 수 있는 적재적소의 인원배치가 이루어져야만 할 것이다.

3) 인적자원 배치의 중요성

인적자원 배치의 중요성에 관한 문제는 기업의 전체적 측면에서 다양하게 제시되고 있지만, 특히 다음과 같은 3가지 문제에 걸쳐 있기 때문에 중요하다.

가. 적재적소주의

직무에 적합한 능력과 적성을 가진 사람을 기용하여 직무의 효율성을 극대화하여야 한다. 그러나 기업이 이용할 수 있는 인적자원에는 현실적인 한계가 있기 때문에 모든 직무에 관해서 최적의 사람을 얻을 수는 없다.

적재적소의 판단을 할 때에는 능력 및 성격 또는 의욕과 직무의 적합이 중심 문제가 된다. 그중에서 능력에 관한 판단과 의욕에 관한 판단은 모순이 될지도 모른다. 직무에 적합한 능력은 있지만 의욕은 결여되고, 때로는 의욕은 있지만 그 능력이 결여된 경우도 있다. 이와 같이 적재적소의 배치 결정에는 어려움이 따른다.

나. 인적자원의 형성

인간의 능력은 교육 및 훈련만이 아니라 직장에서의 체험학습을 통해서도 형성된다. 기업 내에서의 능력형성을 고려해 볼 때 후자의 비중이 압도적으로 크다. 적재적소는 단기적인 직무의 효율을 결정하는 데에 비해서 인재형성의 영향은 장기적인 효과이다. 배치는 기업에 있어 미래의 인적자원을 이용하는 방법도 결정한다.

의욕을 가진 사람들이 어떤 직무에 배치되고 그 직무를 잘 수행한다면 그것에 적합한 능력을 형성한다. 이것은 앞에서 설명한 적재적소와는 모순되는 것이 있다. 현재의 직무효율을 고려한 적재적소의 판단과 미래 직무의 잠재력을 고려한 배치의 결정과는 상이한 것이 많은 것이다.

다. 비공식집단의 형성

직장에서 근무하고 있는 사람(상사, 동료, 부하)과의 관계는 단순히 직무에 관한 지식 및 능력에 의해 형성되는 것만은 아니고, 더불어 근로하는 사람에 대해서도 지식 및 사람과의 감정적인 요인이 수반되어 형성된다. 이와 같은 감정에 의해 결성된 집단을 비공식집단이라고 한다. 또한, 이렇게 해서 형성된 사람의 집단을 속인적인 네트워크라고 부르고 있다.

4) 인적자원 배치 기법

선발이 결정되고 난 후에는 선발자가 수행해야 할 직무에 배치시켜 직무를 할당하여야 한다. 지원자의 직무배치에 대해서 단네트(M. D. Dannet)는 적성검사를 선발도구로 하여 선발하였을 때의 예로서 다음과 같이 설명하고 있다.

첫째는 순수선발에 따라 각 직무를 위주로 적합한 사람을 배치하는 것이다. 즉, 각각의 직무에 대해서 적성검사 점수가 가장 높은 사람을 그 직무의 적임자로서 채택하는 방법이다. 이 경우에는 어떤 사람은 여러 직무에 중복적으로 배치되어야 하는 반면(A와 G), 어떤 사람은 아무 직무에도 배치되지 않게 된다(E와 J), 이와 같은 배치전략은 사실상 A(직무 I), B(직무 V), G(직무 II나 IV) 세 사람만이 배치되고, 이 외의 직무를 위해서는 적격한 사람을 추가로 모집해야 한다. 이때 지원자검사의 평균점수는 0.8이 된다.

두 번째 방식은 직업지침에 따라 개인의 특성이나 적성을 위주로 하여 각 직무의 인원을 배치하는 방식이다. 이 경우에는 각 직무가 요구하는 최적의 자격요건을 갖추지도 못하는 지원자가 선발되는 경우가 발생하며(직무 II, III), 또 직무에 맞는 적성을 가진 지원자가 없는 경우도 있다(직무 IV). 따라서 직무에 적합한 사람이 없기 때문에 배치할 수 없거나 필요 이상의 인원을 채용하여 배치하는 일이 발생하게 된다. 이때 지원자검사의 평균점수는 0.63이 된다.

셋째는 위 두 가지 방식을 절충한 재단적응 방식으로서, 이는 직무수행에 있어서 필요로 하는 최적의 자격요건을 갖춘 사람들로서 배치되고, 주어진 직무들과 제한된 인력이라는 제약조건하에서 가능한 각 개인의 능력이 최대한 이용될 수 있도록 고안된 방식이다. 이 방법은 먼저 직무를 중요한 순서대로 그 범위를 결정하고, 각 개인을 그가 가지고 있는 능력이나 적성의 범위 내에서 가장 상위의 직무에 배치되게 하는 방식으로서 가장 합리적인 배치방식이라 할 수 있다. 이때 지원자검사의 평균점수는 0.74가 된다.

Chapter 4

모집과 선발

"실전형 인재 채용"… 현대모비스, 현업팀이 직접 신입 뽑는다

'맞춤형 선발' 하반기부터 적용
현장 선배가 지원서류 검토
전문성 검증 위주로 면접도 바꿔
스펙보다 직무역량 철저히 따져

현대모비스는 전국 대학교를 찾아 채용정보를 공유하는 캠퍼스 리쿠르팅을 진행하고 있다. 특히 올해 하반기 채용에서 현업주도 채용 시스템을 도입함에 따라 직무 관련 경험과 능력을 보여주는 게 중요하다는 점을 적극 알릴 계획이다.

현대모비스가 현업에서 원하는 인재를 주도적으로 찾을 수 있는 현업주도 채용 시스템을 도입한다.

최근 현대·기아자동차가 상시 채용을 확대하는 등 현대차그룹 채용 패러다임이 바뀌고 있다는 분석이 나온다.

5일 현대모비스는 10일까지 서류 접수를 하는 하반기(7~12월) 신입사원 채용부터 현업주도 채용을 적용한다고 5일 밝혔다. 현업주도 채용은 현업에 있는 각 팀이 채용의 주체가 된다. 각 팀은 직접 서류를 검토하고 팀별 맞춤형 인재를 뽑을 수 있는 면접 방식을 새롭게 개발했다. 채용에 현업 목소리를 담는 사례는 많지만 현업팀이 아예 채용을 주도하는 것은 이례적이다.

현대모비스 관계자는 "서류심사 단계에서부터 현업팀이 채용을 주도하면 지원자의 일반적인 스펙보다 직무에 대한 경쟁력, 경험이 중요해질 것"이라고 말했다. 또 "지원자 면접도 직무 맞춤형이라 해당 직무에 대한 지원자의 생각과 능력을 논리적으로 설명하면 좋은 점수를 받게 될 것"이라고 덧붙였다.

현대모비스는 현업 중심의 채용 방식으로 변화를 통해 현업팀은 물론이고 지원자들의 만족도도 높일 수 있을 것으로 기대하고 있다. 지원자들도 실제 직무와 상관없는 스펙 쌓기에 시간을 낭비하지 않고 자신의 전문 분야에 집중할 수 있기 때문이다.

이덕희 현대모비스 인재채용팀장은 "아예 현업팀이 채용 일선에 나선 것은 현대모비스 채용 패러다임의 획기적 전환을 의미한다.

궁극적으로 채용팀은 채용 과정 자체를 합리적이고 효율적으로 운영하기 위한 방안을 고민하고, 현업팀의 필요에 따라 원하는 인재를 상시 채용할 수 있도록 해 나갈 것"이라고 말했다.

현대모비스의 채용방식 변화는 현대차그룹 내에서 불고 있는 상시채용, 맞춤형 인재 채용 방침에 따른 것이다. 기존처럼 정해진 시점에 대규모 범용 인재를 뽑고 부서에 배치하는 제도로는 급변하는 시장에 대응하기 어렵다는 판단에서다. 필요한 때에 필요한 맞춤 인재를 뽑겠다는 것이다.

현대차는 이번 하반기 신입사원 공채와 별도로 연구개발(R&D), 제조, 전략지원, 소프트웨어 등 4개 분야에서 상시채용 제도를 운영한다. 기아차도 17일 접수가 마감되는 하반기 신입사원 채용부터 글로벌 사업관리, 글로벌고객경험, 국내영업 등 9개 부문에는 상시 채용 방식을 도입하기로 했다.

현대차 관계자는 "취업 스펙보다는 지원 부문과 직무에 대한 역량을 가지고 있는 지원자를 중심으로 선발할 예정"이라고 말했다.

(동아일보, 2018년 9월 6일)

제 1 절

모집

1.1 모집의 개념

인적자원계획에 의해 인력을 확보하고자 할 때에는 조직 내부와 외부에서 충원하는 방법이 고려된다. 조직 내부로부터의 인적자원 확보는 승진이나 재배치에 의해 이루어지며, 외부로부터의 확보는 모집과 선발에 의해 이루어진다. 따라서 내부로부터의 확보를 소극적 고용활동이라고 하는 데 반하여, 모집은 선발비율을 높일 목적으로 수행된다는 의미에서 적극적 고용활동이라고 한다.

모집이란 자격을 갖춘 개인들에게 고용의 기회를 제공하고 기업에 대한 긍정적 인상을 심어 주며, 자신이 지닌 자격요건과 관심을 비교할 수 있는 정보를 제공해 주는 조직적 활동, 또는 소요인력의 원천을 찾아 조직의 목표와 직무특성에 일치되는 유능한 인력을 유인하는 관리적 활동이라고 할 수 있다. 이를 위해서는 양질의 지원자를 많이 유인하는 노력이 있어야만 한다.

1.2 모집의 목표

모집활동은 조직의 특성 기술과 지식, 능력에 대한 수요가 현재의 공급보다 클 경우, 조직의 지속적인 운영을 위해 필요한 인적자원을 찾는 단계이다.

이러한 모집활동의 목표는 인력유인의 최적화, 모집비용의 최소화로 구분, 설명된다. 모집의 첫째 목적은 구직자의 욕구와 조직의 목표를 일치시키는 방향에서 최적인력을 유인하는 데 있다. 조직은 응모자가 많으면 직무요건에 가장 적합한 사람, 즉 최적의 기술과 지식 그리고 능력을 갖춘 사람을 찾는 데 유리한 기회를 갖게 된다.

모집의 두 번째 목적은 모집비용을 최소화시키는 데에 있다. 모집시 무자격자나 부적합한 인력은 자발적으로 포기할 수 있도록 충분한 정보를 제공하여 가능하면 응시나 지원을 제한시켜야 한다. 응모자 수가 많으면 유능한 인력의 취사 선택에 유리하지만 상대적으로 많은 비용이 소요된다.

1.3 모집방법

가. 내부 노동시장

일반적으로 조직체는 외부의 인력원천을 활용하기 전에 내부의 인력자원을 활용하려고 노력한다. 내부인력이 모집원천이 되는 경우에 가장 많이 사용되는 방법은 직무공지와 내부 구성원, 특히 부서장의 추천이다. 특히, 노조가 결성된 조직에서는 단체교섭에 의해서 직무공지와 직무공고제도에 대한 규정과 절차를 협약할 수 있다. 공고에 응하거나 추천된 구성원들은 모집절차에 따라 원서를 제출하고 선발과정을 거치게 된다.

나. 컴퓨터의 기술목록

내부인력을 모집하는 데 있어서 근래에 점차적으로 많이 사용되고 있는 것이 컴퓨터의 기술목록이다. 특히 관리직이나 기술직을 제외한 생산직, 기능직, 사무직의 경우에는 컴퓨터에 입력된 기술목록을 활용하여 조직에서 요구되는 기술과 능력 프로필(profile)을 중심으로 자격조건을 갖춘 내부인력을 선정하고 그들의 의사에 따라서 모집에 응하도록 한다.

다. 외부 노동시장

외부의 노동시장을 모집대상으로 하는 경우에는 공개모집, 현장모집, 광고, 직업소개소, 학교, 단체, 친지 등 다양한 방법을 사용할 수 있다. 그리고 그 활용도도 직종과 직급마다 모두 다르다. 일반적으로 고급기술 또는 관리인력일수록 학교와 단체기관 그리고 친지가 비교적 중요한 모집방법으로 사용되고, 하위계층의 인력일수록 광고와 직업소개소가 많이 이용된다. 그리고 입사 후의 실제 작업성과에 있어서도 일반적으로 친지와 학교추천에 의하여 채용된 사람들이 광고와 직업소개소를 통해서 채용된 사람들보다도 결근율과 이직률 그리고 품질과 생산성 등 모든 면에 있어서 더 좋은 결과를 보이는 경향이 있다.

라. 모집요원의 역할

인력계획과 모집의 중요성이 높아짐에 따라서 전문모집요원을 이용하는 조직체가 점점 많아지고 있다. 특히 선진국에서는 대학교와 고등학교를 대상으로 전문 모집요원이 오랫동안 매우 중요한 역할을 해왔다. 학교에서도 취업지원실을 두어 지원서와 회사소개자료의 배분, 모집면접의 주선, 그리고 추천서류의 구비 등 학생들의 취업과 회사측의 모집요원들을 도와주고 있다. 이와 같이 모집요원의 역할에 따라서 학교의 협조와 우수한 학생들의 모집이 많은 영향을 받는다. 그러므로 조직은 모집요원의 사전훈련에 많은 노력을 기울이고 있다.

우리나라에서도 특히 대학교를 대상으로 모집활동이 점점 활발해져 가고 있다. 주로 인사부서의 직원들과 선배중역들을 모교에 동원시켜 우수한 후배들을 모집하려는 많은 노력을 기울이고 있다. 그리고 차량을 지원하여 회사와 공장을 견학할 기회를 줌으로써 회사에 대한 실질적인 소개도 하고 있다. 앞으로 학교에서도 학생들과 회사들을 위한 직업소개 기능이 더욱 강조됨으로써 모집활동은 점차 활발해질 것으로 기대된다.

마. 내부모집과 외부모집의 장단점

모집과정에서 조직은 우선적으로 내부원천을 사용하려는 것이 일반적인 경향임은 이미 인급되있다. 이러한 방침은 내부인력의 사기향상과 동기유발 그리고 비용절감 등 인적자원관리에 있어서 여러 가지의 실질적인 이득을 가져온다. 한 연구결과에 의하면 경력기사를 채용하는 데 소요되는 모집비용은 첫 1년 급여의 68%에 달하고, 회계사의 경우에는 51%, 그리고 관리자의 경우에는 40%에 달한다고 한다.

그러나 내부인력에 너무 의존하게 되면 조직은 자신의 '무능력 한계까지 승진'함으로써 결국 조직은 무능한 사람들로 구성되어 버린다는 피터 원리가 발효되어 조직이 경직되고 침체될 위험성이 있다. 그리고 승진을 위한 과다경쟁도 발생하여 조직의 관료화 경향과 이에 따른 역기능적 효과가 나타날 수 있다. 따라서 내부와 외부의 인력모집원천을 적절히 활용함으로써 인력의 확보와 조직의 발전을 기대할 수 있다.

제 2 절 선발

2.1 선발의 개념

인사선발에 대한 개념을 정의하는 데 있어서 셔먼(A. W. Sherman) 등은 지원자 가운데 조직이 필요로 하는 직무에 가장 적합한 자질을 갖추었다고 판단되는 인력을 고용할 것을 결정하는 과정이라고 하였고, 플리포(E. B. Flippo)는 기능과 기능 간에 발생되는 직무를 효과적으로 수행할 수 있는 최적의 인적 요건과 최적의 적성 및 기술을 지닌 사람에게 조직구성원의 자격을 부여하는 행위라고 하였다. 따라서 선발과정 자체가 근로자의 채용 여부를 결정하기 때문에 인적자원 확보 활동의 중심 역할을 하며, 이를 위해서는 직무분석에 의하여 직무 내용이 명확해야 하고 이에 기초하여 노동력의 질적 요건이 확립되어야 한다.

선발은 어떻게 이루어지는가에 따라서 구분할 수 있는데, 공개상태에서 이루어지는 것을 공개선발, 비공개상태에서 일방적으로 이루어지는 것을 비공개선발, 한정된 범위 내에서 추천에 의해 결정되는 것을 추천선발이라고 한다.

2.2 선발도구

선발도구는 응모자가 가지고 있는 능력이나 소질, 지능, 신체적 조건 등 기업에서 요구하고 있는 자질이 있는가 하는 것을 측정하게 된다. 따라서 한 가지만의 선발도구보다는 복합적으로 사용하여 측정했을 때 그 효과는 높아질 수 있다.

1) 심리검사

가. 성격검사

성격이란 생물학적, 환경적 맥락 속에서 나타난 인지적이고 정동적이며, 외형적 행동특성으로서 선천적인 것을 말한다. 따라서 이러한 특성은 안정적이고 시간이 지남에 따라 변하기가 쉽지 않고 일관성을 유지하는 특성을 가지고 있다. 이러한 특성으로 타인이나 환경과 상호작용 과정에서 나타내게 되는 행동은 쉽게 변할 수 없고, 이것이 직무를 수행하는 과정에 영향을 미칠 수 있다. 일반적으로 사용되고 있는 성격검사는 다음과 같다.

(1) 관찰법

① 비구조적/반구조적 관찰

성격특성을 평가하기 위하여 구조화되지 않은 행동관찰이나 면접 등의 기법이 주로 이용된다. 이것은 개인의 성격이나 특정 행동에 관한 정보를 얻을 수 있도록 설계된 질문을 하고, 대상자의 반응을 관찰하는 것이다. 이 기법은 비교적 짧은 시간에 다양한 행동에 대한 많은 정보를 얻을 수 있으나 선발보다는 임상이나 상담 등에 주로 이용된다.

② 구조적 관찰

이 기법은 이미 정해진 기준에 따라 모든 응시자들로부터 동일한 형식의 자료를 얻고자 할 때 사용한다. 즉, 구조화된 기준에 따라 면접이나 행동 관찰 후 얻은 자료는 평정척도와 같은 형식에 기록하여 평가하므로 비구조적 면접에 비해 타당성이 높다.

(2) 투사법

가장 구조화되어 있지 않은 성격검사로서 로샤잉크반점검사(Rorschach inkblot test)가 있다. 이 검사는 총 10장의 카드를 사용하는데, 각 카드에는 잉크반

점들로 만들어진 무늬가 있으며, 대상자는 이 그림을 보고 자신의 생각을 말함으로써 평가하게 된다. 투사법으로 주제통각검사(thematic apperception test)가 있는데, 다양한 그림이 그려져 있는 카드를 제시하고 대상자가 그 그림을 주제로 이야기를 진행함으로써 평가한다. 그러나 투사법은 검사의 신뢰도와 타당도 측면에서 많은 문제점이 있다.

(3) 질문지법

① 16개 성격요인 설문지(16ft)

카텔(R. B. Cattel)에 의해 개발되었으며 16개 성격요인에 374문항의 성격검사이다. 16개의 성격특성 각각에 점수를 부여하여 평가한다.

② 미네소타 다면적 성격검사

대상사의 과거, 현새 및 미래의 행동에 관한 정보를 얻기 위하여 신념, 감정, 태도, 자기지각 등에 대한 직접적인 자기보고를 요구한다. 각 문항들은 자기의 경우에 해당하는지 않은지에 대한 판단자의 역할을 하고, 그 반응패턴은 정상집단의 반응과 비교됨으로써 평가된다.

③ 캘리포니아 성격검사

이 기법은 미네소타 다면적 성격검사와 유사한 문항을 사용하고 있으나, 정상인의 성격특성을 더 많이 측정하도록 되어 있다. 즉 사회성, 사교성, 자기수용성, 책임감 등을 측정하도록 되어 있으며, 각 척도는 실험집단과 통제집단을 비교함으로써 구성되었다. 그러나 이 기법은 문항의 이해도, 성실도 등에 따라 결과가 상이하다는 단점을 가지고 있다.

2) 지능검사

지능이랑 다양한 문제들이 성공적으로 대처할 수 있는 지각적, 인지적이며, 언어적인 능력과 관련된 개인의 비교적 영구적이고 안정된 속성이라고 할 수 있다. 지능검사를 위하여 다음과 같은 기법들이 이용된다.

(1) 스탠포드－비네검사

이 기법은 정신적으로 지체된 아동들의 지능을 검사하기 위한 목적으로 개발되었다. 난이도 순으로 배열된 30개의 검사들로 구성되어 있으며, 검사자는 처음부터 시작해서 더 이상 답할 수 없을 때까지 계속해서 실시한다. 정상적인 아동의 평균점수로부터 정신연령이 도출되고 스턴(W. Stern)에 의해 다음과 같은 공식이 도출되었다.

$$IQ(\text{Intelligence Quotient}) = \frac{MA(\text{정신연령})}{CA(\text{생활연령})} \times 100$$

이 기법을 좀더 발전시켜 현재 사용하고 있는 것이 스탠포드-비네검사이다. 예를 들면, 6세 아동이 5세의 문제는 다 완성하고, 6세의 문제는 5개 중 4개를, 7세의 문제는 4개를, 8세의 문제는 2개를, 9세의 문제는 전혀 완성하지 못했다면 기초연령은 5세이고 최고수준은 9세이다. 이 아동의 정신연령은 6세부터 9세까지의 문제 중 해답한 문제를 더하고, 이를 5로 나누어 그 수를 기초연령에 더하면 된다. 즉, {4(6세)+4(7세)+2(8세)}/5=2이고 이를 기초연령 5에 더하면 이 아동의 정신연령은 7세가 된다. 여기에서 5로 나눈 것은 한 연령을 대표하는 문제의 항목이 5개이기 때문이다.

(2) 웩슬러의 검사

이 기법은 언어검사와 동작성(실행) 검사로 구분되어 있으며 모두 11개의 하위검사로 되어 있다. 언어검사는 지식, 이해, 수리, 유사성, 수 암기, 어휘 등 6개의 하위검사로, 동작성 검사는 숫자, 부호, 그림 완성, 나무토막 쌓기, 그림 배열, 물건 맞추기 등 5개로 되어 있다. 각 개인의 점수는 정확하게 정답을 한 문항 수에 의해서 계산된다.

2.3 선발도구의 유효성 분석

1) 신뢰도 분석

선발도구의 신뢰도가 높으려면 지원자의 어떤 선발도구에 대한 평가결과가 다수의 측정에도 불구하고 유사성을 보여야 한다는 것이다. 신입사원 모집을 위해 시험을 선발도구로 사용하는 기업의 경우 매년 일정한 범위 내에서 결과가 산출되어야 시험의 신뢰도가 높다고 할 수 있다. 물론 지원자들의 지적 능력 등이 변수로 작용할 수 있으나 그러한 변수들을 감안하여 편차를 최소화하려는 노력이 반드시 수반되어야 한다. 신뢰도 측정방법은 내적 일관성 측정방법과 시험-재시험 방법이 있다. 내적 일관성을 예를 들자면, 지원자의 성격에 대한 측정을 실시할 경우 일부 질문에 대해서는 성격이 외향적인 것으로 나타났고 나머지 질문에 대해서는 내성적인 것으로 나타났다면 답변의 일관성이 낮아 신뢰도가 낮다고 볼 수 있다. 물론 이러한 경우에 있어서는 답변자의 의도에 의해 결과가 오염되었을 가능성 또한 고려되어야 한다.

2) 타당도 분석

신뢰도가 높다 하더라도 타당도가 낮으면 그 선발도구는 유용하지 못하다. 측정항목들이 직무수행과 관련된 내용들을 제대로 반영하지 못하면 타당도는 낮다고 볼 수 있다. 예를 들어 배를 만드는 엔지니어를 선발하는 시험에 지나치게 국제정세나 영어능력 등을 평가하는 항목들이 많다면 이 선발시험의 타당도는 높다고 보기 어렵다. 타당도는 크게 현재타당도와 예측타당도로 나눌 수 있다.

(1) 현재타당도 분석

현재타당도(concurrent validity)는 현직종업원들 중 실험집단을 선정하여 이들에게 시험적으로 시험을 치르게 하고 그 결과와 성과 간의 관계를 분석함으로써 선발도구의 타당도를 분석하는 방법이다. 이들은 일종의 실험집단으로 시험과 같은 선발도구에 접하게 되고 이들의 성적은 곧바로 분석되어 시험성적과 성과 간의 관계가 나오게 된다. 결국 현직 종업원을 대상으로 하는 까닭에 분석결과가 단시간에 나오는 장점이 있지만, 이미 학습을 통해 직무에 대한 경험이 있는 현직을 대상으로 실시한 결과를 신입사원에게 적용하는 것이 적절한지에 대한 문제가 남아 있다. 또한 이미 고용된 직원들이 이러한 실험에 최선을 다할지도 의문인데, 결국 신규로 채용하려는 인력집단을 현직 종업원이 대표할 수 있는지가 근본적인 문제인 것이다.

(2) 예측타당도 분석

이 방법도 역시 선발도구의 타당도를 분석하는 기법으로 이미 고용된 신입직원들이 일정기간(일반적으로 1년) 동안 보여준 성과와 이들이 입사당시 습득한 선발도구의 평가결과, 주로 시험성적 간의 상관관계를 규명함으로써 시험의 타당성에 대한 분석을 하는 방법이다.

결국 이것은 입사시험성적과 일정기간 동안의 성과가 비례관계를 보이면 타당도가 높다는 것으로, 시험이 직무성과와 관련된 내용들을 잘 반영하고 있음을 뜻한다. 현재타당도보다는 이 방법이 더 선호되는데, 이는 실질적으로 신입사원을 대상으로 하고 있기 때문에 이 결과를 그대로 다음의 선발과정에서 실질적인 지원자들을 대상으로 사용할 수 있기 때문이다. 결국 이를 분석하려면 당시의 합격점수와 성과의 기준이 명확하게 정해져 있어야 한다는 것이다. 분석결과로 나타난 상관계수가 1에 가까울수록 선발 도구의 타당성은 높아진다는 의미이며, 이 수치가 아주 낮은 경우는 시험내용의 변경이 불가피하게 된다.

하지만 상관계수가 1에 가깝다 하더라도 현실에서는 1이란 수치를 산출하는 것이 힘들기 때문에 [그림 4-1]처럼 r(타당도 계수)이 0.8 정도의 경우 일종의 누운 타원 형태의 범주가 형성된다. 합격점을 70점이라고 가정했을 때 이보다 낮은 점수를 획득하였지만 높은 성과를 보인 사람이 있을 수 있고(D범주), 동시에 점수는 높지만 성과는 낮은 사람의 경우 또한 존재한다(C범주). 이러한 분석을 통해서 향후 이들의 수를 최소화하는 방향으로, 다시 말해 보다 얇은 타원을 만들기 위해 r 계수의 값을 1에 더 근접하도록 선발시험의 개선이 이루어져야 한다. 이러한 작업의 일환으로 합격점의 조정이 병행될 수도 있다. 하지만 현재의 타당도하에서 합격점이 조정되는 경우, 즉 하향조정되는 경우 상당수의

그림 4-1 예측타당도 분석 예

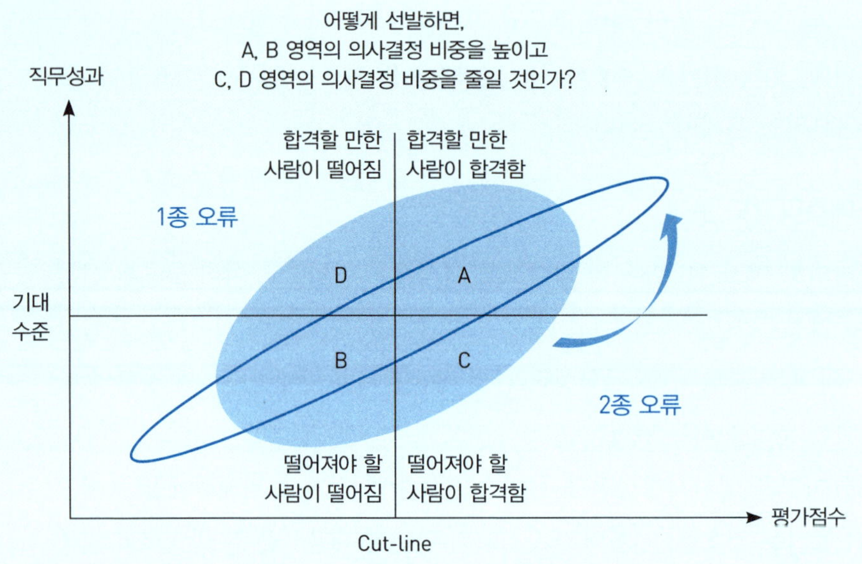

성과수준이 낮은 사람까지 채용될 수 있다는 점이 문제이고, 상향조정되는 경우 높은 성과를 내는 상당수가 탈락할 수 있다는 문제점이 있다. 따라서 선발도구의 타당도가 현재의 경우 기업은 선발비율을 낮추고(상향조정) 선발도구의 유효성을 높이는 노력을 하게 된다. 기업이 직면한 노동시장의 환경 또한 합격선의 조정에 영향을 미치게 되는데 일반적으로 필요로 하는 인력수급이 어려운 경우는 합격선은 하향조정되는 경향을 보이고, 반대의 경우 상향조정되어 정말로 기업이 필요로 하는 인력을 선발하려는 시도가 나타난다.

후자와 같은 경우 지원자 중 극히 일부의 인원만이 선발 절차를 통과하게 되어 선발비율적인 측면에서는 대단히 낮으며 그렇기에 효율적인 측면에서도 별로 바람직하지 못하지만, 이는 그 조직이 대단히 전문적이거나 최고의 역량을 가진 사람만의 고용을 위해 노력하고 있음을 의미한다. 반대로 합격선을 낮춘 경우도 지원자 대비, 합격자의 비율이 너무 높아 위와 반대의 이유로 바람직하지 못하지만, 이 경우는 앞 그림에서 D범주에 속하는 사람들의 분발을 촉구한다는 측면에서 정당성을 가진다고 할 수 있다.

"자소서 표절 꼼짝마!" 롯데 입사지원서 AI가 거른다

롯데 하반기 공채
전 계열사 'AI 채용'

상반기 AI 시범 도입 효과
서류전형 검토 기간
10일서 8시간으로 단축
"공정성·객관적 신뢰성 높여"

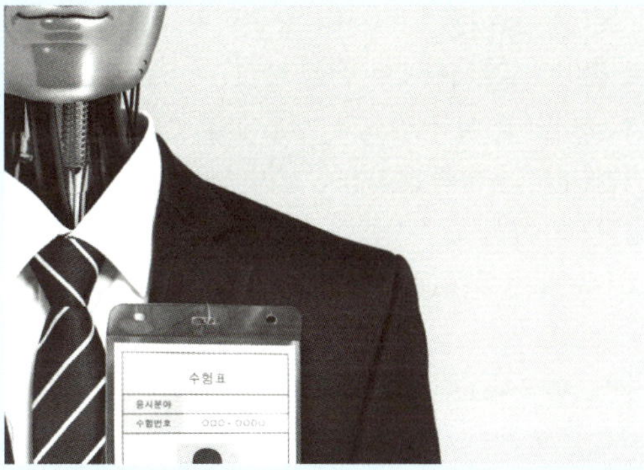

롯데그룹이 올 하반기 공채부터 인공지능(AI)을 활용한 채용을 전 계열사로 확대 시행한다. 대학교를 찾아가는 캠퍼스 리크루팅은 줄이고 페이스북과 취업카페 등을 통한 온라인 채용설명회를 늘리기로 했다. 김진성 롯데지주 인재육성팀 수석은 1일 "상반기 6개 계열사에 시범 도입한 AI 채용에 대해 유용하다는 내부 평가가 많았다"며 "AI를 활용한 이력서 검증을 하반기부터 전 계열사로 확대할 계획"이라고 말했다.

이력서 검토시간 대폭 단축

롯데그룹은 올 상반기 롯데제과·롯데칠성음료·롯데백화점·롯데마트·롯데정보통신·대홍기획 등 6개사를 대상으로 AI 채용을 시범 도입했다. 롯데는 상반기 채용에서 △필요인재 부합도 △직무적합도 △자기소개서 표절 여부 등 세 가지 영역에서 AI를 활용했다. 필요인재 부합도는 그룹 우수인재 성향과 패턴을 분석해 모델로 만든 뒤 지원자가 회사에 필요한 인재상에 얼마나 부합하는지 예측하는 것이다. 직무적합도는 지원자의 직무경험 기술서를 통해 지원 업무에 얼마나 적합한지 파악한다. 수년간 롯데그룹에 지원한 사람의 자기소개서, 온라인 카페·블로그, 학술자료, 빅데이터 등과 연동해 표절이 의심되는 문구가 있는지도 점검했다.

공채 서류전형을 주관한 롯데지주 관계자는 "필요인재 부합도에서 고득점을 얻은 지원자가 직무면접에서도 좋은 평가를 받았다"고 설명했다. 이어 "AI를 활용해 보니 지난해 10여 일 걸리던 자기소개서 검토 시간이 8시간으로 줄어들었다"며 "인사담당자의 주관적 판단을 최소화하고 같은 기준과 잣대로 평가해 공정성과 객관적 신뢰성을 높일 수 있었다"고 덧붙였다.

롯데는 올 하반기부터 AI 채용을 전 계열사로 확대 시행하기로 했다. 온라인 채용설명회를 통해 더 많은 구직자에게 취업정보를 제공할 방침이다.

여름인턴 불합격자 피드백 시행

롯데는 하반기 채용부터 캠퍼스 리크루팅을 줄이고 온라인 채용설명회를 적극 활용하기로 했다. 지난해 하반기 공채부터 진행한 인터넷 댓글 설명회를 더 많이 연다는 계획이다. 댓글 설명회는 각 계열사 인사담당자가 구직자의 궁금증에 댓글을 달아주는 방식의 설명회다. 롯데백화점은 지난 3월15일 페이스북 '디지털 채용설명회'를 열었다. 이날 설명회는 온라인 채용설명회를 방문한 인원이 3만5,000여 명에 달할 정도로 인기를 끌었다. 송지홍 롯데백화점 인사팀 매니저는 "시공간 제약을 해결해주는 디지털 채용설명회를 확대할 방침"이라고 말했다. 롯데는 온라인 채용설명회와 함께 인사담당자를 만나 채용 궁금증을 풀 수 있는 잡카페도 늘릴 계획이다.

롯데는 올여름 인턴부터 '인턴평가 피드백'을 검토 중이다. 22개사에서 진행 중인 7~8월 여름인턴이 끝나면 정식 직원으로 채용되지 못한 인턴에게 어떤 부분이 부족했고 보완해야 하는지 등을 인사담당자와 현장 근무자들이 알려줄 예정이다. 롯데는 2014년 하반기 공채부터 불합격자에게 면접 결과를 설명해줘 구직자 사이에서 좋은 평가를 얻고 있다. 롯데는 평가표에 지원자 전체 평균 점수, 합격자 평균점수, 지원자 개인 점수를 그래프로 제공하고 있다. 김진성 수석은 "처음 도입 땐 기업 이미지가 나빠지지 않을까 우려했지만 불합격 통보가 아니라 실질적인 피드백이란 점에서 긍정적 평가를 얻고 있다"고 설명했다. 롯데는 올 상반기 공채·인턴 등을 통해 신입사원 1,150명을 채용했다. 하반기에도 비슷한 수준으로 채용할 것으로 전망된다.

(한국경제, 2018년 8월 2일)

Chapter 5

교육훈련

중앙선관위 국내외 교육훈련비 5급 이상이 '독식'

2014년 이후 교육훈련비 32억원 중 6급 이하는 2,300만원에 불과

이재정 의원(더불어민주당 비례대표, 국회 행정안전위원회)

중앙선거관리위원회가 지난 2014년 이후 실시한 국내외 교육훈련 연수자 대부분은 5급 이상으로 이들이 사용한 교육훈련비만 32억여 원에 달했지만, 6급 이하 직원이 사용한 교육훈련비는 2,300여만 원에 불과한 것으로 나타났다.

국회 행정안전위원회 소속 더불어민주당 이재정 국회의원은 중앙선거관리위원회가 제출한 국정감사 자료 '2014년 이후 국내외 교육훈련별 개요 및 현황'을 분석한 결과 이 같이 나타났다고 3일 밝혔다.

이 의원은 "중앙선거관리위원회는 직무수행에 필요한 지식과 기술습득을 위해 국내외 교육훈련 사업을 실시하고 있지만, 매년 국회 등으로부터 교육훈련기회가 5급 이상 고위직에 집중되어 있음을 지적받고 있는데도 전혀 고쳐지지 않고 있는 상황"이라고 지적했다.

이 의원이 분석해 공개한 자료에 따르면, 2014년 이후 281명의 국내 교육훈련자 중 6급 이하는 단 41명에 불과했으며, 매년 직무과정(2명)과 학위과정(4명)을 지원하는 국외훈련의 경우 총 22명 중 6급 이하는 단 한 명도 없는 것으로 나타났다.

또한 총 교육훈련비 32억여 원 중 6급 이하 직원이 사용한 교육훈련비는 2,300여만 원에 불과해 직급에 따른 심각한 교육불평 등을 보이고 있는 것으로 나타났다.

이재정 의원은 "다양한 교육지원을 통한 전문 인재 양성과 글로벌 시대의 선거전문 국제인력 양성이라는 중앙선관위 국내외교육의 목적은 오롯이 5급 이상 고위직들에게만 누릴 수 있는 권한이 되어버린 지 오래"라며, "매년 반복되는 지적에도 불구, 중앙선관위는 요지부동의 자세로 임하고 있는 만큼, 국내외 교육훈련자 선발과정에 있어 구조적인 문제와 차별행위가 발생하고 있는지에 대해 감사원 감사를 통한 진상규명이 필요하다"고 밝혔다.

(뉴스웍스, 2018년 10월 2일)

제 1 절

교육훈련의 개념과 목표

1.1 교육훈련의 개념

교육훈련은 교육(education)과 훈련(training)이라는 두 개념의 합성어이다. 그러나 각각의 개념을 구분하여 이해하는 것은 실무적으로 도움이 되지 않는다. 조직의 목표를 달성하기 위한 수단의 하나로 교육훈련을 하나의 개념으로 이해하는 것이 바람직하다. 교육훈련이란 "조직의 목적을 달성하는 데 도움이 되는 역량을 구성원들이 획득하도록 하는 과정"이라고 할 수 있으며 구체적으로는 "각각의 직무에서 사용되는 구체적인 기술 및 지식을 습득하도록 하는 과정"으로 정의할 수 있다.

교육훈련과 유사한 개념으로 개발이라는 용어가 사용되고 있다. 교육훈련은 현재의 직무를 수행하기 위해 필요한 역량을 획득하는 과정이고, 개발은 미래에 수행하게 될 직무에 필요한 역량을 획득하는 과정이라는 점에서 차이가 있다.

1.2 교육훈련의 중요성

사회의 발전으로 기업들의 경쟁이 심화되고, 기술 혁신 등 경영환경의 변화로 인해 기업들에게 요구되는 경쟁력의 수준이 점점 높아지고 있다. 이러한 변화에 따라 근로자들의 능력 향상의 필요성 역시 대두되고 있으며, 경영진의 교육훈련에 대한 관심 역시 증대되고 있는 추세이다.

특히 교육훈련과 관련하여 최근 두 가지 특징이 나타나고 있다. 우선, 교육훈련을 비용으로 간주하던 인식에서 벗어나 일종의 투자로 생각하는 양상을 보이고 있다. 과거의 경우 기업의 상황이 나빠졌을 때 교육훈련 목적으로 책정되는 예산은 우선적으로 삭감되는 경향을 보였으나, 최근에는 오히려 교육훈련을 유지하거나 강화하는 경향을 보이고 있다. 또 한 가지 변화는 교육훈련의 대상에 관한 것이다. 과거의 교육훈련은 중간관리자 이상의 높은 직급에 집중되어왔으나 최근에는 일반 종업원에 대한 비중이 증가하고 있다. 능력있는 소수의 주요 직급 인력이 기업 전체를 이끌어간다는 사고에서 탈피하여 조직구성원 전체적인 능력 향상이 기업의 경쟁력 향상을 이끌 수 있다는 쪽으로 의식의 변화가 이루어지고 있음을 알 수 있다.

이러한 특징은 기업의 경쟁력을 증가시키는 과정에서 필연적으로 나타나게 된다. 특히 경쟁이 치열해질수록 불필요한 직위를 식별, 제거하려는 노력이 따르게 되고 그 결과 종업원의 수가 줄어들게 된다. 따라서 종업원 개개인의 능력향상이 요구된다. 즉 종업원에 대한 교육훈련은 기업의 경쟁력을 유지, 향상시키는 전략적 투자로 인식되고 있으며 그 중요성은 더욱 커지고 있다.

1.3 교육훈련의 목적과 기대효과

교육훈련은 조직의 전략을 실천하고, 기업의 목적 달성에 기여하는 데 요구되는 능력을 구성원들이 획득하도록 하는 과정이다. 즉 경영환경의 변화에 따라 기존의 가치관, 행동양식 및 관습을 변화한 환경에 맞추어 적응할 수 있는 역량을 보유하게 하는 과정이다. 따라서 궁극적으로 교육훈련은 인재를 양성하고 이를 통해 조직유효성을 확보하는 활동이라고 할 수 있다. 교육훈련의 세부적인 목적은 다음과 같다.

교육훈련의 우선적인 목적은 조직구성원의 능력향상과 조직 목적에 기여하고자 하는 의욕을 증진시켜 현재의 조직환경 내에서 원활한 직무수행과 효과적인 생산활동을 가능하게 하는 것이다. 또한 조직이 직면한 환경이 변화할 경우 교육훈련을 통해 새로운 지식과 기술을 습득하게 하여 구성원으로 하여금 환경변화에 효과적으로 대응할 수 있는 능력을 획득하도록 한다. 교육훈련을 통한 구성원의 능력향상은 직접적으로는 개개인의 성취욕을 충족시키고, 간접적으로는 조직 전체의 경쟁력 증가로 인해 구성원들에게 더 많은 보상을 지급할 수 있게 된다. 교육훈련을 통해 기업이 얻을 수 있는 구체적인 이점은 다음과 같다.

- 신규 근로자 및 기존 근로자의 성과를 향상시킨다.
- 조직구성원들의 조직에 대한 긍정적인 태도를 이끌어낸다. 이는 구성원들의 근태 및 작업환경의 문제를 해결하는 데 기여한다.
- 조직의 인재유출을 막고 장기적으로 기업의 목적달성을 위해 필요한 역량을 확보할 수 있다.
- 조직구성원들의 시장가치와 경력을 향상시킨다.

교육훈련은 종업원의 역량을 상승시켜 효과적인 직무수행을 가능케 하고 조직환경의 변화에 유연하게 대처할 수 있도록 한다. 조직의 경쟁력 향상과 성과 증가를 위해서는 지속적인 교육훈련이 반드시 필요하다.

제 2 절

교육훈련의 주체 및 형태

교육훈련의 주체는 훈련의 필요성을 판단하고 전반적인 계획을 작성하는 주관기관과 실제 훈련을 진행하는 실시기관이라고 할 수 있다.

2.1 인사부서와 소속부서 관리자

근로자의 교육훈련에 대한 1차적인 책임은 소속 부서의 관리자와 인사부서에 있다. 이들의 책임영역은 서로 다르다. 소속 부서의 관리자는 현재 근로자의 직무수행능력을 파악하여 훈련의 필요성을 판단한다. 근로자들과 지근거리를 유지하며 훈련의 필요성을 판단하는 데 필요한 구체적인 정보를 파악하는 데 용이하다. 따라서 종업원의 잠재력과 경력개발 등 교육훈련의 실시 여부를 판단하는 데 주요 역할을 수행한다고 할 수 있다. 인사부서는 단순히 현재의 직무수행 능력 향상의 수준을 넘어서서 장기적이고 조직 전체를 고려하는 특성을 보인다. 따라서 효과적인 교육훈련을 위해서는 인사부서와 관리자의 상호작용이 반드시 필요하다. 특히 인사부서는 교육훈련에 대한 전문성을 갖춘 부서이므로 각 관리자가 실효성을 갖춘 훈련계획을 작성할 수 있도록 도움과 조정하는 역할을 수행하는 것이 바람직하다.

2.2 직장 내 훈련과 직장 외 훈련

교육훈련을 실시하는 장소는 교육훈련의 주관부서가 어디인가와 밀접한 관련이 있다. 따라서 장소와 책임범위는 서로 관련이 있다고 할 수 있다. 관리자의 주관 아래 직장 내의 공간에서 교육훈련이 이루어지는 경우가 다수라고 할 수 있으나, 인사부서의 책임하에 직장 외에서 교육훈련이 이루어질 수 있다. 전자를 직장 내 훈련, 후자를 직장 외 훈련이라고 한다. 교육훈련의 장소에 차이를 두는 요인은 해당 교육훈련의 성격 또한 주요한 요인으로 작용한다.

1) 직장 내 훈련(internal training)

직장 내의 공간에서 실시되는 교육훈련은 대부분 실무에 바로 적용가능한 내용들로 구성된다. 외부의 별도의 공간을 필요로 하지 않기 때문에 합숙교육이나 외부 강사를 초빙하는 등의 비용이 발생하지 않는다는 장점이 있다. 그러나 학습이 직무 수행과 함께 이루어지기 때문에 교육훈련이 일정한 수준까지 이루어지기 전에는 근로자들의 직무 수행의 수준이 낮아 결과물의 낮은 품질, 직무수행을 위한 설비의 파손 또는 근로자의 미숙함으로 인한 업무상의 실패 등을 감수해야 하는 단점이 존재한다.

대표적인 직장 내 훈련으로 직무수행에 필요한 기술훈련을 들 수 있다. 기본적으로 다룰 수 있어야 하는 설비, 장치, 장비 또는 컴퓨터 활용 능력 등이 이에 포함된다. 직무의 능률 향상을 위해 새로운 장비를 도입하는 경우 사용법을 익혀야 하는 경우가 많기 때문에 시간과 관계없이 새로운 기술과 장비에 대한 숙달과정은 매우 중요하다고 할 수 있다.

직장 내 훈련은 구체적인 절차를 갖추지 않고 임의적으로 실시되는 비공식적인 훈련인 경우가 많다. 근로자들이 자신의 직무를 숙달하게 되는 과정 중 약 70%는 공식적인 훈련 프로그램이 아니라 자신보다 경험이 많은 근로자들로부터 비공식적으로 이루어지는 것으로 나타난 연구도 존재한다. 비공식적 훈련이 이처럼 높은 비중을 보이는 이유는 다음과 같다.

- 팀 단위 작업, 또는 프로젝트를 통해 근로자들 사이에서 정보전달이 활발하게 이루어지고 이 과정에서 자연스럽게 학습이 이루어진다.
- 근로자 자신의 역량이 직무수행을 위해 요구되는 수준에 못미칠 때 사용자보다는 필요한 지식과 기술을 가진 다른 근로자를 찾는 경향이 있다.
- 다수의 업무는 조직의 목표와 마감일을 준수하여야 한다. 근로자가 자신의 역량이 부족함에도 이를 준수하기 위해 노력하는 과정에서 필연적으로 교육훈련이 이루어지게 되고, 앞서 설명하였듯 다른 근로자를 찾는 형태의 학습이 이루어지게 된다.

공식적 훈련보다 비공식적 훈련의 비중이 높지만, 동료 근로자들에 의해 구전식으로 이루어지는 비공식적 훈련의 특성상 정확도가 낮을 수 있고, 해당 활동의 목적이 왜곡되는 경우가 발생할 수 있다. 또한 문제가 발생하여도 그 발단을 찾기 어렵고 책임소재 또한 불분명하다.

2) 직장 외 훈련(external training)

직장 외 훈련은 직장 밖의 전문적인 훈련기관에 근로자를 위탁하여 교육하는 경우를 말한다. 훈련에 필요한 기자재를 확보하는 대신 외부 위탁에 비용을 지출하는 것이 효율적이라고 판단되는 경우, 또는 자체 훈련 프로그램을 개발하거나 교육 전담 인력을 편성하는 것이 현실적으로 어려울 경우 직장 외 훈련 방식을 채택하게 된다. 이러한 조직의 여건에 의한 문제 이외에도 직장 외 훈련을 통해 다른 조직의 근로자와의 교류를 통한 정보 공유 등 직장 외 훈련 방식만의 장점 또한 존재한다.

최근에는 B2B 기업의 경우 자사의 제품 판매 성과를 극대화하기 위하여 자사 제품을 구매한 회사의 인력에게 교육훈련까지 제공하는 전략이 등장하였다. 예를 들어, 기계제작판매회사가 해당 기계를 구입한 회사의 담당직무를 대상으로 자사의 제품 사용방법 및 세부정보를 교육하는 것이다. 특히 기술의 발전으로 기계의 복잡성 증가와 탑재된 소프트웨어의 증가로 제품 판매 이후에 판매자 주도의 교육훈련이 필수적으로 요구되고 있다.

조금 더 발전한 형태로는 판매자 주도의 교육훈련에서 일정 수준 이상의 훈련성과를 달성한 사람에게 인증서를 발급하는 것을 들 수 있다. 이러한 판매정책을 운영하는 대표적인 회사가 마이크로소프트다. 인증 프로그램으로 인해 구매 기업에서는 숙련된 근로자를 확보할 수 있고, 해당 근로자들은 인증서라는 구체화된 수단을 통해 자신의 역량을 표현할 수 있기 때문에 훈련과정에 적극적으로 임하게 된다. 또한 판매기업 측에서는 인증 프로그램을 통해 업계에서 일종의 표준 지위를 차지할 수 있고, 매출 상승의 가능성이 높아진다. 인증 프로그램 형태의 판매정책에 대한 한 연구에 따르면 사용자측이 교육비용을 부담하는 경우, 해당 종업원들에게 사용자에 대한 보다 긍정적인 인식이 구축되며, 조직을 이탈하는 경향이 적은 것으로 나타났다.

2.3 교육훈련의 대상

교육훈련의 대상은 필요한 교육훈련의 성격을 기준으로 분류된다. 크게는 신입사원과 재직사원으로 나누며, 재직사원은 다시 일반 종업원, 관리자급(감독자), 경영자급으로 분류된다.

1) 신입사원(오리엔테이션)

신입사원은 입사 전 개개인별로 상이한 경험과 가치관을 가지고 살아왔다. 따라서 조직에서 요구하는 태도, 가치, 행동방식을 신입사원에게 적용하기 위해 재사회화(조직사회화) 과정이 필요하다. 이를 오리엔테이션이라고 한다.

가. 오리엔테이션 책임주체

오리엔테이션 역시 다른 교육훈련들과 마찬가지로 인사부서와 관리자의 협력을 통해 이루어진다. 조직의 규모가 영세하여 인사부서가 독립되어 있지 않은 경우 관리자 또는 감독자의 책임하에 진행되며, 일정 규모 이상의 조직은 부서장, 감독자, 인사부서가 팀을 편성하여 진행한다. 일반적으로 부서장은 직무내용과 작업규칙에 관한 사항을 숙지시키고, 기존 재직 근로자들과의 융화를 주도한다. 인사부서는 주로 복리후생에 관한 제반 사항을 담당하며 감독자는 작업안전에 대한 내용을 전달한다.

나. 오리엔테이션의 실시목적

오리엔테이션의 목적은 신입사원들의 빠른 조직 적응과, 담당 직무의 숙달을 통해 조직에 대한 공헌을 신속하게 이루어지게 하기 위함이다. 오리엔테이션의 목적을 사용자 측의 입장에서 살펴보면 조직의 생산성 향상, 이직률 감소를 통한 조직구성원 유출 억제, 조직에 대한 이해의 폭 확대 세 가지로 요약 가능하다.

가) 생산성 향상

기업의 사용자측과 관리자들은 신입사원이 최대한 짧은 기간 내에 기업이 요구하는 수준의 직무수행이 가능한 상태에 도달하는 것을 원한다. 신입사원 역시 빠르게 조직에 적응하여 일정한 역할을 수행할 수 있는 조직의 일원으로 성장하고자 한다. 오리엔테이션은 이러한 양 측의 기대를 충족시키기에 적합한 수단이다. 오리엔테이션을 통해 직무수행의 세부적인 내용이 잘 교육된 경우 그렇지 못한 경우 대비 2개월 이상 빠른 업무 적응 기간을 보이고 있으며, 작업 중 발생하는 안전사고의 빈도 역시 유의미하게 감소한다. 한 건설회사의 경우 작업중의 안전을 중심으로 교육훈련을 진행하였으며 안전하게 작업하는 구체적인 방법을 교육하였고, 실제로 신입사원들의 신체적인 상해 발생이 현저히 감소하였다. 이는 상해로 인해 지불되는 치료기간과 비용 감소와 직결되어 궁극적으로 생산성의 향상을 이끌어 낸 것으로 나타났다.

나) 이직률 감소

신입사원을 선발하고 해당 직무에 숙달되기까지 기업입장에서는 일종의 투자를 하는 것이기 때문에 신입사원의 이직은 기업에게 상당한 비용으로 작용한다. 그럼에도 일반적으로 신입사원의 이직률은 상당히 높다. 효과적인 오리엔테이션은 신입사원들의 초기 이직률을 낮추는 효과가 있는 것으로 입증되었는데, 오리엔테이션 이후 실시한 설문조사에서 오리엔테이션에 대해 긍정적인 반응을 보인 사람들은 대체로 해당 기업에 오래 잔류하는 경향을 보였다. 또한 오리엔테이션 프로그램을 개선하는 행위만으로 이직률을 약 40% 감소시킨 사례도 존재한다.

다) 조직에 대한 이해의 폭 확대

사용자는 오리엔테이션을 시행함으로써 신입사원들이 조직의 본질에 대해 파악하기를 원한다. 조직의 목적, 주력 분야, 역사, 구조, 경영진 등의 관련 정보를 신입사원에게 전달하며, 신입사원이 조직 전체 구조 내에서 어떤 역할을 수행하게 될지 이해하도록 한다. 이러한 조직에 대한 이해는 신입사원에게도 긍정적으로 작용한다. 조직이라는 새로운 환경에 직면하는 과정은 불안과 걱정을 동반하기도 하는데, 이러한 문제점을 해소하는 데 오리엔테이션이 효과적으로 작용하는 것으로 나타났다. 불안감을 잘 해소할수록 신입사원이 조직에 적응하고 자신의 능력을 발휘할 수 있게 되기까지의 기간이 줄어든다. 또한 자신의 조직에 대한 높은 이해도는 소속감을 고취시켜 이직률을 감소시키는 효과도 기대할 수 있다.

다. 효과적인 오리엔테이션 체계

오리엔테이션이 목표를 달성하기 위해서는 실시 자체가 중요한 것이 아니라 오리엔테이션의 내용이 효과적인지 아닌지가 중요하다. 따라서 신입사원들에게 실제로 긍정적인 작용을 할 수 있는 체계적인 내용을 갖추어야 한다.

가) 신입사원을 맞이하기 위한 사전 준비

오리엔테이션을 실시하여 신입사원들은 조직에 대한 소속감과 기여할 수 있는 사람이라는 인식을 가져야 한다. 또한 신입사원이 기존의 사원들과 잘 융화되어야 한다. 따라서 인사부사 및 감독자는 신입사원이 배치되기 전에 기존 종업원을 대상으로 신입사원의 채용목적을 충분히 인식하고 신입사원이 기존 부서에 기여할 수 있는 방법을 충분히 논의하여 기존 사원들의 경계를 완화하고 적응과정에 도움을 줄 수 있도록 하여야 한다. 경험 많은 기존사원이 직접 오리엔테이션을 수행하도록 하는 것 또한 좋은 방법이 될 수 있다.

나) 신입사원에게 필요한 정보의 선별제공과 제공방법 결정

신입사원에게는 오리엔테이션을 통해 많은 정보가 제공되어야 한다. 그러나 필수적이지 않은 정보를 포함하여 과도하게 많은 정보를 제공하여 신입사원을 혼란스럽게 하는 경우가 있다. 과다하게 많은 정보가 제공될 경우 당장의 직무수행을 위해 필수적인 중요한 정보에 대해 기억하지 못하거나 왜곡되어 실제 직무 수행시 문제가 발생할 수 있다. 오리엔테이션을 진행하기 이전 반드시 전달해야 할 정보를 선별하고 꼭 필요한 정보만 간소하게 제공하는 것이 효과적이다.

다수의 정보들은 세세한 설명이 필요한 경우가 있을 수 있으나, 어떤 정보는 조직 내에 직접 배치되어 실무를 진행하면서 체득하는 것이 효과적일 수 있다. 정보의 종류에 따라 다른 전달방식을 취하는 것이 효율적이며 부서에 배치된 후 필수적인 정보를 제외하고, 회사안내책자, 디지털 자료 등을 제공하거나 회사 홈페이지의 자료실 등에 오리엔테이션 자료를 배포하여 스스로 확인할 수 있도록 하고, 의문사항에 대해 실의 응답을 위한 시간을 따로 편성하는 등 일방적인 정보 전달보다는 쌍방향의 소통 방식의 오리엔테이션이 효과적이고 시간을 절약할 수 있다.

다) 평가

오리엔테이션 프로그램은 실시 이후 신입사원들로부터의 평가를 통해 개선이 필요하다. 프로그램 종료 이후 인터뷰, 설문조사, 테스트 등을 통해 해당 오리엔테이션이 소기의 목적을 잘 달성하였는지를 확인하고, 문제점을 식별하여 개선해야 한다.

2) 재직사원훈련

재직사원훈련의 목적은 종업원들이 필요로 하는 직무에 대한 정보와 교양교육을 제공하여 기업의 구성원으로써 요구되는 기초적인 인식과 사원 개개인의 잠재력을 자극하여 조직에 협력적인 구성원이 될 수 있도록 한다. 재직사원훈련은 구체적으로 직업학교훈련, 실습장훈련, 도제식 훈련 등을 들 수 있다.

재직사원훈련은 일반 종업원뿐만 아니라 관리자급 직원과 경영자에 대해서도 실시된다. 관리자급 직원에 대한 교육훈련은 사무실의 부장~과장급 사이, 작업현장에서는 반장 등의 감독자급 직위를 대상으로 이루어진다. 관리자급을 대상으로 실시되는 교육훈련은 직장의 사기 문제, 모티베이션, 하위 직위 종업원들에 대한 평가, 의사소통, 리더십, 생산성 향상 등 관리자로서 책임을 가지는 영역에 대한 교육이 주가 된다.

경영자는 기업의 최고 책임자로서 높은 수준의 판단력, 결단력, 경영 능력이 요구된다. 따라서 교육훈련 역시 통솔력, 지도력의 함양을 전제로 하며, 폭넓은 식견을 쌓을 수 있는 정보 전달을 목적으로 하며, 기업관의 정립, 기업환경 변화에 대한 적응, 리더십 등을 중심으로 한다.

제 3 절 교육훈련의 방법

일단 교육훈련의 목적이 결정되면, 실제 교육훈련이 실시되는데, 교육훈련 실시에 앞서 담당부서에서는 교육훈련의 목표와 방법의 특징을 고려하여 어떤 방법이 적합할지를 판단하여 선정하여야 한다. 조직에서 공통적으로 많이 사용하는 교육훈련 방법과 기술을 몇 가지로 나누어 살펴보면 다음과 같다.

3.1 직장 내 훈련(OJT: on the job training)

조직 내 모든 수준에서 가장 공통적으로 이루어지는 훈련 형태는 OJT이며, 주로 관리자나 감독자 및 동료에 의해서 이루어진다. 전형적인 OJT 훈련으로 직무안내훈련(JIT: Job instruction training)을 들 수 있는데, 이 훈련은 제2차 세계대전 동안 군수물자를 생산하는 산업분야에서 직무경험이 없는 시민들을 대상으로 직무에 대한 준비를 하도록 개발된 훈련으로써, 이 때의 성공적인 경험으로 인해 지금도 사용되고 있다.

OJT는 종업원이 수행하는 일에 대한 관련성이 높고 유연성이 있으며, 능동적 학습의 원리가 작동되기 때문에 그 효과도 높은 편이어서 기업에서 많이 사용되고 있다. 그러나 OJT는 다음과 같은 몇 가지 문제점을 가지고 있다.

- OJT가 우연적 혹은 무계획적으로 이루어지고, 피훈련자들은 일반적으로 자신의 고유 업무에 집중하기 때문에 필요한 훈련이 제대로 이루어지지 않아 훈련이 효과적이지 않을 수 있다.
- 일상적 업무가 방해받을 수 있다. 따라서 OJT를 실시할 경우, 감독자나 관리자는 한편으로는 일상업무가 방해받지 않으면서도 훈련효과도 높아지도록 사전에 체계적인 계획을 수립하여 실시하여야 한다. 예를 들어, OJT 대상자에 대해서는 업무할당과 함께 훈련내용도 동시에 할당하고, 훈련이라는 과정을 인정하여 충분한 시간을 배정하여야 하며, 성과평가 시에는 업무결과와 훈련결과를 동시에 평가하도록 하는 것이 중요하다.

3.2 시뮬레이션

시뮬레이션(simulation)이란 실제 작업환경과 거의 동일한 훈련환경을 구성하여 이를 기반으로 교육훈련을 진행하는 것을 말한다. 시뮬레이션은 업무압력을 받지 않고 실제 직무를 수행하는 것과 같은 체험을 피훈련자에게 제공할 수 있는 장점이 있으나, 훈련환경을 조성하기 위해 많은 비용이 든다는 단점이 있다. 따라서 시뮬레이션 훈련방식은 실무에 투입되었을 때 훈련자의 미숙함이 치명적으로 작용할 수 있는 직무에 주로 적용된다. 예를 들면 파일럿, 우주비행사, 핵발전소 운영요원 등이 있다. 또한 고객과 직접적으로 접촉하여 서비스를 제공하는 직무 시뮬레이션 훈련방식이 적극적으로 사용된다.

최근에는 가상현실 관련 기술의 발달로 시청각 설비와 컴퓨터를 이용하여 훈련환경을 조성하는 것이 더욱 용이해졌다. 훈련시설의 비용 절감과 피훈련자의 안전 확보에 유용하여 적극적으로 보급되고 있는 추세이다.

3.3 산학협동훈련

산학협동훈련(Cooperative training)은 학교에서의 이론적인 교육과 직장 내에서의 실무적인 경험을 동시에 제공하는 교육훈련방식이다. 대표적으로 인턴십, 도제훈련제도가 있다.

1) 인턴십

인턴십(internship)이란 학내 교육과 직무훈련을 결합한 OJT 형태로 이루어져있다. 교내에서의 지식습득과 실제 직장에서 직무수행을 통해 이를 적용해볼 수 있다. 인턴에게는 실제 직장의 직무환경을 경험하고, 잠재적인 고용자에 대한 구체적인 정보를 얻을 수 있는 기회의 장이 되며, 고용자는 고용결정을 하기 전 인턴의 구체적인 직무능력을 확인할 수 있어 실제로 조직에 기여할 수 있는 인재를 선발할 수 있다는 장점이 있다.

2) 도제훈련제도

도제훈련제도(apprenticeship)는 해당 직무에 대한 숙련도가 높은 선배 근로자의 지도 아래 직무 경험을 할 수 있도록 하는 제도이다. 주로 전문적인 기술을 요구하는 직무들에서 채택되며 2년에서 5년가량의 도제기간이 소요된다. 목공, 배관공, 용접공 등의 직무를 들 수 있다. 도제기간 중 피훈련자는 법적으로 낮은 금액의 임금을 지급받을 수 있도록 되어 있기 때문에 그 반대급부로 피훈련자가 충분히 훈련을 받고 있는지에 대한 공공기관의 감시가 동시에 이루어진다. 훈련

내용, 훈련용 시설, 시간 및 피훈련자의 숙련도 증가 등에 대한 지속적인 모니터링이 이루어진다.

3) 행동경험훈련

직무를 수행하는 과정에 있어서 근로자는 업무압박과 타인과의 관계 등을 이유로 스트레스가 축적된다. 따라서 감정관리와 바람직한 관계 유지를 위한 행동관리에 대한 훈련 또한 필요하다. 이러한 훈련을 행동경험훈련(behaviorally experienced training)이라고 하며 근로자의 태도, 대인관계를 중심으로 한 다양한 프로그램이 제시되고 있다. 대표적으로 롤 플레잉(role playing), 다양성 훈련, 감수성 훈련을 들 수 있다. 롤 플레잉은 피훈련자에게 가상의 특정 상황을 제시하고 해당 상황에 대해 피훈련자가 취하는 행동을 관찰한다. 취한 행동의 적절성에 대한 평가가 이루어지고 바람직한 행동의 제시와 학습이 이어진다. 다양성 훈련은 피훈련자가 다양한 성별, 민족, 국가 출신의 종업원들과 함께 일해야 하는 직무환경에 노출되었을 때 유용하며 다양성으로 인해 발생할 수 있는 문제점과 바람직한 대처방법에 대한 훈련이 이루어진다. 감수성훈련은 상대방과의 의사소통과정에서 공감을 통해 왜곡 없는 참된 이해를 도와 바람직한 관계를 유지할 수 있도록 하는 데에 그 목적이 있다.

4) 강의실 교육과 토론훈련

직무기술을 습득하고 종업원의 능력을 개발하기 위해 이루어지는 교육훈련들은 실습 요소 이외에도 강의와 토론 형식을 가진 내용이 상당한 비중을 차지한다. 강의 형식의 정보전달은 그 내용을 상세하게 설명하기에는 용이하나 전달이 효과적으로 되지 않을 수 있다는 한계가 있다. 따라서 강사의 설명 이외에 시청각 자료와 같은 전달력이 높은 매체를 활용하거나, 피훈련자들에게 주제를 제시하고 스스로 토론을 유도하여 훈련의 효과를 극대화하는 노력이 이루어지고 있다. 일부 대기업들은 사내대학을 설립하고 이를 통해 종업원들에게 강의실 교육을 제공하는 경우도 있다.

5) 훈련 매체(training media)

과거와 달리 훈련자나 피훈련자에게 교육과 학습을 위해 사용되는 매체가 다양해지고 있다. 가장 공통적인 것으로는 시청각 지원과 컴퓨터 지원 강의이다. 원거리 교육을 위해서는 양방향 텔레비전 기술이나 컴퓨터 기술을 사용하기도 한다. 또한 인터넷과 인트라넷을 이용한 훈련의 비중도 늘어나고 있다.

가. 시청각 지원

오디오테입이나 비디오테입 또는 영화 등이 시청각 교육 지원(audiovisual aids)에 해당되는데, 이들은 일방향 교육에 해당된다. 시청각 지원을 하는 것은 강의실에서 훈련자가 제공하기 어려운 정보를 제공해줄 수 있기 때문이다. 기계나 실험의 실연이나 행동분석 등을 비디오테이프에 담아 자세하게 설명하는 것이 그 예이다.

나. 컴퓨터 지원 교육

컴퓨터 지원 교육(CAI: computer-assisted instruction)은 피훈련자로 하여금 컴퓨터와 상호작용을 함으로써 학습하도록 돕는 것을 말한다. CAI 기술의 응용은 훈련상황의 효과성과 효율성을 개선하고 학습한 내용이 직무성과로 잘 전이되도록 돕기 위한 것이다. 컴퓨터 시뮬레이션을 통해 학습자들은 학습내용의 소개, 테스트, 훈련, 실습 및 응용 등을 하게 된다.

CAI 형태를 띤 학습의 주요 장점은 많은 피학습자들이 선호하는 자기주도적 학습이 가능하다는 것이다. 훈련 도구로 사용되는 컴퓨터는 피훈련자로 하여금 직무상황에서도 언제든지 접근할 수 있으며, 또한 자신의 학습성취 수준에 맞추어 접근해 나갈 수 있다는 장점이 있다. 반대로 안내자 중심의 교육은 종업원들의 직무수행시간을 꽤 많이 감소시킨다는 단점이 있다. 이러한 특징을 반영하여 강의실 교육은 줄어들고, 전자기술을 이용한 자기주도적 훈련기법이 증가하고 있다는 보고서가 제시된 바도 있다.

다. 원거리 교육훈련

많은 대학들은 상호작용 투웨이 텔레비전을 사용하여 원거리 교육훈련(distance training/learning)을 실시하고 있다. 이 방법은 한 명의 강사가 여러 곳에서 별도로 강의를 받고 있는 사람들을 볼 수 있고, 그들에 대해서 반응할 수 있도록 한 것으로서, 이 시스템이 완벽하게 구현될 경우 종업원들이 직장에 있건 아니면 집에 있건 간에 전 세계의 어느 곳에서나 강의를 받을 수 있게 된다.

제 4 절

교육훈련의 평가

교육훈련평가는 훈련 후 결과와 관리자와 훈련자 그리고 피훈련자가 기대한 목표와 비교하여 어느 정도 효과가 있었는지를 확인하는 과정을 말한다. 일반적으로 업무성과와 달리 훈련에 대해서는 그 성과를 알아보는 측정이나 평가를 하지 않은 경우가 많다. 그러나 교육훈련은 시간과 비용이 많이 드는 일종의 투자이기 때문에 반드시 평가가 이루어져야 한다.

4.1 평가방법

교육훈련평가에 관한 한 가지 방법으로 비용편익분석(cost/benefit analysis)을 들 수 있다. 이 방법은 실제 교육훈련에 들어간 비용과 얻어진 효과를 비교하는 것인데 훈련 전후의 성과가치를 측정하는 것이 최선의 방법이라고 할 수 있으나 실제 비용과 편익을 주의깊게 측정하는 것이 어떤 경우에는 매우 어려울 수도 있어 벤치마킹을 사용하기도 한다. 미국의 경우 훈련에 대한 벤치마킹은 매년 1,000명 이상의 사용자로 하여금 훈련에 관한 상세한 설문지를 작성하도록 하여 얻은 비교자료를 만들어 제공하는 ASTD(American Society of Training and Development)의 벤치마킹 서비스를 이용할 수 있다.

4.2 평가수준

교육훈련을 어떻게 평가할 것인가는 교육훈련을 시작하기 전에 이미 설계되어야 한다. 한 연구에 의하면 교육훈련은 네 가지 수준으로 평가될 수 있다. 네 가지 수준은 반응(reaction), 학습(learning), 행동(behavior), 그리고 결과(results)인데 앞 단계보다 뒷 단계의 요인을 측정할수록 평가의 어려움은 커지지만 가치평가의 정확성은 높아진다.

1) 훈련 후 반응평가

일반적으로 조직은 훈련 후 바로 설문지나 인터뷰를 통해 피훈련자의 훈련에 대한 반응(reaction)을 평가한다. 예를 들어 회사 중간관리자 30명이 효과적인 의사소통기술에 관한 1박 2일짜리 워크숍에 참여하였을 때, 훈련을 마친 후 바로 피훈련자인 관리자들에게 훈련의 가치, 훈련교사의 스타일, 훈련의 유용성 등을 평가하도록 하는 방법이다. 그렇지만, 이 방법은 그 훈련이 자신들에게 얼마나 유용한가보다는 그 훈련을 얼마나 좋아했는가를 측정하고 있다는 한계를 갖는다.

가. 학습평가

학습 정도를 평가하는 것은 피훈련자들이 사실, 아이디어, 개념, 이론 및 태도를 얼마나 잘 학습하였는가를 측정하여 평가하는 것으로서 학습내용에 대한 테스트가 주로 사용되며, 일반적으로 학습 전과 후의 측정점수를 비교하여 평가가 이루어진다. 필요에 따라서 피훈련자의 관리자들을 워크숍 세션의 말미에 참석하도록 하여 인터뷰에 참여하도록 하거나, 퀴즈를 내도록 하거나 주요 학습내용에 관하여 질문을 하도록 하기도 한다. 그러나 학습이 제대로 되었는지에 관한 테스트의 통과가 학습한 것을 업무에 이용할 수 있다거나 과거와 다르게 행동한다는 것을 보장하는 것은 아니라는 한계를 갖는다.

나. 행동평가

행동수준에서 이루어지는 평가방법에는 피훈련자나 동료와의 인터뷰를 통해 직무수행에 미치는 훈련의 효과를 측정하는 것과 실제 직무성과를 관찰하는 방법이 있다. 예를 들어, 앞서 언급한 의사소통기술 워크숍에 참석한 관리자들에 대한 행위적 평가는 그들이 실무 부서로 돌아가 동료 및 상사 혹은 고객과 의사소통하는 과정을 관찰함으로써 이루어질 수 있다. 만일 그 관리자들이 훈련에서 배운 기술을 반복적으로 사용하는 경우에는 훈련에 대한 행동평가는 긍정적으로 나타날 것이다.

다. 결과평가

사용자들은 무엇보다도 조직목표의 성취도에 미치는 효과를 측정함으로써 훈련을 평가하고자 한다. 즉, 생산성이나, 이직, 품질, 시간절약, 판매량, 그리고 비용과 같은 결과 지표들이 상대적으로 구체적이고 현실적이기 때문에, 훈련 전후의 기록을 비교하는 평가를 하고자 한다. 그렇지만 이 방법은 변화의 원인이 훈련 외에 다른 요인들도 요인이 될 수 있기 때문에 최종적으로 훈련이 변화를 가져왔는지 여부를 정확하게 말할 수 없다는 한계를 갖는다.

2) 교육훈련평가의 설계

교육훈련이 진정 의미 있는지를 알아보기 위해서 기업 측에서는 평가에 대해서도 설계를 하기도 한다. 기업들은 주로 다음과 같은 3가지 평가설계 방안을 사용한다.

가. 훈련 후 측정

훈련의 효과를 평가하는 가장 분명한 방법은 훈련 후 피훈련자가 자신의 부서로 돌아가 관리자가 원하는 방식으로 성과를 내는가 여부를 판단하는 훈련 후 측정방법이다. 20명의 타이피스트를 관리하는 관리자가 그들의 타이핑 속도를 개선해야 할 필요성을 느낀다고 가정해보자. 만일 타이피스트들 모두가 훈련 후 목표속도로 타이핑을 한다면, 그 훈련은 도움이 되는 것으로 볼 수 있을 것이다.

물론 타이핑 속도가 훈련의 결과인지 아니면 훈련 없이도 달성될 수 있었는지를 단정하기는 어려울 것이다.

나. 훈련 전후 측정

혹시라도 훈련 전에도 그러한 능력이 있었다는 주장을 피하기 위해서, 만일 관리자가 훈련 전후의 타이핑 속도를 측정하였다면 훈련이 어떤 차이를 유발했는지를 판단할 수 있을 것이다. 즉, 훈련 전에 사전 테스트를 통해 능력을 측정하고, 훈련 후 테스트를 통해 능력을 측정할 경우 어떠한 변화가 있었으며, 훈련 목표가 달성되었는지를 판단할 수 있을 것이다.

다. 통제집단 포함 훈련 전후 측정

한편 타이핑 속도에 변화가 있다 할지라도 그 변화의 원인이 훈련의 결과인지 아니면 다른 요인 때문인지를 알 수 없다. 왜냐하면 사람들은 자신들이 테스트받고 있다고 느낄 때 보다 열심히 하는 경향을 보일 수 있기 때문이다. 이러한 문제를 해결해 줄 수 있는 방법으로 통제집단을 포함한 훈련 전후 측정방법을 사용할 수 있다. 예를 들어 훈련받게 될 타이피스트 외에도 훈련을 받지 않게 될 다른 타이피스트도 포함하여 사전 테스트를 하고, 이어서 훈련을 받은 타이피스트의 훈련 후 타이핑 속도를 측정할 경우 훈련의 효과를 분명하게 확인할 수 있을 것이다.

그러나 이 방법에도 몇 가지 한계가 있으므로 주의하여 선택해야 한다. 첫 번째는 이 방법은 동일한 일을 수행하는 종업원이 충분히 많을 때만 사용할 수 있다는 점이다. 둘째, 한 그룹이 훈련에서 제외되기 때문에 통제집단에서 부정적 감정이 유발될 수 있으며 왜곡된 결과를 이끌어낼 수 있다는 점이다. 세 번째는 실험집단의 성과변화에 다른 요인이 영향을 미칠 수 있음에도 불구하고 실험집단에서의 어떠한 성과변화도 마치 훈련에 기인한 것으로 돌려질 수 있다는 점이다.

제 5 절

교육훈련의 바람직한 방향

급변하는 경영환경과 경쟁의 심화 등으로 인력의 중요성이 커지고 있고, 동시에 교육훈련의 중요성이 부각되고 있다. 또한 사회는 정보화, 지식화, 디지털화, 글로벌화 등의 변화에 직면해 있어 교육훈련의 방향 역시 그러한 경영환경을 반영하여 이루어질 필요성이 늘어나고 있다. 따라서 기업의 지속적 성장과 교육훈련의 효과를 높이기 위해서 다음과 같은 제안에 착안하여 접근할 필요가 있다.

첫째, 비전과 전략 그리고 지식가치에 적합한 교육훈련이어야 한다. 기업의 비전과 전략은 기업의 교육훈련 프로그램이 어떻게 구성되어야 하고 어떤 방향으로 나아가야 하느냐를 제시하여 준다.

둘째, 글로벌화에 적합한 교육훈련이어야 한다. 기업의 국제경영인 양성은 한 기업의 성장과 확대과정이 세계의 경영환경과 여건변화와 더불어 중요한 생존요인이다. 따라서 국제경영인에 대한 양성은 거시적 안목에서 최고경영자의 강한 의지와 과감한 투자, 그리고 전사적인 국제화 분위기가 조성되어야 한다.

셋째, 정보화와 디지털화에 적합한 교육훈련이어야 한다. 최근 전략정보로서 질적 변화가 더욱 고도화됨에 따라 기업에 필요한 정보를 수집하고 데이터베이스로서 활용하는 것은 기업활동에 있어 중요한 요소이기 때문이다.

넷째, 경영이념, 기업문화 형성에 기여하는 교육훈련이어야 한다. 기업은 경영다각화, 조직다양화, 종업원 의식의 개성화 등 새로운 방향으로 끊임없이 변화되고 있어 경영이념 및 비전을 명시함으로써 조직에 활력을 불어넣을 수 있다.

다섯째, 교육훈련 측정결과를 인사정책에 반영하여야 한다. 교육훈련평가는 훈련 전, 훈련 직후 그리고 일정기간 후의 3단계 평가방법이 바람직하다. 특히 평가의 신뢰성을 확보하기 위해 교육훈련 전, 후의 평가는 반드시 실행되어야 한다.

바람직한 교육훈련의 핵심은 최고경영자의 의지이다. 최고경영자가 기업목표를 달성하는 데 필요한 생산성 목표와 함께 교육훈련이 기업목표를 뒷받침하고 있다는 사실을 인식하고 주도적인 노력과 지원을 아끼지 않아야 한다.

제 6 절 인적자원개발의 정의와 훈련과의 차이

인적자원의 개발은 장래에 요구될 것으로 예상되는 역량의 수준으로 종업원의 능력을 향상시키고자 하는 과정이다. 교육훈련과 개발은 그 개념이 서로 유사해보이지만 몇 가지 중요한 차이점을 가지고 있다.

교육훈련은 현재를 기준으로 종업원이 수행해야 하는 직무의 방법과 기술에 대한 정보를 전달하는 것이다. 그러나 개발은 종업원을 조직의 구성원으로서 조직 내의 다양한 직무를 수행할 수 있는 역량을 함양하게 하는 것에 그 목적이 있다. 이때의 다양한 직무는 현재 조직 내에 존재하는 직무 이외에도 장래에 조직이 발전하였을 때 신설될 수 있는 직무 또한 포함한다. 예를 들어, 조립업무를 수행하는 종업원에 대한 훈련은 조립절차, 조립방법, 도구사용법 등을 훈련시키겠지만, 개발은 조직원으로서 동료들과의 의사소통 문제가 발생했을 때 긴급조치에 관련된 판단력을 향상시키는 것이 해당된다.

개발은 근로자를 단순한 특정 직무의 수행자로 보는 관점을 넘어서서 조직의 지속적인 발전에 기여할 수 있는 조직의 구성원으로 간주하여 이에 필요한 역량, 구체적으로 책임감, 판단력, 의사소통이나 갈등 해결능력과 같은 역량을 향상시켜 보다 폭넓은 직무를 수행할 수 있도록 하는 행위라고 정의할 수 있다.

6.1 인적자원개발의 기대효과

기업환경이 변화하여 조직과 조직구성원들에게 요구되는 역량이 변경될 때 개발은 그 진정한 효과를 발휘한다. 먼저 조직 측면에서 개발을 통해 종업원과 관리자가 더 나은 역량을 갖추게 되면, 급변하는 조직환경에 대처할 수 있는 유연성을 확보하고 지속적으로 경쟁력 있는 업무결과를 생산하는 등의 효과를 기대할 수 있다. 또한 개발 과정에서 종업원은 자신의 경력을 어떻게 관리할지에 대한 지침을 얻을 수 있으며, 자신의 직무에서 요구하는 것 이상의 역량 축적을 통해 상위 직무로의 이동을 기대할 수 있다. 특히 종업원의 역량이 다양한 분야의 직무를 담당할 수 있게 되어 직업의 안정성 또한 향상되는 효과가 있다.

6.2 인적자원개발 절차

앞서 언급하였듯 개발이란 장래의 조직환경에 대비하여 구축한 인적자원계획에 기초하여 장기적으로 이를 충족할 수 있는 역량수준으로 종업원들의 능력을 향상시키고자 하는 양성과정이다. 구체적으로 인적 자원계획내용과 인적자원이동의 예측내용 그리고 구성원들의 역량에 대한 자료를 바탕으로 누가 승진해야 할지 그리고 누가 리더가 되어야 할지를 판단하며, 이러한 판단자료를 통해 개발해야 할 역량과 정도에 대한 필요성 여부를 결정하게 된다. 인적자원의 개발 필요성이 확인되면 이어서 개발계획과 개발방법을 정하며, 이를 실행에 옮긴 후 개발절차의 성공 여부를 평가하고 필요한 경우 변화를 가하기도 한다.

6.3 인적자원개발 필요성 분석

1) 개발필요성 분석

개발에는 많은 비용과 시간이 소요되므로 사전에 조직 및 종업원 측면에서 개발필요성이 있는지를 분석할 필요가 있다. 개발필요성 분석(development needs analysis)은 간단히 말해 현재 종업원들이 가진 역량을 평가하고 장래에 요구되는 역량이 어느 정도인지 파악하여 개발의 대상자와 개발의 수준을 정하는 것을 말한다. 특히 조직 내 중요한 역할을 수행하는 관리직급의 경우 일정수준의 경력축적을 전제한다. 따라서 이들 직무는 근미래에 공석이 발생할 가능성이 높고, 공석을 대체할 후임자를 선발하는 것도 일반 종업원에 비해 까다롭다. 따라서 공석이 발생하는 시기를 예측하고, 적절한 후임자 후보를 사전에 선별하여 관리자급의 직무 수행이 가능하도록 능력개발을 진행하는 것이 중요하다. 이처럼 공석 발생을 대비하여 적합한 경험과 역량을 갖춘 인력이 이를 대체할 수 있도록 준비하는 사전계획을 계승계획이라고 한다. 계승계획 역시 개발 필요성 분석이 전제되어야 한다.

2) 개발필요성 분석방법

개발필요성을 확인하기 위해 조직은 평가센터법, 심리테스트법, 인사평가 등 다양한 방법을 사용한다.

가. 평가센터법

평가센터법(assessment centers)에서 평가센터는 특정한 기관을 뜻하는 것이 아니라 개인에게 요구되는 개발수준을 측정하기 위해 구축된 실습과 도구를 종합한 개념을 말하며 이러한 평가센터에 의한 잠재적 관리자의 현재 역량과 개발수요를 측정하는 방법을 말한다.

미래의 관리자의 역량개발 필요성을 분석하는 데 평가센터법을 이용하는 이유는 리더에 필요한 역량은 단순히 성과나 논술시험을 통하여 확인하기 어려운 부분이 많기 때문이다. 즉, 관리자 또는 리더에게는 리더십, 주도성, 감독기술과 같은 역량이 중요하나 이러한 것들은 행위적이고 실천적인 것이어서 말이나 글로 표현한 것과 일치하지 않기 때문에 인터뷰나 논술시험만으로는 측정이 거의 불가능하다. 이에 반해 평가센터법은 실제로 발생할 수 있는 문제의 해결을 요구하고 그 과정에서 나타나는 참여자들의 활동을 관찰하여 역량을 평가하기 때문에 인터뷰나 논술시험이 가진 한계를 극복할 수 있어 잠재력을 판별할 수 있는 훌륭한 기법으로 인정되고 있다.

평가센터법은 상사들이 미처 파악하지 못했던 재능을 파악하거나 혹은 관리자로서의 잠재력이 있는 사람들을 보다 명확하게 알아낼 수 있다는 장점을 가지는 반면, 승진 여부를 결정하는 과정에서 관리자들의 심적 부담, 부하직원과의 관계 악화등을 우려하여 관리자가 잠재적 관리자에 대한 평가 책임을 평가센터에 떠넘기는 등 실제 목적에서 벗어난 악용 등의 한계가 있다.

나. 심리테스트

심리테스트(psychological test)는 테스트 대상자의 정서와 성격에 기초하여 이들이 가진 동기, 대상자가 가진 논리력, 리더십, 소통능력 등의 역량 등에 대한 정보를 얻을 수 있으며 이를 통해 개발필요성을 측정할 수 있는 방법이다.

심리테스트는 주로 준비된 질문지에 대상자가 직접 답변하는 형식으로 이루어지기 때문에 대상자의 의도에 부합하는 결과를 얻기 위해 답변을 조작하는 것이 가능한 문제점이 있다. 특히 결과가 대상자와 대상자의 상사 모두에게 전달되기 때문에 대상자가 가급적 문제가 되지 않는 방향으로 결과를 조작할 유인이 매우 크며, 또한 상사가 심리테스트 결과의 해석에 대한 전문적인 지식이나 사전에 교육받지 않았을 경우 테스트 결과를 건설적으로 활용하기 힘든 한계가 있다. 따라서 심리테스트는 전문가의 주관하에 실시하고 그 결과의 해석은 관리자직급(상사)이 하더라도 반드시 전문가의 조언을 받아 결과를 도출하는 것이 바람직하다.

다. 인사평가

한편 미래의 관리자 양성을 위한 개발 필요성을 확인하는 방법 중에는 대상자들에 대한 직무수행평가(인사평가) 내용도 주요한 자료가 될 수 있다. 주로 업적자료, 동료 및 상사 등 인간관계에 대한 자료, 직무지식 및 기능에 관한 자료 등이 사용된다.

한편 개발필요성을 확인하기 위해 사용하는 인사평가는 개발목적으로 이루어진 것이어야 한다. 왜냐하면 상대평가 등의 엄격한 측정보다는 관리자로서의 필요기준을 정하고, 그 기준에 입각하여 현재 어느 정도 수준에 있으며, 앞으로 어떤 역량을 개발해야 할지를 판단할 수 있는 자료이어야 유용하게 사용할 수 있기 때문이다.

6.4 개발방법과 선택

개발은 업무와의 연관 정도를 기준으로 두 형태로 분류할 수 있다. 현실의 업무를 수행하는 과정에서 병행하는 형태의 개발과 업무와 유리되어 직장 외에서 이루어지는 개발로 나눌 수 있다.

1) 직장 내 개발방법

직장 내 개발방법(job-site development methods)은 코칭, 위원회 참여제, 직무순환제, 보좌관 직무제 등의 형태가 있다.

가. 코칭

코칭(coaching)은 가장 일반적으로 진행되는 개발방법이라고 할 수 있으며, 선배 근로자의 주관하에 직접 훈련을 실시하고 피드백이 이루어진다. 코칭을 주관하는 선배 근로자의 입장에서는 본인이 쉽게 수행할 수 있는 업무의 일부를 훈련 대상자에게 맡겨 업무 부담이 상승하게 되고, 훈련 대상자 또한 이에 대한 부담감을 가질 수 있다. 따라서 코칭의 효과 극대화를 위해서는 선배 근로자와 훈련 대상자 간에 충분히 우호적인 관계 형성이 필수적이다. 또한 많은 경험과 지식을 가진 것 이외에 체계적인 코칭능력을 가지는 것 또한 중요하다. 코칭은 업무수행 도중에 수시로 진행할 수 있다는 장점을 가진 동시에 업무보다 중요도에서 우선할 수 없다는 점 때문에 그 체계성과 지속성이 훼손될 수 있다는 단점 또한 존재한다.

나. 위원회 참여제

위원회 참여제(committee assignment)란 주로 관리자들만 참석하는 위원회에 관리자가 아닌 종업원을 참석하도록 하는 것으로, 이를 통해 미래의 관리자로 하여금 새로운 경험을 갖도록 하며 조직의 성격과 이슈 및 절차 등에 대해 보다 폭넓은 시각과 이해력을 갖추도록 하는 방법을 말한다. 예를 들어, 감독자가 참석하는 안전위원회에 종업원을 참석토록 함으로써 그 종업원으로 하여금 감독자가 되기 위해서 필요한 안전에 관한 관심과 사전 지식을 갖추도록 하는 것이다. 안전위원회에 참석한 종업원은 자신이 미래의 감독자가 될 것이라는 생각에 동기부여도 되고, 동시에 안전에 관한 많은 지식을 얻을 수 있게 된다.

다. 직무순환제

직무순환제(job rotation) 역시 미래의 관리자 양성을 위한 개발방법으로 활용할 수 있다. 기업에 따라 순환주기를 달리 운영할 수 있지만, 장래성 있는 종업원에 대해서는 생산부서, 기획실, 판매부서 등을 순환시킴으로써 기업 내에서 이루어지는 전반적인 사항을 파악하도록 하기도 한다. 경우에 따라서는 하나의 부서 내에서도 직무순환제를 운영할 수 있는데, 예를 들어 판매부서의 경우 관리자로서 장래성 있는 종업원으로 하여금 산업 판매, 소매점 판매, 상품교육 등의 분야를 순환하며 근무하도록 하기도 한다.

인력개발이라는 목표로 이루어지는 직무순환은 경로와 스케줄을 만들어 프로그램에 따라 순환시키는 것이 바람직하며, 다음과 같은 규칙을 따를 때 효과가 높아진다.

- 종업원을 핵심사업부(핵심업무)를 수행하는 직위로 이동하도록 한다.
- 되도록 고객과 더 가까이 접촉하도록 한다.
- 새로운 기술과 시각을 배울 수 있도록 한다.

라. 보좌관제

보좌관제란 관리자의 업무량과 복잡성을 보완하기 위하여 종업원을 관리자 지휘하의 스태프로서 역할을 하도록 하는 것으로서, 보좌관은 그 역할을 수행하는 동안 상사인 관리자의 의사결정방식, 문제해결방식, 인간관계기술 및 기타 관리방식 등을 측근에서 배울 수 있으며, 때로는 관리자 유고 시 이를 대행함으로써 관리자로서의 직·간접 경험을 하도록 하는 개발방법이다. 이 방법은 모델이 되는 경영자나 관리자의 모범이 되는 행동을 모방학습하도록 하는 것으로 일종의 모델행동을 근간으로 한다. 때문에 모델이 되는 성공적인 경영자나 리더의 선정 여부가 개발의 성패에 중요한 역할을 한다. 기업에 따라 보좌관제와 성격이 유사한 제도로서 "주니어 이사회"나 "경영내각"과 같은 제도를 두어 운영하기도 한다. 이러한 제도의 틀에 참여하게 되는 종업원은 도전적이고 흥미로운 업무를 다루게 되며 보다 거시적인 시각을 갖게 된다.

2) 직장 외 개발방법

직장 외 개발방법(off-site development methods)이란 종업원들로 하여금 자신의 직무에서 벗어나 학습하도록 하는 것으로서, 학습에 집중할 수 있고, 다른 조직이나 부서의 사람들과 경험을 나눌 수 있어 서로 다른 시각을 경험하고 학습할 수 있다는 장점을 갖는다. 직장 외 개발방법으로는 다음과 같은 방법들이 이용된다.

가. 강의실 교육

인적자원의 개발을 위해 사용하는 강의실 교육을 새로운 업무나 직위를 수행하는 데 필요한 지식을 전달하는 과정으로서, 소규모 기업들은 전문관리자 양성과정에 등록하여 참여하도록 하며, 큰 기업들은 전문훈련센터를 운영하여 강사를 초청하거나 혹은 사내 강사를 이용하여 강의실 교육을 실시한다. 그 외에도 대학이나 학회 혹은 협회에서 운영하는 단기 전문 프로그램을 이용하기도 한다. 강의실 교육은 주로 짧은 시간 내에 많은 지식을 전달하기 위한 방법으로 이용되나, 이 방법은 피교육자가 질문이나 토론 기회가 적어 수동적이게 되며, 학습자의 참여가 낮다는 단점을 갖는다. 따라서 강의실 교육의 효과성을 높이기 위해서는 수강집단의 규모, 강사, 그리고 주제에 대해 보다 깊은 주의를 기울여야 한다.

나. 인간관계훈련

인간관계훈련(human relations training)이란 사람 간에 발생하는 문제에 잘 대처하도록 하여 다른 사람들과 조화롭게 일하도록 하는 데 필요한 인간관계기술을 개발하기 위한 것이다. 한 연구에 의하면 신임관리자가 실패하는 이유에는 내부정치적 문제, 과업들 간의 균형문제, 업무의 파악문제, 중요목표의 성공 여부, 상사의 기대에 대한 잘못된 이해문제, 부하직원이나 동료들과의 팀워크문제인 것으로 나타났다. 따라서 대부분의 인간 관계훈련 프로그램은 상대적으로 경험이 적은 일선감독자와 중간관리자들을 대상으로 하며, 인간관계훈련 프로그램의 주된 분야는 주로 모티베이션, 리더십, 종업원 의사소통, 작업장의 인간화에 관한 것이다.

한편 자신이 사람들에게 어떻게 행동하는 것으로 비춰지며 그러한 것이 어떠한 문제를 유발하는지 그리고 사람들은 서로를 어떻게 이해하는지를 깨닫게 하는 훈련으로서 감수성 훈련을 실시하기도 한다. 이 훈련은 일반적으로 집단을 대상으로 실시하는 훈련으로 사람들 간의 참된 만남을 이루도록 하여 대인관계의 개선과 팀워크 능력을 향상시키는 데 도움이 된다.

이러한 인간관계훈련 프로그램이 갖는 한계는 인간관계기술의 개발은 장기적으로 달성되는 목표이며, 때로는 몇 년이 흘러도 가시적인 결과를 확인하기 어렵다는 점이다. 그러나 이 훈련은 인간관계기술을 기초적으로 습득하게 하고, 실제 부하직원들과 업무를 함께하면서 고쳐나가게 하는 기준이 되기 때문에 효과발생시기와 무관하게 대부분의 조직에서 실시하고 있다.

다. 사례연구

사례연구(case studies)란 경영지식과 방법을 학습하는 매개수단이 사례를 분석하도록 함으로써 피학습자로 하여금 단순히 개념을 암기하는 것이 아니라 분석하여 판단하고 결정하는 등 응용에 초점을 맞추어 학습하도록 하는 방법이다. 따라서 강의실에서 이루어지는 방법임에도 불구하고 단순히 암기해야 할 지식을 전달하는 것과는 차이가 있다. 따라서 사례연구의 경우 개발목적에 적합한 사례의 선정에 각별한 주의를 기울일 필요가 있다.

라. 역할연기

역할연기(role playing)란 특정한 상황을 설정하고 피훈련자로 하여금 그 상황 속에서의 특정 역할을 맡겨 그 역할에 관한 행동을 실연하도록 하는 방법을 말한다. 이 때 설정되는 상황이나 맡겨지는 역할은 실제 조직이나 직무상황에서 발생하는 것들과 유사한 것들이다. 따라서 역할연기에 참여한 사람들은 현재 혹은 미래에 직면하게 될 문제들과 제약조건 등의 상황에서 보다 바람직하고 합리적인 행동이 무엇인지를 경험적으로 인식할 수 있게 된다.

예를 들어, 부하직원들 간에 갈등이 심화된 상황에서 자신이 상사의 역할을 맡게 되었을 때 고민해야 할 사항, 각각의 부하직원에 대해 보여야 할 행동, 모두가 함께 있을 때 제시해야 할 대안 등에 대해 경험할 수 있게 된다. 특히 역할연기는 단순히 역할만 시행하는 것이 아니라 부적절한 행동에 대한 토론과 논의를 유발하며, 동시에 최적행동 대안이 사전에 결정되어 있어 바람직한 행동을 반복하여 학습할 수 있다는 장점이 있다.

마. 다양성 훈련

다양성 훈련(diversity train-basket exercise)이란 직장내 혹은 작업장에 인종과 성의 차이가 있는 구성원들이 혼재되어 있을 때 이들 간의 긴장이나 혹은 차이를 이해하고, 차이에 의해 발생하는 문제를 해결하며 더 나아가 다양성의 장점을 살릴 수 있는 지식과 방법을 깨닫게 하는 훈련을 말한다. 다양성은 조화를 이루어낼 때 다양한 시각을 경험할 수 있기 때문에 창의성을 유발할 수 있지만, 조화를 이루지 못할 경우 구성원 간의 갈등과 마찰을 유발할 수 있어 조직은 이를 반드시 해결해야 할 문제이기도 한다. 하지만 이 문제를 해결하고자 하는 시도는 가끔 구성원들의 반발과 과민반응을 유발할 수 있어 작업장 내에서 사용하기보다는 직접적 관계가 없는 서로 다른 작업장의 구성원들을 모아 훈련하는 것이 바람직하다.

바. 비즈니스 시뮬레이션게임(모의기업경영게임)

모의기업경영게임(business simulation game)이란 관리자로서의 능력을 개발하는 데 사용되는 것으로 주로 기업경영에 관한 회계자료, 현재의 경영환경자료가 주어지고 그러한 상황 속에서 기업운영에 관한 의사결정을 하도록 하는 훈련이다.

프로그램들은 주로 컴퓨터 프로그램으로 구성되어 있는데, 모의기업경영게임에 참여하는 사람들은 주어진 자료를 바탕으로 현재의 기업상황을 분석하고,

기업목표 수립과 이를 위한 중장기 계획을 수립하며, 주어진 자원을 가지고 목표달성을 위한 마케팅활동, 생산활동, 인사활동, 그리고 재무활동에 대한 의사결정을 하여 결정된 값들을 컴퓨터에 입력하게 된다. 참가자들 모두가 결정사항을 입력하고 나면 컴퓨터 프로그램은 그들의 결정이 경쟁자들에 비하여 얼마나 합리적으로 이루어졌고 목표가 어느 정도 달성되었는지를 보여주는 경영실적자료가 제시되며, 실적자료를 받아본 참가자들은 다시 상황분석에서부터 여러 가지 활동에 대한 결정까지의 경영활동을 반복하게 된다.

이러한 과정 속에서 참여자들은 의사결정 시 고려해야 할 핵심사항과 기업 내에서 이루어지는 여러 가지 활동들 간의 관계에 대해 숙고할 수 있게 되어 궁극적으로 기업에 대한 전체적 시각, 시스템적 시각, 목표지향적 사고력을 개발할 수 있게 된다. 그렇지만 프로그램이 현실을 제대로 반영하지 못하는 경우 학습효과가 제약될 수 있으며, 단지 게임으로만 인식할 경우 학습효과가 떨어질 수 있다는 한계를 갖기도 한다.

사. 안식년제

안식년제(sabbaticals)는 종업원에게 현재까지 조직활동을 하는 과정에서 정신적·육체적으로 지쳐 있는 상태에서 벗어나 자신을 충전시키고 개발할 수 있도록 시간을 주는 제도이다. 학계에서 많이 받아들여지고 있는 이 제도는 점차 기업에도 적용되고 있다.

이러한 안식년제는 종업원들이 쇠약해지는 것을 막아주고, 좋은 종업원을 모집하고 유지하는 데도 도움이 되며, 사기를 높이고, 수입에 비하여 노동강도가 훨씬 높은 일들도 이행하게 만드는 효과가 있다. 반면에 안식년제는 안식년 동안에도 유급이기 때문에 비용이 많이 든다는 점과 기대하는 학습경험과 개발이 조직의 통제권 내에 있지 못하다는 한계를 가지고 있다.

아. 야외훈련

야외훈련(outdoor training)이란 많은 조직들은 임원들을 대상으로 사람들이 살지 않은 야생지역 같은 곳으로 보내어 다양하고 호된 육체적·정신적 체험을 하도록 하는 개발 프로그램을 의미한다. 야외훈련의 종류에는 번지점프, 레프팅, 서바이벌, 백두대간 횡단하기, 암벽타기, 국토종주, 해병대 입소훈련 등과 같은 방법이 사용되곤 한다.

이와 같은 훈련방법이 추구하는 목적은 육체적·정신적으로 도전이 되는 과정을 극복하도록 함으로써 참여자들로 하여금 자신에 대해 자부심을 갖도록 만들고, 현재 자신의 부서단위로 야외훈련을 실시하는 경우 그 부서는 야외에서의 장애와 위험을 공유하게 되고, 그 과정에서 서로의 단합을 통해 극복하게 됨에 따라 부서단위의 팀워크가 형성되기도 한다. 그러나 야외훈련에 적합하지 않은 사람들도 있으므로 참가자 선정 시 자율적 참여를 우선으로 하고 참가자의 경우에도 체력적 진단을 실시하며, 운영 시에 발생할 수 있는 문제를 최소화할 수 있도록 준비를 해야 한다.

이와 같은 여러 방법 중에서 개발 담당부서가 개발방법을 선택하기 위해서는 먼저 기업이 처한 대내외적 상황과 전략, 개발해야 할 내용, 개발대상 종업원의 수 등을 분석하여야 하며, 그 바탕 위에서 여러 가지 개발방법들의 장점과 단점을 비교 분석하여 선택해야 한다.

Chapter 6

경력개발

개인의 행복 놓치지 않는 경력 개발 방법은?

많은 직장인이 경력 개발의 기준을 직급이나 급여로 잡는다. 승진을 하거나 연봉이 올라야 직장에서 잘하고 있다고 느낀다. 이를 위해 사내 중요 프로젝트에 참여하고 관련 강의를 듣거나 자격증을 딴다.

하지만 여기에는 대가와 희생이 따르기도 한다. 종종 개인의 관심사나 삶을 포기해야 하기 때문이다. 많은 젊은 직장인들이 성공적인 경력을 쌓아나가고 싶어하면서도 자기 부서의 부장이나 회사 임원처럼 살고 싶지는 않다고 느낀다.

글로벌 리더십 컨설팅 기업 이곤젠더의 클라우디오 페르난데스아라오스(Claudio Fernandez-Araoz) 선임컨설턴트는 대학 졸업 후 맥킨지(McKinsey&Company)에서 일을 시작했다. 이후 이곤젠더에서 경력을 쌓아나가며 세계적으로 영향력 있는 컨설턴트로 거듭났다. 하버드비즈니스리뷰(HBR)에 다양한 기고를 하고 저서를 출간했다. 하버드대 경영대학원에서 전 세계 기업 경영진을 대상으로 강의도 하고 있다. 블룸버그는 그를 경영진·구인 분야에서 가장 영향력 있는 컨설턴트로 뽑았다. '싱커스(Thinkers)50'은 그를 '인재 분야의 지도자(leading thinker)'로 표현했다.

페르난데스아라오스 컨설턴트는 최근 HBR에 '경력 개발의 핵심(The Key to Career Growth: Surround Yourself with People Who Will Push You)'이란 제목으로 기고했다. 그는 기고에서 성공적으로 경력을 개발하면서도 개인적인 행복도 놓치지 않는 법에 대해 설명했다. 그는 자신의 삶을 '충만하면서도 의미 있다'고 표현했다.

페르난데스아라오스 컨설턴트는 자신의 관심사와 동기에 귀를 기울일 것을 조언했다. 또 자신에게 동기를 부여하고 유용한 조언을 해주는 사람들과 가까이하라고 했다. 이는 전혀 새로운 내용이 아니다. 페르난데스아라오스 컨설턴트는 여기서 한발 더 나아가야 한다고 강조했다. 그는 전혀 예상치 못했던 새로운 방식을 제안해줄 수 있는 다양한 분야의 사람들과 관계를 맺을 것을 제안했다. 이는 자신의 좁은 시야와 관점에서 벗어나 폭넓은 선택지를 고려하게 해준다. 페르난데스아라오스 컨설턴트는 자신 역시 HBR에 기고하는 것을 생각지 못했지만 한 연구원의 조언으로 일을 시작하게 됐다고 털어놨다. 그는 이를 위해 다음과 같은 가이드라인을 제시했다.

먼저 자신에게 동기를 부여해주는 사람을 직접 만나야 한다. 그는 회사 내부 동료나 선배일 수도 있고 외부 투자가나 기업가, 또는 사회적·정치적 리더일 수도 있다. 페르난데스아라오스 컨설턴트는 소셜미디어(SNS)나 각종 콘퍼런스를 활용하면 생각보다 쉽게 각 분야 저명인사를 만날 수 있다고 조언했다. 시간과 비용 측면에서 많은 공을 들여야 하는 경우도 있지만 경력 개발을 위해 다른 곳에 쏟는 노력에 비하면 전혀 과하지 않다고 강조했다.

다음으로 그 조언자와 적절한 장소에서 깊은 대화를 나눠야 한다. 이를 위해선 친밀감을 형성할 필요가 있다. 페르난데스아라오스 컨설턴트는 방해를 받지 않는 상황에서 대화를 나누는 것이 친밀감을 높여준다고 설명했다. 이어 자신의 관심사에 대해 솔직히 말해야 한다고 덧붙였다. 또 구체적으로 어떻게 시작해야 하는지 물어보는 것이 도움이 된다고 했다. 이를 통해 자신에게 필요한 것이 무엇인지 구체적으로 파악할 수 있고 조언자에게서 도움을 받을 수도 있다. 페르난데스아라오스 컨설턴트에게 기고를 해볼 것을 제안한 조언자는 페르난데스아라오스 컨설턴트가 능력과 네트워크는 갖고 있지만 사회적 신뢰성이 부족하다고 판단했다. 신뢰도가 높은 잡지에 기고하는 것은 신뢰성을 쌓을 수 있는 최선의 방법이었다. 그는 HBR의 선임 편집자를 소개시켜주기도 했다.

마지막으로 조언자가 자신을 필요로 할 때는 적극적으로 도와야 한다. 페르난데스아라오스 컨설턴트는 그 과정에서 조언자들과 더 깊은 관계를 쌓는 것은 물론 새로운 것을 배우고 그 과정에서 예상치 못한 기회를 만나기도 한다고 강조했다. 그는 자신 역시 무료로 조교수를 하고 조언자가 쓰는 저서에 필요한 연구를 1년 내내 도운 적도 있다고 설명했다.

(매일경제, 2018년 10월 2일)

제 1 절

경력개발의 개념 및 단계

1.1 경력개발의 개념과 중요성

1) 경력개발의 개념

경력개발에 대해서 홀(D. T. Hall)은 개인의 생애를 통해서 직무에 관한 제 경험과 활동에 관련된 태도 및 행동이 개인적으로 지각된 연쇄적 과정이라고 정의했다. 이 정의에서 태도와 행동의 연쇄라고 하는 것은 경력에는 주관적 측면(직위, 직책, 활동, 의사결정 등)과 객관적 측면(직무에 대한 바람, 경험, 가치, 욕구, 감정 등)이 있다고 하는 것이다.

펠드먼(D. C. Feldman)은 경력의 주관적 측면과 객관적 측면에 관련해서 경력개발에 관한 연구를 5개의 연속체로 배열하였다. 조직에서 인간의 경력개발 방법을 이해하기 위해서는 개인이 어떠한 선택을 하는가 하는 것만이 아니고, 선택의 이유 및 그 선택에 대해서 가지고 있는 감정을 이해하는 것이 필요하다.

2) 경력개발의 중요성

인적자원관리에 있어서 경력개발이 중요시된 원인은 많은 기업이 성과 위주의 인적자원정책을 기초로 인재의 현재가치를 평가하기 때문이다. 언어능력이 그 대표적인 것이고 고용능력 또한 그렇다. 경력이 의미하는 것은 자립을 정신적 지주로 하는 개인주의의 전통을 배경으로 개인의 선택과 책임을 기반으로 자신을 나타내 가는 방법이다.

따라서 경력을 개발해 가는 주체는 조직만이 아니라 개인이다. 경력은 타인으로부터 평가되는 것도 아니고 조직이라고 하는 경계에 구속되는 것도 아니다. 이제까지 조직에 의해 이동하고, 부여된 직무를 수행하고, 경력개발 또한 조직에 위임해 온 종업원들이 경력을 자기 자신의 가장 소중한 것으로서, 또 스스로가 책임을 지는 것으로서 의식하지 않을 수 없는 시대가 되었다. 커리어에 대한 관심의 상승은 사회적 환경의 변화에 대응하고 있는 것으로서 일회성의 것이 아니다. 경력개발은 개인과 기업의 새로운 관계를 모색해 가면서 점점 중요한 인적자원관리의 과제가 되고 있다.

1.2 개인의 선택과 조직선택의 조화

경력개발의 책임은 개인에게 귀속된다. 개인은 자신의 근로생애를 자율적으로 계획하고 필요한 능력 및 행동특성을 개발해 나가야 한다. 한편, 경력을 협의로 해석한다면 기업 내에서의 경력이다. 결국 직능의 폭이나 직위상승의 경로로서 객관적으로 보게 된다. 그러나 이 경로를 개인의 의지로서 선택하고 자율적으로 디자인해 가는 것은 현실적으로 어렵다. 왜냐하면 조직에는 한정된 직위에 누구를 승진시킬 것인가, 누구에게 그 직위를 담당하게 할 것인가라고 하는 선택의 원리가 존재하기 때문이다. 개인의 경력선택에 대해서 조직은 적재선발이라고 하는 상이한 과제를 갖고 있다. 왜냐하면 기업내 노동시장에는 권한과 명령에 기초한 조직의 원리가 있고, 한 개인의 경력은 조직의 명령에 좌우되기 때문이다.

그러나 기업이 경력은 개인의 것이라고 인정한다면 개인의 의향을 무시한 일방적인 이동은 지양될 것이다. 즉 기업도 근로자 개인의 의지를 존중하면서 이동을 결정하지 않으면 안될 것이다.

요약하면 개인과 조직의 관계는 개인의 선택과 조직의 선발이 조화를 이루는 방향으로 변화해 간다. 따라서 개인은 자신이 바라는 경력을 선택하기 위하여 부단히 직무수행능력을 향상시켜야만 한다. 동시에 선발에는 경쟁이 존재한다는 것도 고려해야 한다. 목표로 한 직위 및 업무를 획득하기 위하여 경력 경쟁력을 향상시켜 가는 것은 개인의 과제이다. 한편, 직무수행능력이 경력형성 과정에서 중요하다는 것을 고려한다면, 조직은 개인의 직무수행능력의 향상을 지원하도록 직무를 계속해서 제공해 가는 것이 요구된다. 이것이 개인의 경력선택의 자유도를 높여 나가는 것이다.

1.3 선택과 선발 사이클로서 경력개발

인적자원관리는 경력개발을 주제로 개인의 선택과 조직선발의 조화라고 하는 새로운 관계로 변화해 간다. 이때 사내를 하나의 노동시장이라고 하면 양자를 조화시키는 선택과 선발 사이클로서 나타내게 된다.

이 관계는 사내공모제를 생각하면 이해가 쉽다. 즉 ① 조직은 모집하는 직무에 대해 그 내용과 구비해야 할 필요한 요건(기술 및 경력) 등을 공개한다. 소위 사내를 노동시장으로 간주하고 구인명세서를 제시한다. ② 개인은 구인명세서를 관람하고, ③ 자신의 경력목표와 비교하여 직무를 선택하고 응모한다. ④ 조직은 응모자 내에서 선발한다. ⑤ 실제로 이동하고 새로운 경력을 축적한다. 이 흐름은 일회성이 아니라 차기 선택과 선발 사이클의 단계로서 진행한다.

먼저 선택과 선발 사이클의 전제에 있는 것은 인재를 필요로 하는 직무이다. 구인명세서는 직무에 대응해서 정의된다. 문제는 그 직무를 담당하는 인재의 능력요건을 어떻게 형식화하는가이다. 이러한 인재가 필요하다라고 하는 인재상은 단순히 경험연수 및 사내자격으로서 공시하는 것만으로는 불충분하다. 사내 네트워크상에 공개한다면 구인요건에 관한 상세한 정보를 문서화하는 것이 필요하다. 이것이 선택과 선발 사이클을 가동하기 위한 제1의 요건이다.

그러나 구인명세서가 명시되어도 실제로 이것을 담당할 수 있는 능력을 가진 인재가 사내에 없다면 의미가 없다. 구인명세서에 대응해서 부족한 능력을 보강하기 위한 능력개발 프로그램이 설정되는 것이 요구된다. 이것이 선택과 선발 사이클을 가동시키는 2번째의 요건이다. 기업이 시도하는 능력개발 프로그램은 OJT와 off JT 및 자기개발 원조로서 구성되지만, 이 중 가장 중요한 것은 OJT로 알려져 있다. 기업내 교육에 있어서도 선택과 선발의 조화가 중시된다. 구체적으로 자기책임에 의한 선택형 연수와 대상을 소수로 한정한 선발형 연수로 이원화하면서 이를 병행해 가야 한다.

선택과 선발 사이클의 제3의 요건은 선발의 정확함을 담보하는 인재접근이다. 배치전환의 목적은 노동력의 수요조정과 인재육성이다. 이 중 인재육성을 목적으로 교육적 견지에서 계획적으로 이동시키는 것을 직무순환이라고 한다. 그러나 그 인재를 장기에 걸쳐 특정 직무경험을 쌓게 하여 육성해 가는 계획, 즉 CDP에 기초해서 직무순환이 이루어지는 것은 극히 소수의 종업원으로 한정된다. 이때 주의할 것은 정보의 비대칭성, 즉 당사자가 상대방이 갖고 있는 정보를 관찰할 수 없을 때 은폐된 정보가 있다고 생각하며 그 결과 역선택을 발생시킨다. 정보의 비대칭성이 존재할 때 사내의 노동시장에서는 품질이 좋지 않은 인재가 거래될 수 있다는 것이다.

1.4 경력단계

이반세비치(J. M. Ivancevich)는 경력단계로서 확립단계, 발전단계, 유지단계, 퇴직단계가 고려된다고 하였다. 여기에서는 그린하우스의 경력개발 5단계 모델을 제시한다. 경력에 각 단계에 대한 자세한 설명은 다음과 같다.

① 제1단계: 직무에 대한 준비기

이 단계의 중요한 과제는 직업상 자신의 이미지(self-image) 형성과 세련화, 직업의 질의 탐색, 적지 않은 최초의 직업선택의 전개, 필요로 하는 교육의 종류를 선택한다.

② 제2단계: 조직 참여

자신의 경력분야에 대한 직무 및 조직의 선택단계이다. 이 단계에서 자신의 경력가치를 만족시키고 자신의 재능을 활용할 수 있는 직무를 선택한다.

③ 제3단계: 초기경력(확립과 발전)

이 단계의 과제는 성인의 세계에서 스스로 적소(niche)를 발견하는 것, 그래서 선택된 페이스로서 성공하기 위하여 분투하는 것이다.

④ 제4단계: 중기경력

이 단계의 과제는 먼저 초기경력을 지배한 생활구조를 재검토하고, 다음에 성인 중기에 자기 자신을 충분히 이동시키기 위한 생활구조를 형성하기 시작하는 것이다.

⑤ 제5단계: 후기경력

이 단계의 과제는 첫째, 조직에 대한 생산적인 공헌자로서 존속하고 자기가치 및 존엄의 감정을 유지하는 것, 둘째, 의의가 있고, 만족적이고, 효과적인 퇴직을 위하여 사전에 고려하고 계획하는 것이다.

표 6-1 경력개발의 5단계

단계	전형적 연령기	주요한 과제
1. 직무에 대한 준비단계	0~18세	직업적 자아상의 발전, 대체적인 직업의 평가, 최초의 직업선택의 전개, 필요한 교육의 추구
2. 조직참여	18~25세	바람직한 조직으로부터의 직무제공의 획득, 정확한 정보에 기초한 적당한 직무의 선택
3. 초기경력: 확립과 발전	25~40세	직무의 학습, 조직규칙 및 규범의 학습, 선택된 직업 및 조직에의 적합, 능력의 향상, 꿈의 추구
4. 중기경력	40~55세	초기경력 및 성인 초기의 재검토, 꿈의 재확인 또는 수정, 성인 중기에 대한 적당한 선택, 직무에 있어서 생산성의 존속
5. 후기경력	55~퇴직	직무에 있어서 생산성의 존속, 자존의 유지, 효과적인 퇴직 준비

제 2 절

경력관리와 경력개발

2.1 경력관리와 경력개발 개념

그린하우스(J. H. Greenhause)는 경력관리를 정보가 수반되고, 통찰이 이루어지고, 목표가 설정되고, 그 목표를 달성하려고 하는 전략적 문제해결 과정이라고 하였다. 개인은 자기 및 직업생활에 대해서 관련된 정보를 수집하고, 직업 및 직무에 따라서 조직과 동일하게 자기의 재능, 관심, 가치 그리고 선호하는 라이프스타일의 정확한 상(像)을 개발한다. 이 정보 및 상에 기초를 둔 현실적인 경력목표를 개발하고, 목표를 달성하고자 하는 전략을 개발해서 실현하고, 전략의 효과성과 목표의 타당성에 관해서 피드백을 얻는 계속적인 프로세스라고 정의했다.

이것을 모델화한 것이 [그림 6-1]이다. 그는 이 모델에 대해서 다음과 같이 기술하고 있다. 경력개발 사이클은 문제해결적 의사결정 과정이다. 개인이 자신과 자신이 처한 세계에 대해서 보다 잘 인식할 수 있을 것 같은 정보가 집약되었다. 여러 목표가 설정되고, 계획 및 전략이 전개되어 실시되고 그리고 피드백이 계속적 경력관리에 대해 필요한 정보를 준비하도록 한다. 특히, 이 경력관리의 모델이 유효한가 하는 것은 종업원과 정보를 공유하고, 필요한 자원을 유효한 것으로 하고 그리고 종업원이 자신의 경력을 관리하려고 하는 시도를 지원하는 조직의 의사 및 능력에 달려 있다라고 하였다. 또, 그는 경력개발에 대해서 개인이 일련의 단계(그 각각은 비교적 특유한 논점, 또는 과제에 의해 특징지을 수 있다)를 개발하는 계속적인 프로세스라고 기술하고 있다.

경력관리와 경력개발의 관계에 대해서 구테리지(T. G. Gutteridge)는 다음과 같이 기술하고 있다.

경력개발은 2개로 분리해 있지만 상호 관련된 기능으로 구성되어 있다. 결

그림 6-1 경력관리 모델

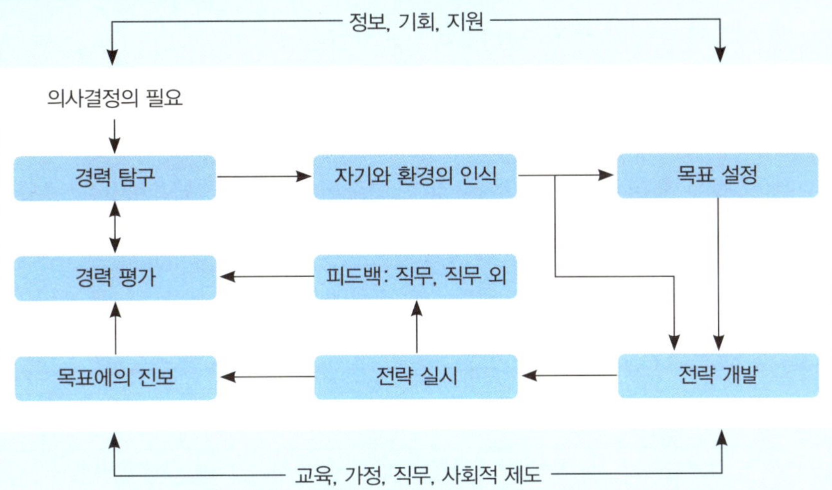

국 개인의 프로세스인 경력계획과 제도적인 프로세스인 경력관리이다. 경력계획은 자신이 직업, 조직, 직무할당 그리고 자기계발에 대해서 인지하고 선택하는 활동으로 구성된다. 이것은 예를 들면 자기평가, 이용 가능한 경력기회의 평가 그리고 실시계획을 갖는 경력전략의 준비와 같은 활동을 포함하고, 이들 모든 것은 종업원이 그들의 개인적인 경력개발을 높이기 위해 중요하다. 경력관리는 특정의 인적자원활동(예를 들면 직무순환, 잠재적 평가, 경력상담 그리고 근로자의 관심 및 능력을 조직기회와 조화시키는 기획 입안된 훈련 및 교육과 같은)에 관계한다.

물론 인적자원계획과 경력개발은 다른 목표를 실현하는 것을 의도하며, 하나가 존재하는 것은 다른 것을 부인하는 것만은 아니다. 인적자원계획의 기본적인 목표는 노동에서 예기되는 요구를 예측하는 것, 이용할 수 있는 내부공급의 목록을 작성하는 것, 그리고 필요로 하는 것과 이용할 수 있는 것의 차이를 인식하는 것에 의해 미래의 인적자원의 필요성을 조직이 예측할 수 있다.

이 인적자원 예측으로부터의 결과는 다음에 주요한 인적자원 요구를 충족하는 것을 필요로 하는 인사부의 실행계획을 책정하는 것에 이용된다. 다음으로 이들 인사부의 실행계획은 경력관리 프로세스(그 과정에서 이들 계획은 특정의 조직경력활동을 확립할 때에 종업원 목표와 결합된다)에서 투입(input)이 된다. 경력관리 프로그램과 결합된 것과 더불어 종업원의 경력계획도 또한 내부공급의 예측에 있어서 유익한 투입으로써 필요로 한다.

이상의 설명으로부터 인적자원계획과 경력개발은 동일한 프로세스가 아니라고 하는 것은 명백하다. 인적자원계획은 조직의 총체적인 고용요구를 충족하는 방법을 확인하고 제공하는 것을 의도한다. 한편, 경력개발은 종업원 개인의 발달 및 개인의 경력 관심사와 특정의 제도적 경력기회 사이에 조화와 개선에 초점이 있다.

2.2 경력변경

프렌치(W. L. French)는 강등, 희망 없는 직무 및 지역에의 이동, 일시해고, 해고 또는 장기간에 걸친 실업과 같은 경력변경은 개인에 있어서 경력위기가 된다라고 하였다. 또한 경력관리는 모집, 선발, 훈련 그리고 관리영역을 포함한 인원배치의 정책 및 제도의 계획에 관계한다. 이러한 의미에서 조직에 있어서 개인의 경력변천은 불가피하다. 따라서 이 변천에 의해 수용해야 할 위기를 어떻게 관리하는가는 개인 또는 조직 쌍방에 있어 중요한 과제가 된다. 이에 대해서 경력개발 프로그램(CDP: Career Development Program)은 승진, 승격관리 영역의 하나임과 더불어 능력개발 영역의 문제이다. 이것은 종업원의 직무생활 내지 직능진로를 장기적 시야에서 설계하고, 종업원의 능력을 장기간에 걸쳐 개발하려고 하는 것이다.

제 3 절

경력개발 프로그램

3.1 경력개발 프로그램의 개념

직업을 선택하고 그 직업에서 필요로 하는 지식, 기능, 기술 등을 축적할 때까지는 장기간에 걸친 체험이 중요한 과정이 된다. 직무에서 얻어진 체험은 사람이 성장하기 위한 중요한 요인이 되며, 한편으로 이 체험의 누적은 직업능력의 발달을 촉진하는 요인이 된다.

티데만(D. V. Tiedeman)은 직업능력의 발달(경력개발)은 노동을 통해서 형성되는 능력의 측면으로 파악하고, 각 시점에 있어서 행동과 목표를 추구하기 위한 방법에 대한 중요성을 지적했다. 그러나 직업인으로서 직업능력의 성장, 발달은 각 인생단계에 있어 생활 방법과 목표를 향한 생활계획(life plan)이 핵심이라고 할 수 있다.

최근 관심이 높은 경력개발 프로그램은 다양한 조직에서 필요한 인재를 계획적이고 체험적으로 육성하기 위한 프로그램으로 이해할 수 있다.

경력이라는 것은 생애, 경력, 이력, 특별한 훈련을 요하는 직업, 생애의 직무라고 하는 의미가 있고, 개발이란 발달, 발육, 진전, 발전이라는 의미가 있다. 또 프로그램은 계획, 예정, 과정, 학습계획 등의 의미가 있다. 이러한 의미에서 볼 때 경력개발 프로그램(CDP)은 경력개발제도 또는 경력관리제도라고 할 수 있다. 경력개발제도 또는 경력관리제도로서의 CDP는 기업이 장래에 필요로 하는 인재 확보를 위하여 종업원의 경력을 적극적으로 활용, 발전시킴으로써 인재의 유효활용을 도모함과 더불어 그것을 촉진하기 위한 종합적인 학습계획을 의미하고 있다.

따라서 각각의 인생단계에 있어서 어떠한 경력을 축적해야 하며 그 경력의 활용, 발전계획을 명확히 하고, 더불어 능력개발이 계획적으로 이루어지는 것이

CDP의 골격이 된다.

3.2 CDP의 구조

알핀 등(J. C. Alpin and D. K. Gerster)은 [그림 6-2]에서와 같이 경력개발의 프로세스를 제시하고 있다.

경력개발 프로그램의 목적은 근로자의 경력실현의 가능성을 높이고, 조직이 적시적소에 적재를 배치하는 것을 보증하는 것이다. 효과적인 경력개발 프로세스는 3개의 상호 관련된 국면(평가, 추이 또는 개인의 발달 그리고 통합)으로부터 구성된다.

이상에서와 같이 CDP는 기업이 미래에 걸쳐서 필요로 하는 인재를 확보하는 것이고, 이를 기반으로 하는 것은 장기경영계획, 요원계획이다. 또 종업원의 경력을 활용, 발전시키기 위해서는 인적자원정보, 승진, 승격, 배치, 이동, 파견 등의 관리계획과 정보, 성과관리, 자기신고제도에 의해 수집된 정보 등이 적절하게 관리, 활용되는 체제가 정비되어야 한다.

그림 6-2 경력개발제도(CDP) 구성체계

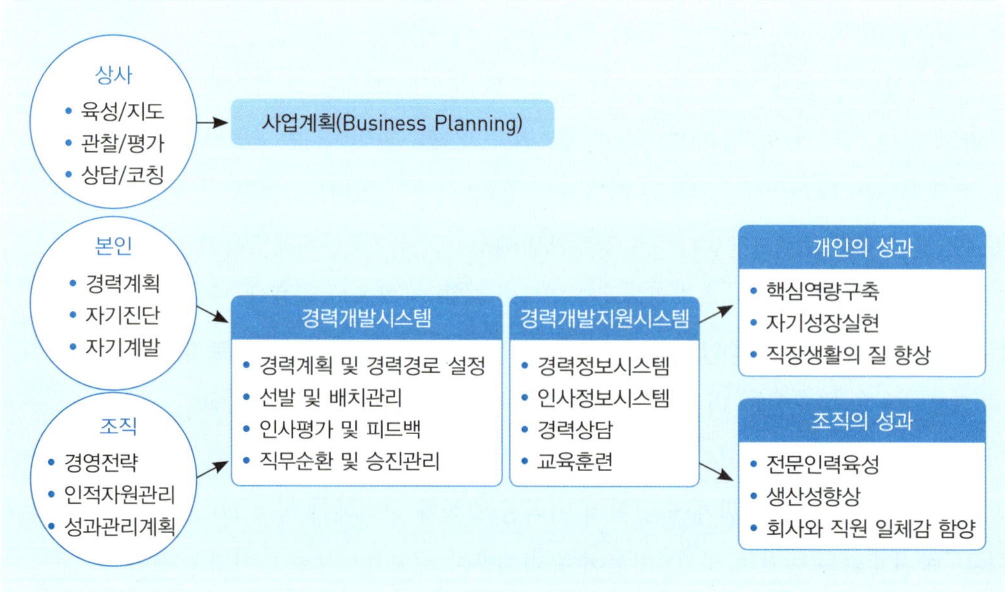

더불어 능력개발을 촉진하는 수단이 되는 OJT, off JT, 자기계발원조제도 등의 구조의 정비, 전개가 이루어지고, 여기에 정보가 활용되는 체제가 정비될 필요가 있다. CDP를 구성하는 것은 인적자원관리 활동에 있어서 고용관리, 교육훈련관리, 성과관리에 관한 시책이 중심이 되고, 이들 시책이 유기적으로 연동하는 구조로서 편성되어 있다.

제 4 절 멘토링과 커리어 개발

4.1 멘토의 개념과 유형

근로자들은 직무수행 과정에서 직무에 대한 태도 및 자세를 변화시켜 직무에 대한 지식과 기능 등을 높이고, 직위 및 직제상의 지위를 상승시키고 있다. 이와 같은 변화를 커리어 상승, 커리어의 전개, 커리어 개발이라는 다양한 언어로 표현하고 있지만 일반적으로 커리어 발달(career development)이라는 언어로 사용하고 있다. 커리어 발달이란 조직구성원들이 직업생활을 통해서 자기발견, 확립, 발달을 위한 프로세스라고 할 수 있으며, 직업생활에 들어가기 이전의 발달 프로세스도 그 범위에 두고 있다.

커리어 발달 측면에서 자신의 직무수행에 만족하고 있는 근로자들은 성공적이며, 성공적인 근로자들은 직무에 만족하고 있는 것과 같이 근로자들의 심리적 측면, 특히 만족감과 결부되어 최근 중요한 연구주제가 되고 있다.

사람들의 직업관 및 커리어관은 직무생활에 들어가기 전부터 준거집단(부모, 친구, 스승 등)의 행동모방을 통해서 서서히 발달해 가고, 그의 인간으로서의 삶의 방식을 포함하여 다양한 무의적인 요인들에 의해 학습되고 있다. 이후 보다 직접적인 학습 및 훈련을 통해서 직무와 결부시키는 행동을 의식적으로 하게 되고, 직무생활에 들어가면서부터는 기업이 실시하는 교육훈련 및 자기개발적인 활동을 하게 된다. 그러나 성공적인 커리어 발달을 위해서는 상사 및 선배, 지인의 진심어린 지도, 조언 및 상담, 보살핌, 주목되는 직무를 수행할 수 있는 기회 등 자신의 힘과 의욕만으로는 해결할 수 없는 무엇인가를 필요로 하는 것도 적지 않다.

근로자들의 커리어 발달 과정에서 이와 같은 영향 및 기회를 직접 또는 간접적으로 부여하여 커리어 성공을 지원하는 사람들을 지도자 및 보호자라고 하는 의미의 멘토(mentor)라고 하며, 커리어 발달과 관련해서 중요하게 다루어지고 있다.

1) 멘토의 정의

멘토는 역할모델, 지지자, 동반자, 지도자, 가이드, 스폰서, 상담자라고 정의되고 있다. 멘토는 그리스 시인 호머(Homer)의 오디세이(Odyssey)에 등장하는 오디세우스(Odysseus)의 친구로서 그 아들의 양육을 위탁받은 멘토(mentor)에서 유래한다. 해밀턴(S. F. Hamilton)은 멘토를 원조 및 지도를 받는 사람(protege, mentee)에 대해서 보다 광범위하고 장기적으로 지원 활동을 하는 장년의 경험이 있는 사람들이라고 하였다. 필립 존스(L. Phillips-Jones)는 프로테제가 자신의 목표를 달성할 수 있도록 충분하게 도와 줄 수 있는 영향력이 있는 사람들이라고 하면서, 그들의 전문적 지식 및 노하우 등을 통해서 프로테제의 복리후생, 훈련 그리고 커리어를 촉진하는 힘을 갖고 있다고 하였다.

이러한 개념을 기초로 할 때 멘토는 그들이 갖고 있는 경험이나 지식 및 다양한 형태의 영향력을, 이것들을 갖고 있지 않는 프로테제에게 부여함으로써 그들의 커리어 발달을 지원하는 것이라고 할 수 있다. 이러한 의미에서는 앤더슨과 새넌(E. M. Anderson & A. I. Shannon)은 보다 숙련되고 경험 있는 사람이 훈련과 경험이 거의 없는 프로테제의 전문적 혹은 개인적 발달을 촉진하기 위하여 역할모델이 된다든지, 교육, 후원, 격려한다든지, 카운슬링 및 지원활동 등을 제공하는 인재육성 프로세스라고 하였다.

2) 멘토의 유형

필립존스(L. Phillips-Jones)는 일차적 멘토와 이차적 멘토로 분류하였다. 일차적 멘토는 비이기적이며 이타적인 특징 때문에 커리어 기능과 심리, 사회적 기능의 두 가지 측면에서 긍정적으로 작용하지만, 이차적 멘토는 다만 사무적인 관계로서 멘토와 프로테제 양자에게 이익이 있어 커리어의 기능만 작용한다고 하였다.

또 휘슬리(W. Whitely) 등은 전통적 멘토와 이차적 멘토로 분류하였다. 전통적 멘토는 상급관리자로서 폭넓은 범위의 독점적 및 심리, 사회적인 원조를 행하는 것으로 비교적 장기적인 커리어 발달에 관계하지만, 이차적 멘토는 가시적이며 표출적인 경력발달의 원조에 집중하고 단기적인 범위로 한정되어 있기 때문에 전통적 멘토에 비해 원조의 정도는 강력하지 않다.

쵸(G. T. Chao) 등은 비공식적 멘토와 공식적 멘토로 분류하고 비공식적 멘토십은 프로테제를 진심으로 지원해 주고 싶다고 하는 욕망, 그리고 그의 조언과 원조를 진심으로 받아들이고 싶다고 하는 프로테제의 의사에 의해 성립하고, 공식적 멘토십은 지위의 기능으로서 멘토십 프로그램에 참가하는 것에 의해 성립하지만 여기에는 어느 정도의 압력이 필연적으로 존재하고 있다.

이러한 특징으로 인하여 비공식적 멘토십 및 일차적 멘토십은 성장기의 환경이 유사한 사람, 동일한 문화권 및 학교 출신자 등에서 나타나며, 개인의 가치관을 공유하기 쉬운 멘토 및 프로테제 간의 관계가 아니면 성립하기 어렵다는 특징을 갖고 있다.

이것에 대해서 이차적 혹은 공식적 멘토는 의도적으로 멘토와 프로테제의 관계가 제3자에 의해 결정되고, 실패할 때에 어떠한 형태로든 평가된다고 하는 의미에서 디메리트가 있는 시스템이라고 할 수가 있다.

4.2 멘토의 기능과 효과

1) 멘토의 역할

① 멘토는 훌륭한 청취자여야 한다.

대부분의 경우에 멘토가 멘티의 관심과 고민, 문제를 들어줄 유일한 사람이므로 멘토에게는 네 개의 귀가 필요하다. 멘티가 말하는 것을 듣는 귀, 멘티가 몸으로 말하는 것을 듣는 귀, 멘티가 항상 피하고 말하지 않는 주제를 듣는 귀, 멘티의 말 속에 숨겨진 의미를 듣는 귀이다.

② 멘티가 장단기 목표를 설정하도록 돕는다.

당장 먹고 사는 것이 고민인 사람에게 철학 강의는 의미가 없다. 그러나 인생 전체를 보면 삶의 철학에 따라 먹고 사는 문제를 해결할 수도 있다. 멘티가 겪고 있는 눈에 보이는 고민을 들어 주고 적절한 해결책과 방향을 제시함과 동시에 장기적인 목표를 세울 수 있도록 도와야 한다.

③ 일주일에 2시간 이상 함께 활동한다.

일주일에 2시간 이상 멘티의 성장과 발전을 위해 멘티와 함께 활동하는 것이 좋다. 멘토에게 시간은 금이며, 그 멘토의 황금처럼 소중한 시간은 멘티 인생의 보물 같은 시간일 것이다. 자주 만나면 미운정, 고운정이 들고 신뢰가 쌓인다는 사실을 기억해야 한다.

④ 멘티의 신뢰도를 높여야 한다.

멘토에 대한 멘티의 신뢰는 성공적인 멘토링의 기초다. 멘티의 말과 행동을 평가나 판단 없이 들어주기. 멘티가 말한 내용을 조사하거나 따지지 않기. 멘티의 행동이나 패턴을 이해하려고 노력하고 멘티를 인격적으로 존중하고 믿는다는 것을 확실히 전달하기를 염두에 둔다. 그러나 멘티를 믿는 것이지 그의 잘못된 행동이나 말에 무조건 동의하는 것이 아니라는 점을 명확히 해야 한다.

⑤ 적극적인 역할모델이 되어 주어야 한다.

누군가 나를 닮고 싶은 사람 1순위에 올려놓는다면 얼마나 행복한가. 멘티가 성숙한 사회인이 될 수 있도록 나의 적극성, 성실성, 솔직함, 인내심 등 건강한 어른으로서의 장점을 유감없이 보여주도록 하여야 한다.

⑥ 상황이 아무리 안 좋아도 희망은 있다는 것을 알려준다.

희망은 멘티의 의지에 달려 있다는 것을 알려 주어야 한다. 하늘이 무너져도 솟아날 구멍이 있다고 했다. 그 솟아날 구멍을 잘 찾는다면 넓은 하늘로 비상할 수 있다는 것을 알려주도록 노력하여야 한다.

2) 멘토와 젠더

여성의 커리어 발달 및 이것과 관련한 젠더(gender: 문화적 및 사회적으로 규정되어진 심리적인 성적 차이)에 대한 문제가 제기되고 있다. 그 원인의 하나는 멘토링이 전통적으로 남성에게는 커다란 성공으로 받아들여지지만, 여성에게는 대부분 그렇지 않기 때문일지도 모른다.

토시(H. L. Tosi) 등은 멘토링을 통해서 그들이 일반적으로 알 수 없는 가치 있는 정보를 얻을 수 있으며, 여성의 커리어 발달에 멘토의 역할은 중요하다고 하였다. 던랩(D. M. Dunlap)은 관리적인 성공 과정에서 한 사람 또는 그 이상의 멘토가 존재하고, 관리적인 커리어의 상승을 위하여 조언하고 지도하는 멘토링은 이들 여성에 있어 중요한 비공식적인 역할을 하고 있다고 하였다.

래긴스와 코튼(B. R. Ragins & J. I. Cotton)은 멘토를 얻기 위하여 여성근로자는 남성근로자보다도 많은 장애에 직면해 있으며 여성 자신도 그 장애를 지각하고 있다고 하면서, 멘토에의 접근기회의 결여, 멘토－프로테제의 관계형성에 대한 우려, 시간의 제약 및 이성이기 때문에 멘토가 기피하는 것 등이 여성이 멘토를 얻기 어려운 이유라고 하였다. 또 다른 장애로서 조직구성원은 사회적인 동질성 및 공동의 즐거움을 추구하려고 하는 힘이 강하기 때문에 일반적으로 여성 근로자는 조직의 지배적인 구성원이라고 하는 시스템으로부터 제외되어 있다고 하는 이유도 있다.

4.3 멘토링과 커리어

최근 급변하는 기업환경 변화에 적응하기 위한 수단으로서 능력주의 경영시스템이 도입되고, 근로자들의 능력향상의 자기책임이 대두되면서 즉각적인 직무수행 능력을 요구하는 경향이 강해지고 있다. 이와 같은 상황하에서 근로자들은 자신이 속해 있는 기업 내에서의 커리어뿐만 아니라 이 외의 커리어에도 관심을 갖고 계속해서 스스로 형성하지 않으면 안된다. 그러나 자기개발 의욕이 높다고 해서 커리어의 발달이 가능한 것은 아니며, 커리어의 발달의욕에 멘토가 커다란 영향을 미치고 있다.

일반적으로 대부분의 멘토 관계는 비공식적인 것이고, 자발적인 관계인 멘토로서 멘토와 프로테제의 관계가 바람직할 때 장기에 걸쳐서 진심어린 지도와 원조를 기대할 수 있다. 또한 많은 기업이 보다 효과적인 인재를 육성하기 위하여 멘토와 프로테제의 관계를 의도적으로 강화시키는 시도도 이루어지고 있다. 예를 들면, 신입사원을 대상으로 적극적으로 지도 및 원조하는 제도를 들 수 있고, 입사 직후의 상사의 커리어에 관한 사고, 지위, 승진만족감 등에의 영향이 크다는 것을 볼 때 이차적 멘토십 형성의 중요성은 명확하다고 할 수 있다.

멘토에 의한 지도 및 지원은 간단한 직장내 교육훈련보다 명확한 효과를 기대할 수 있다. 왜냐하면 기본적인 부분에서 멘토링은 특정의 가치관 및 문화의 공통적인 공감대에서 지도하고 싶은 사람과의 개인과 개인의 관계 속에서 이루어지고, 신뢰감으로 심리적인 연대를 강조하는 성격도 갖기 때문이다. 또한 멘토는 근로자들의 성장과 기업의 인재육성의 촉진이라고 하는 관점에서 매우 중요하다.

제 5 절 근로생활 활성화와 커리어 개발

5.1 근로환경의 변화와 커리어

최근 기업에 미치고 있는 다양한 환경적 요인은 모든 근로자에게 새로운 직무능력을 요구하고 있다. 특히 글로벌화, 정보화, 기술혁신, 조직구조의 변화 등은 근로자의 직무수행능력 구조의 전환을 요구하는 요인이며, 급변하는 기술혁신은 직무의 질을 변혁하고 노동시장의 변화를 촉진하는 주요한 요인이다. 이러한 변화는 직장 및 직무에 대응하는 직무능력, 즉 자기계발 및 능력개발에 대한 스스로의 적극적인 노력을 요구하고 있다.

이러한 변화에 대응하는 노력의 방향은 기술혁신과 경영의 글로벌화에 따르는 커뮤니케이션 능력, 정보화의 진전, 가치관과 의식의 다양화에 따르는 감성, 감수성, 공감성의 유지와 개발의 중요성에 맞추어져 있다. 또한 이들 다양한 요인에 의한 직무환경의 변화, 직무의 질적 변화에 대한 적응능력과 적응성을 어떻게 확보하고 유지해 갈 것인가라고 하는 것이 현대사회에 있어서 근로자에게 부여된 가제라고 할 수 있다. 따라서 근로자는 이러한 직무환경의 변화에 대응해서 상시 능력개발에 대한 노력을 추구하여 자신의 직무수행능력을 개선하고 유지하여야 한다. 왜냐하면 내부 노동시장에서 요구되는 직업능력을 유지할 수 없게 된 근로자는 구조조정의 대상이 될 뿐만 아니라 고용기회를 상실할 위험이 있기 때문이다.

5.2 경력개발 활성화를 위한 방안

급변하는 기술환경의 변화와 근로자의 적응능력 사이의 차이로 인하여 기업은 직무수행에 대한 불균형적 상황이 발생하고 이것은 기업경영에 있어서 중요한 문제가 되고 있다. 직무불균형의 발생원인은 급변하는 환경 등으로 과거의 직무경험이 빠르게 진부화되기 때문으로 보고 있지만, 이들 원인 가운데 근로자의 변화에 대응하고자 하는 의욕의 결여를 중요한 이유로 들 수 있다. 그러나 직무불균형의 문제를 단순하게 근로자의 의욕만으로 제한하여 해결하려 하지 말고 종업원 개개인의 커리어 발달에도 시야를 넓혀 생각해 볼 필요가 있다. 이하에서는 근로자의 근로생활 활성화와 경력개발의 활성화를 위한 제도를 고찰한다.

1) 자기신고제

근로자 개개인의 의지, 사고, 능력 등을 존중한 이동관리가 이상적인 제도이다. 따라서 상사의 일방적인 평가에 의하기보다는 근로자가 자신의 의지 및 사고를 표명할 수 있는 기회를 부여하고 이것들이 인사정보로써 활용되는 제도적 장치가 요구된다. 그 제도의 하나로서 자기신고제를 들 수 있는데, 자기신고제는 이동관리, 능력개발, 임금관리 및 처우 등의 중요한 정보수집의 목적을 가지고 실시되고 있다.

그러나 자기신고제와 이것에 따르는 면접제도의 문제점으로는 ① 신고대로 배치를 할 수 없다, ② 신고 데이터가 사장된다, ③ 라인관리자가 충분한 면접지도를 하지 않는다, ④ 신고 데이터의 유지에 어려움이 있다, ⑤ 근로자가 진심으로 신고를 하지 않는다. ⑥ 신고내용의 객관성과 신뢰성이 결여된다 등이 있고, 이러한 문제점으로 인하여 제도가 본래의 목적을 달성하고 있는가라고 하는 의문이 제기되기도 한다.

따라서 근로자의 노동생활 활성화를 목적으로 한 자기신고제가 본래의 목적과 기능을 발휘하기 위해서는 현상의 개선과 관련된 것으로서 제도의 활성화를 추진할 필요가 있다.

2) 커리어 카운슬링

직장에서의 고뇌와 불만에 대한 상담, OJT를 목표로 한 면접, 성과관리를 위한 면접, 자기신고제도상의 면접 등이 있지만, 근로자의 커리어 형성 지원, 근로생활의 활성화를 촉진하기 위하여 직장내 상담제도의 활용과 커리어 카운슬링 제도를 도입하는 것도 고려하여야 한다.

그러나 카운슬링이 그 목적을 달성하기 위해서는 내담자의 사적인 문제와 고뇌, 즉 경제적인 문제, 건강문제, 고용불안에 관한 문제, 가족 및 가정의 문제 등 다양하다는 실태를 감안해서 이루어지는 것이 중요하다. 예를 들면, 효과적인 카운슬링을 위하여 내담자로 하여금 자기관찰표를 작성하도록 하며, 기입사항은 ① 가장 자신 있는 직무분야 및 이동 희망 분야, ② 능력계발계획, ③ 건강유지계획, ④ 개인이 직업에 관한 교육훈련과 직업능력의 평가를 받을 수 있는 기회를 확보하기 위한 원조를 한다 등을 들 수 있다.

3) 직무재설계

기업의 전략전개 및 경영구조 전환 등에 대응해서 이루어지는 배치전환은 근로자에게 커리어 전환을 요구하고 있다. 그러나 구조전환에 대응해서 근로자의 고용기회의 확보, 능력개발 및 재개발을 위한 제도는 도입되고 있지만, 근로자 개인의 특징을 고려한 직무개발은 거의 이루어지고 있지 않은 상태이다.

경영조직을 구성하는 최소단위가 조직 내에서 이루어지고 있는 직무이다. 이들 직무를 절차, 근로의 종류, 책임과 권한의 범위 등을 보다 체계화하고 일정범위의 직무로서 구성하는 것이 직무설계라고 하지만, 이것은 전통적 사고의 직무설계로서 근로자를 직무에 적응시킨다고 하는 접근방식이다. 근로자를 직무에 적합화하려는 전통적 직무설계는 직무의 구성이 분업에 의해 단조로운 근로를 야기시키고 이것이 QWL(Quality of Working Life) 운동의 발단이 되었다. 예를 들면, ① 작업조건 및 환경의 기본적인 요건의 작성, ② 근로자의 적성에 부합하는 직무기술의 개발, ③ 모델계획(업무조직, 작업현장의 설계 등)의 책정, ④ 과학적인 정보와 근로경험(노하우)의 보급과 활용에 대한 내용이 중심이 되고 있다.

상기의 ②가 직무설계로서 근로자의 능력에 부합하는 직무기술의 개발이란 근로자의 욕구, 적성, 사고 등을 반영한 것으로 직무를 근로자에게 적합화시킨다고 하는 근로의 인간화를 의미한다. 활기차게 일하고 싶은 생각이 드는 직장이란 근로자 개개인이 존재감을 지각하고 자기의 체험, 지식, 정보, 기술과 기능을 발휘할 수 있고 매일을 충실하게 생활할 수 있는 조직이다. 이와 같은 상황을 조성하는 방법으로서 직무재설계가 있으며 이것이 근로생활의 활성화에 영향을 미치는 것이라고 할 수 있다.

4) 커리어 형성과 인사제도

최근 선택정년제, 조기정년제, 파견 및 전직 등의 인사제도가 확대되고, 노동시장이 급속하게 유연화되면서 기업에 대한 근로자의 의식도 다양화하고 있다. 이러한 급격한 환경변화에 적응할 수 있는 종업원의 커리어 형성을 위한 새로운 인사제도에서 고려해야 할 사항은 다음과 같다.

근로자를 정년에 이르기까지 한 조직에 근무하게 하거나 이동할 수 없는 상황을 조성하는 제도 및 조직풍토를 개선하고, 능력개발을 목적으로 파견제도와 같은 인사이동 제도를 정착화하여야 한다. 또한 이러한 제도가 불리한 인사이동이 되지 않도록 본인의 의지를 존중하고, 본인의 능력·기술·기능을 발휘할 수 있는 직장이 있다면 커리어 형성을 전제로 한 고용관리상의 시책을 활용하기 위한 탄력적인 시책을 확립하여야 한다. 예를 들면, 경영관리 능력을 개발하기 위해서는 경영평가 안목을 습득시키고, 실제로 그 지식·정보·노하우를 발휘할 수 있는 기회를 제공하고, 체험하도록 하는 것이 최고의 능력개발의 기회가 될 것이다. 이러한 기회는 근로자 파견, 전직 등의 인사 시책을 활용하는 것에 의해 가능하다고 볼 수 있으며, 취득한 자격을 비즈니스 능력으로 전환하기 위하여 실제로 활용할 수 있는 직무에 배치시키는 것도 능력 개발의 기회가 된다.

5) 건강관리제도

정보화 사회의 정착, 기술혁신의 진전은 직무능력의 진부화를 가속화시키는 요인이 되고 있기 때문에, 근로자 개개인이 급변하는 변화에 적응할 수 있는 직무능력을 유지하고, 개발 노력을 계속하는 것이 그들의 근로생활을 가능하게 하는 기본적인 조건이 된다. 따라서 현대인들은 자신의 책임하에 자신의 직무능력 유지 및 개발을 위한 노력과 더불어 증가하고 있는 여가시간을 균형 있게 배분하여 생활하는 능력이 요구된다.

이러한 문제를 해결하기 위해서는 국가와 기업, 종업원의 의식전환이 요구된다. 그러나 정보화 및 기술혁신 등에 적응하기 위해 근로자들의 사회생활에 대한 긴장감이 높아지고 이것이 그들의 육체 및 정신적 건강에 다양한 영향을 미치고 있다. 따라서 근로생활을 건전하게 유지하기 위한 수단으로서 근로자 개개인에 대한 심신의 건강관리에 관심을 높이고, 직무와 여가생활의 균형이 맞는 근로생활을 보내기 위한 배려와 지원이 이루어져야 한다. 구체적으로 기업의 교육체계를 구성하는 계층별 교육, 직능별 교육 등 집합교육 프로그램에 직무와 여가에 적합한 생활을 보내기 위한 방향을 설정하고, 더불어 철저한 생애설계 교육, 퇴직준비 교육 등을 통하여 근로생활 활성화에 노력을 하여야 할 것이다.

자신의 연봉을 올리는 8가지 방법

첫째, 업무 외 시간을 투자하라.

내 분야에서 일인자가 되겠다는 각오로 자기계발을 꾸준히 해야 한다. '어떻게(how)'에 길들여진 기술자가 아니라 '무엇(what)'을 해야 하는지를 아는 전문가가 돼야 한다. 근무 시간 이후 시간을 쪼개 자격증을 획득하거나, 전문가들이 모이는 동아리 활동을 하거나, 주·야간 대학원 과정에 다니는 것도 좋다. 끊임없이 자신을 갈고 닦아 언제든 고용 시장에 진출할 수 있도록 준비해야 한다.

둘째, 현 직장에 최선을 다하라.

경력개발의 80%는 현 직장의 업무를 통해 이뤄진다. 현재 직장에서 최대한 성과를 내고, 그 사실을 회사 사람들에게 인식시켜야 한다. 이러한 평판 관리는 자신의 몸값을 올리는 토대가 된다. 이직을 하는 경우, 회사는 지원자의 대인관계와 경력, 실적 등을 전(前) 직장에 조회해 보는 경우가 많다.

셋째, 업무 성과를 객관적 자료로 관리하라.

자신의 실적을 수치화하는 것이 중요하다. 자신의 현재 또는 전 직장에서 기여한 공로 등을 평가해서 객관적 자료로 만들어 놓아야 한다. 특히 성과를 금액으로 환산하는 방법도 효과적이다. 이런 데이터를 이력서와 함께 첨부해 제출하면서 보다 높은 연봉을 제시하면 다가오는 기업이 많을 것이다. 3개월이나 6개월마다 이력서를 업데이트하는 것도 좋은 방법이다.

넷째, 휴먼 네트워크를 잘 관리하라.

기업 경영에서 '좋은 관계'는 '좋은 거래'로 이어지는 경우가 많기 때문에 인맥이 넓은 사람은 대접받게 마련이다. 넓은 인적 네트워크는 경험과 정보를 얻는 데도 도움이 될 뿐 아니라, 이직을 위한 좋은 기회를 제공하기도 한다. 인맥을 만들 때는 많은 분야에서 그저 아는 사람이 아니라 경력과 관련해서 목적성을 갖고 해야 한다.

다섯째, 잦은 이직은 피하라.

이직은 충분한 준비가 바탕이 돼야 한다. 자신의 몸값을 높인다는 이유로 연수나 유학을 위해 함부로 사표를 쓴 뒤 현업에 다시 돌아오면 감각을 회복하기가 간단치 않다. 진정한 프로는 일하면서 공부하는 것이다. 급한 마음에 쉽게 취업을 결정하면 결국은 다시 그만두는 경우가 많아 작은 이직 경력만 남는다.

여섯째, 영어는 기본이다.

30대 중반에 영어로 발표를 할 수 있는 사람과 그렇지 못한 사람의 연봉의 차이는 최소한 1,000만원은 될 것이다. 개척하는 자만이 몸값을 높일 수 있는 게 현실이다.

일곱째, 아침형 인간이 되라.

교육장과 강의실에서 맨 앞줄에 앉는 사람과 둘째 줄에 앉은 사람의 능력이 같을 수 없다. 출퇴근 시간이 다른 것만큼 인생의 품질이 달라진다. 어려운 현실을 극복하려면 그만큼 시간과 노력이 필요하다. 성공한 사람, 그리고 억대의 연봉을 받는 사람들의 공통점은 남들보다 적게 자고, 바쁜 시간을 쪼개 한 달에 책 두세 권 이상을 읽을 만큼 부지런하다는 것이다.

여덟째, 자신감을 가져라.

끊임없이 변화와 도전을 추구하는 직장인이 인정받는 시대다. 잘못된 부분은 과감히 인정하고 수정해야 하며, 잘 하는 부분은 더욱 계발한다. 현재 성과에 도취되지 말고, 10년, 20년 후를 꼼꼼히 기획하고 전략을 세워야 한다. 학연과 지연 등을 과감히 비리고 "오로지 능력 있는 자만이 살아 남는다"는 현실을 봐야 한다.

(참조 링크 http: //happycompass.storyshare.co.kr)

Chapter 7

성과관리와 평가

성과평가와 보상의 효과 높이는 비법

서울에서 2년 전에 D 통증클리닉을 개원한 서 원장은 개원한 지 1년이 지나면서부터 병의원 경영에 많은 고민을 가지기 시작했다. 그중 하나가 성과였다. 직원들에게 물어보면 상담전화도 많고 내원하는 고객도 많다고 하는데도 정작 성과는 별로 증가하지 않았기 때문이다. 이에 예산을 늘려 마케팅을 강화하기도 했었지만 여전히 매출은 제자리 상태이며 오히려 수익은 줄어들고 있었다. 답답한 마음에 동료와 선배 원장에게 답을 구한바 경영분석을 할 필요가 있다는 것이었다.

이에 서 원장은 스스로 분석작업을 해보았다. 그 결과 가장 문제되는 것이 기록이었다. 이는 고객만족에게까지 영향을 미침으로써 고객창출과 확보를 위해 많은 비용을 들여 실시한 마케팅 효과를 크게 감소시킨 것으로 나타났다. 다시 말해 마케팅 활동에 따라 고객이 문의와 상담을 요청했음에도 기록을 남기지 않았기에 직원이 바뀔 때마다 처음부터 다시 상담하는 과정을 거쳐야 했다.

결국 그 고객은 불만이 커졌고 이탈하였다. 또한 고객의 특성이 기록되지 않았고 공유되지 않았기에 직원 개인의 판단에 따라 고객을 대응함으로써 고객은 혼란이 가중되어 이탈로 이어졌다. 아울러 기록을 공유하지 않음으로써 무엇이 문제인지 알 수 없었으며 어떻게 해결할 것인지에 대한 방안도 찾을 수 없어 고객으로부터 동일한 불만이 계속 발생하게 되어 신규 고객 창출이 어려웠고 기존고객마저 이탈하였던 것이다. 즉 비용보다 적은 신규고객이 창출되었기에 매출증가는 눈에 띄지 않으면서 비용만 증가함으로써 수익성이 저하된 것이다.

다음의 문제가 어설픈 문제해결 처방이었다. 서 원장은 수익이 줄어들자 다른 병의원에서 실시중인 성과관리를 도입했다. 물론 KPI(Key Performance Index, 핵심성과지표)를 전략적으로 활용하면 각자 업무에서 역할을 명확히 해주고 수행실적을 지표로 만들고 스스로 관리할 수 있게 만들어 줌으로써 높은 수준의 성과관리 효과를 볼 수 있게 해준다.

실제로 부산의 H 비만클리닉의 경우 KPI를 통해 각 단계별로 전화고객수, 전화상담수, 대면상담수, 진료건수를 단계별로 관리하였고 전화상담수를 마케팅 비용으로 나누거나, 내원한 고객의 수를 전화상담건수로 나누거나, 진료건수를 상담건수로 나누는 기준을 마련할 수 있었다. 아울러 기준을 통해 직원의 업무 명확화와 성과관리의 피드백이 가능해졌다. 특히 H 비만클리닉은 전화, 이메일, SNS로 소통한 건수 대비 내원비율, 내원했을 때 매출비중, 소개환자를 창출시키는 비율 등을 KPI 지표로 활용하면서 충성고객, 신규고객 등의 고객관리를 효율적으로 진행하여 안정적 성과를 만들어 내고 있다.

하지만 서 원장은 KPI를 무조건 적용하였다. 그 결과 상대적으로 낮은 목표수준을 부여 받은 직원의 경우 목표달성의 확률이 높았고 높은 수준의 목표를 부여 받은 직원은 불만만 고조되는 상황이 발생하였다. 그 결과 직원 사이에는 소통이 없어졌고 오로지 경쟁의식만 고조되어 병의원 전체의 목표는 고려되지 않고 오직 개인활동에만 몰두하는 왜곡 현상이 발생하게 되었다.

서 원장이 KPI를 전략적으로 활용하기 위해서는 먼저 성과관리의 개념을 올바로 봤어야 했다. 즉 서 원장은 목표설정과 평가지표의 구체화를 통해 목표설정의 문제점, 달성하고 싶은 목표와 그에 따른 핵심과제를 찾아야 했다. 그래야 직원에게 명확하게 목표를 부여할 수 있기 때문이다.

다음으로 서 원장은 업무할당 방안을 찾아야 했다. 명확한 목표를 통해 각 직원이 어떤 업무를 해야 병의원 목표와 조직에 도움이 되는지 알 수 있기 때문이다. 따라서 목표를 확정하기 전에 서 원장은 직원과 면담을 진행했어야 했고 그 과정에서 목표를 공감시키고 동의를 받아야 했다. 또한 그 과정에서 직원들이 자신의 실행계획서를 작성할 수 있도록 해줬어야 했다.

다시 말해 KPI를 실행하기 전에 서 원장은 직원들에게 병의원 조직과 같은 목표를 바라보게 하고, 성과를 내기 위한 업무몰입도를 높여줄 수 있는 여건을 마련해 두었어야 했다.

마지막으로 KPI의 효과를 높이기 위해서는 코칭과 성과보상이라는 동기부여가 필요하다. 직원 행동, 업무 상황별로 코칭이 필요하며 직원의 역량개발 계획이 필요하다. 또한 가장 중요한 부분으로 성과를 이뤄냈을 경우 평가 방안과 보상기준을 구체적이고 명확히 해두어야 한다.

이러한 고려사항과 절차가 있었음에도 서 원장은 성과평가 및 보상제도부터 도입했던 것이다. 당연히 직원은 혼란스러웠기에 서 원장의 기대만큼 직원은 움직이거나 변화하려 하지 않았던 것이다.

이에 지금부터라도 서 원장이 해야 할 일은 병의원이 가진 통계를 분석하여 수치를 근거로 목표를 설정하여 일방적인 성과창출이나 제도수행 지시가 아닌 소통을 통해 공감해야 하며 공감 과정에서 질문을 통해 성과설계도를 직원과 함께 그리면서 직원의 동의를 구해야 한다.

아울러 상호간에 동의를 도출하면서 자율적 업무수행을 위한 필요여건을 만들어 주고 직원이 활용할 수 있는 핵심자원을 알려주어야 한다. 이 과정이 절대적으로 필요한 이유는 통계에 의한 성과평가 및 보상체계를 만드는 과정에서 개인과 조직 목표를 명확히 할 수 있으며 수입지출의 효율성을 분석할 수 있고 목표달성을 위한 참여, 협조의 중요성을 체험시킬 수 있기 때문이다.

제 1 절

성과관리의 기초

1.1 성과관리의 의의

종업원들은 보통 매년 자신들의 과거 활동에 대해 평가를 받는데, 그 활동에는 자신들의 근무태도, 능력, 성과 등이 평가의 대상이 된다. 이러한 평가과정을 우리는 성과관리(personnel rating)라도 부르는데 최근에는 성과평가(performance evaluation)라고도 정의한다. 종업원들은 이 과정의 결과가 자신들의 생활에 상당한 영향을 준다는 것을 인식하는데, 실제로 평가결과는 이들의 승진, 임금, 교육훈련과 같은 자기계발 등에 영향을 주게 된다. 따라서 평가결과가 공지되는 시기는 종업원의 입장에서는 상당한 긴장감을 느낄 수 있는 순간이다. 흔히 평가자와 평가대상 간에 평가결과에 대한 기대 및 인식이 다를 때는 상당한 갈등을 초래한다. 앞서 태도나 능력이나 성과 등을 주로 평가한다고 했지만 정작 구체적으로 어떠한 측면을 측정하고 어떠한 평가결과를 내려야만 공정할까 하는 문제는 간단한 문제가 결코 아니다. 실지로 100% 완벽한 평가는 없지만 인사관리 측면에서 성과관리의 본질, 목적, 구체적인 평가방법 그리고 야기될 수 있는 문제점 및 한계 등에 대한 이해는 보다 나은 종업원 평가방법에 대한 이해를 증대시켜 이로 인한 이들과의 갈등을 최소화할 수 있고 나아가서는 오히려 동기부여로 이어질 수 있는 가능성도 있는 것이다.

공정하고 합리적인 성과 측정 및 관리를 위해서는 평소의 종업원의 근무태도에 대한 정보 수집과 능력을 측정할 수 있는 적합한 평가기준이 필요하다. 특히 조직의 성격이 성과지향적일수록 기업이 목적을 달성해나가는 과정에서 종업원 개인이 보여준 공헌도를 적합한 방법으로 평가하고, 이를 통해 수집된 정보를 통해 해당 종업원의 인사 사항을 결정하며, 개인이 기업 내에서 어떠한 방향으로 성장해 나갈지를 제시할 수 있어야 한다.

과거 일반 종업원들이 일종의 부품으로 취급되었다면 오늘날에는 종업원 개개인의 능력과 사기가 기업의 생산성을 향상시키는 직접적인 요소임이 인정되고 있으며, 이로 인해 인사관리의 중요성 또한 더욱 주목받고 있다. 평가의 위치에 있는 관리자급 직무 수행자들의 주관적인 판단을 배제하는 체계적인 성과관리 제도는 인사의 불공정성과 속단주의를 방지하고, 종업원의 사기 진작과 궁극적으로는 경영성과의 향상으로 이어진다. 성과관리(personnel rating)는 종업원 개개인이 자신의 직무를 수행하면서 조직의 목적 달성에 어느 정도의 공헌을 하였는지 측정, 평가하는 절차를 뜻하며 개별 종업원의 성격, 적성, 행동력 등의 역량과 장래성, 업적 등을 파악한다. 스미스와 머피(R. C. Smith and M. J. Murphy)는 "성과관리는 그들이 속하고 있는 조직체에 있어서 종업원의 가치를 질서있게 평가할 수 있도록 하는 데 그 목적이 있다"라고 밝히고 있으며, 미이(J. F. Mee)는 "조직에 있어서 종업원이 보유하고 있는 현재 및 잠재적 유용(present and potential usefulness)을 질서있게 조직적으로 평가하는 방법"이라고 정의하고 있다.

그리고 랜스너(A. Langsnersner)는 "구체적으로 종업원의 능력·근무성적·자격·습관·태도의 상대적 가치를 조직적으로 그리고 사실에 입각하여 객관적으로 평가하는 절차"라고 정의하고 있으며, 플리포(E. B. Flippo)는 "그 종업원이 현재의 직무에 어느 정도 우수한가, 보다 좋은 직무에 승진할 수 있는 잠재능력이 있는가를 조직적·정기적으로, 가능한 한 객관적으로 평정하는 것"이라고 정의하고 있다.

성과관리의 특성은 종업원 개개인을 평가하는 행위라는 것에서 비롯된다. 기업의 목적 달성을 위해 해당 종업원이 현재 얼마나 유용한 인재이며, 앞으로 얼마나 조직에 기여하는 인재로 성장할 것인지에 대한 평가가 이루어지는 행위로 근무 가치 자체를 평가하는 직무평가와 함께 인사관리의 근간을 형성한다.

1.2 성과관리의 본질

성과관리의 목적은 종업원 개개인에 대한 현재와 미래의 가치를 평가하는 것이다. 이를 위해서는 가치 결정의 기준 설정이 전제되어야 한다. 성과관리에서 가치 결정의 관점은 그 사용목적에 따라 달리 설정된다. 또한, 성과관리는 관리가 이루어지는 환경의 조건과 관리 수준에 따라서도 달라질 수 있다. 예를 들어 인사 배치 문제에서는 종업원 개개인의 능력과 그 성격이 핵심가치로 평가되며, 임금 관계에서는 능력의 보유와 발현을 통해 해당 직무의 수행 정도를 살핀다. 근무성적, 업적 등 인사고과를 평가할 때는 해당 종업원의 직무활동을 현재적인 유용성(present usefulness)과 잠재적 유용성(potential usefulness)으로 구분하여 평가하여야 한다.

조직 내에서 개별 구성원, 즉 종업원은 지위·역할·조직의 기준에 기초하여 행동할 의무를 가진다. 따라서 성과관리는 직능의 담당자로서 종업원들의 가치를 결정하는 활동이다. 즉, 조직집단 내에 있는 사람은 할당된 '직능(function)의 담당자로서의 종업원'이다. 따라서 성과관리의 본질은 윤리적으로 우수한 인간을 판별하는 것이 아니라, 해당 직능의 담당자로서 높은 가치를 가지고 있는지를 확인하는 것이다. 경영과 연관된 인간의 한 측면을 평가하는 것으로 해당 종업원의 도덕성, 인품 등은 직능과 연관이 있는 경우가 아니라면 평가의 대상이 될 수 없다.

성과관리는 개별 종업원을 공평하게 평가하여 관리하기 위한 정보를 취득하는 과정이다. 스트롱(E. K. Strong)에 의하면 사람과 사람이 만나면 언제나 상대방의 인품을 평가하는 행위가 이루어진다. 이처럼 사람 간의 접촉은 반드시 일련의 평가를 수반한다. 우리의 일상생활에서도 사람을 평가하고 또 사람으로부터 평가받고 있다. 그러나 이러한 비공식적 평가는 마음 내키는대로 하는 주관적인 경향인 경우가 많은데 이러한 평가는 매우 위험하다. 이에 대하여 [제도화된 성과관리는 기본에 의한 것처럼 주관적인 것이 아니고, 질서있게, 즉 소정의 목적에 합치하도록] 사실과 논거, 질서와 규약에 따라 객관적으로 실시되는 것이다.

성과관리의 마지막 본질은 객관적으로 표현할 수 없는 성질의 가치를 조사하는 것이다. 조직에 임하는 종업원의 가치는 여러 요소를 결합하여 판정한다. 이들 요소는 결근율, 생산실적, 불량률 등 정량적으로 표현할 수 있는 지표들과 근태와 같은 주관적이고 정성적인 지표 또한 포함한다. 조직에 대한 전체적인 가치 평가를 위해서는 정량적인 지표와 정성적인 지표를 모두 고려하여야 한다. 결근율 또는 작업량 등은 생산실적과 같은 지표로 판정하는 것이 보다 적합할 수 있고, 지식·고유한 기술·숙련·지적 능력 등은 테스트로 측정하여 객관적인 수치로 치환하는 것이 보다 객관적일 수 있다. 이와 같은 경우 고과제도를 적용할 필요가 없을 수 있다. 그러나 성과관리는 조사기록과 테스트 등으로 그 가치를 판정할 수 없는 종업원의 성질·태도·사회적 능력을 일상적인 행동에 따라 판정하려는 것이다. 즉 성과관리가 평가하는 종업원 가치의 범위는 주관적, 질적인 측면이 되는 셈이다. 따라서 보다 객관적인 데이터를 이용할 수 있는 생산품, 생산의 질, 결근율 등을 성과관리로 판정하는 것은 의미가 없다. 다만 오늘날의 생산조직상에서는 생산이 조직과 직접 관계가 없는 스태프연구부문, 사무부분의 종업원 수가 증가되고 있어서 생산기록에 의해서 종업원의 가치를 결정할 수 있는 범위가 점차 적어지고 있기 때문에 성과관리로 그 가치를 판정해야 할 범위가 넓어지고 있다는 사실이다.

제 2 절

성과관리의 목적과 평가요소

2.1 성과관리의 목적

성과관리를 실시하는 이유는 임금관리(승급, 상여, 임금 인상률 등의 결정), 인사이동(승진, 배치, 이동 등), 교육훈련의 기준 설정 및 표창 기준 등을 결정할 때 근거로 삼을 정보를 축적하기 위한 것이다.

성과관리는 일반적으로 조직 내 종업원들의 가치를 상대적으로 평가하여 우열을 매기고, 이를 통해 승진, 승급, 상여 등에 반영하는 등 조직을 통제하기 위한 목표(control use)에 주로 사용되어왔다. 그러나 능력개발(직무 수행능력 향상 등)을 위한 성과관리는 통제적 목표와 거리가 있으며 이는 구별될 필요가 있다. 성과관리를 임금관리와 동일시하는 것이 적절하지 못한 이유이기도 하다.

첫째, 임금관리에 관해서는 성과관리 이외에 임금정책이 있다. 임금은 종업원들의 성과 이외에도 기업의 재정환경, 물가상승률, 노사 간의 교섭 등 다양한 요인에 영향을 받기 때문에 성과관리의 결과가 향상되었다고 하여 반드시 많은 승급이 뒤따른다고 할 수 없고, 반대로 성적이 다소 나쁜 경우에도 상여의 총액이 높게 책정될 경우, 개인이 수령하는 상여 또한 증가할 수 있다.

둘째, 성과관리가 임금관리의 목적으로 수행된 경우에는 성과관리가 관대해지는 경향이 있고, 또한 종업원들과의 면담을 진행할 경우 면담의 주제가 임금에서 크게 벗어나지 못하는 경향을 보여 대체적으로 후한 판정이 이루어지는 경우가 많기 때문이다.

최근 중요도가 높아지고 있는 능력개발을 위한 성과관리는 비통제적 목적을 가지고 있기 때문에 임금관리를 위한 성과관리와 구별하는 것이 바람직하다. 통제적 목적 역시 중요하지만, 성과관리에는 종업원의 능력, 근로의욕 향상과 상담, 지도, 의사소통을 위한 목적 역시 고려되어야 한다.

비통제적 목적으로는 다음과 같은 것을 들 수 있다.

A. 자기개발능력에 의한 관리능력의 향상
B. 직무에 대한 높은 이해
C. 종업원이익과 권리보호
D. 조직개발 및 근무의욕 고취
E. 성취동기 부여

2.2 성과관리의 평가요소

성과관리에는 다양한 평가요소가 사용되며 그 성격은 조직체에 따라 달라진다. 한 조사에 따르면 미국의 경우, 90% 이상의 기업에서 양적, 질적인 성과를 평가요소로 사용하고 있고, 85% 정도의 기업체는 주도력(initiative)과 협동(cooperation), 신뢰도(dependability), 직무지식(job knowledge)을 주요한 평가요소로 사용하며, 70~80%의 기업은 출결 등의 근태를 평가요소로 사용하는 것으로 나타났다. 평가요소는 주로 양적, 질적 성과와 근태, 잠재능력 등으로 구성되어 있는 것을 알 수 있다. 평가요소를 설정하는 데 고려되어야 할 사항들은 다음과 같다.

1) 평가요소의 수

평가요소를 몇 가지로 설정할 것인지에 관한 문제이다. 성과관리에 더욱 많은 평가요소가 사용될수록 그 결과가 정확할 것이라고 생각하는 경우가 많은데 실제 연구결과를 살펴보면 평가요소의 수와 평가결과의 정확도의 연관성은 낮은 것으로 나타났다. 평가요소들은 서로 높은 상호관계를 가진 것들이 많고, 또한 평가자의 현혹효과(halo effect)가 작용하기 때문이다. 정확도를 상승시키기 위해서는 두 개에서 세 개의 평가요소를 설정하되 각 요소 간의 상호연관성이 적을수록 유리하다. 표준적인 평가요소를 제시한 연구에 따르면 기본적으로 고려해야 할 평가요소로 직무성과(job performance)와 승진가능성(promotability)을 제시하고 있다. 또 다른 연구에서는 양적 성과(amount of work), 질적 성과(quality of work), 인간관계(interpersonal relations)를 제시하고 있다. 이들 연구결과와 같이 다수의 평가요소보다는 소수의 상호연관성이 적은 요소를 설정하는 것이 더욱 효과적임을 알 수 있다.

2) 효과적 평가요소

조직에 따라서 성과를 평가하기 위한 요소는 달라질 수 있다. 그러나 서로 다른 성격의 조직이라고 하더라도 평가요소가 성과관리의 목적을 달성하기 위해서는 다음과 같은 요건을 반드시 충족시켜야 한다.

가. 평가요소의 정의: 모든 고과 대상자가 이해 가능하며, 서로 다른 해석의 여지가 없는 객관적인 서술을 통해 정의되어야 한다.
나. 목적과의 연결성: 평가요소는 조직의 목적과 밀접한 연관성을 가져야 한다.
다. 실질성과 객관성: 실제로 측정 가능한 개념이어야 하며, 편견이 개입될 여지가 적어야 한다.
라. 성과와의 연결성: 성과(performance)의 향상에 직접적인 영향력을 가지는 요소로 구성되어야 하며 내용적으로도 높은 구성 타당도(construct validity)를 가져야 한다.
마. 고과요소는 직군별로 종업원의 질에 따라 선택: 직무에 따라 상이한 평가요소를 설정하여야 하며, 각각의 요소에 따라 다른 가중치를 부여하여야 한다.

위의 모든 요건을 충족시키는 평가요소를 찾는 것은 매우 어려운 작업이다. 실제 평가요소 선정에 있어 흔히 문제가 되는 사항은 실제 성과와 연관성이 적거나, 잠재적인 특성을 평가하지 않고 용모, 학력 등 성과에 직접적인 영향을 주지 않는 요소를 중요하게 평가하는 것이다. 따라서 실제 성과와 관련있는 평가요소만을 포함하는 것만으로 평가의 정확도를 상당히 확보할 수 있다.

3) 성과평가와 특성평가

성과관리는 이미 발생한 성과에 대한 평가와 동시에 장래에 발생 가능한 잠재적 성과(잠재능력)에 대한 평가 또한 포함한다. 그러므로 성과관리에는 미래

성과와 관련된 특성(trait)이 평가요소로 포함되어야 한다. 실제성과를 평가하는 것은 실질성과 객관성을 확보하기가 쉽지만, 장기적인 성과를 판단하는 요소, 즉, 평가대상자의 태도, 성격, 협동력 등의 잠재역량을 평가하는 것은 쉽지 않다. 따라서 성과관리는 요구되는 성과와 조직의 특성 양쪽을 적절하게 반영할 수 있는 평가요소로 구성되어야 한다. 성과는 보편적인 제조업계에서 가장 중요하게 고려하는 요소이지만, 금융, 도·소매업에서는 성격상의 특성 또한 강조하고 있으며, 최근에는 소기업에서도 성격과 같은 특성을 중요시하는 경향이 발견된다. 성과관리를 실시하는 목적에 있어서도 평가결과를 보상과 연계하려는 경우에는 실제 성과의 정도를 측정하는 것이 중요하겠으나, 승진결정과 같은 목적으로 실시하는 경우에는 현재의 실적보다 잠재적인 성과가 더욱 중요한 평가요소로 작용할 것이다. 따라서 성과관리의 목적을 고려하여 평가요소를 달리하는 것이 바람직하다.

4) 평가요소의 타당도

평가요소의 타당도에 영향을 주는 요인으로는 평가요소의 구성타당도, 평가자의 평가능력, 평가척도(rating scale)와 그 구성이 있다. 일반적으로 현재의 성과는 비교적 객관적인 평가가 가능하지만, 잠재적인 성과를 평가함에 있어서 그 정확도와 측정상의 객관성이 낮기 때문에 평가타당도가 비교적 낮은 경향을 보인다. 즉 충성심, 협동심 등의 평가요소는 잠재적인 성과와 관련된 특성으로 실제 성과와의 연결성이 모호하고, 평가가 이루어지는 동안 평가자의 주관이 많이 작용할 수밖에 없어 실제성과 측정에 비해 타당도가 낮게 나타난다. 성과와 관련있는 활동들도 실질적인 연결성에 따라 그 타당도가 다르다. 예를 들어 판매원의 경우 고객과의 관계를 발전시키는 활동은 장래의 성과를 위하여 중요한 평가요소임에 틀림없으나 실제 판매로의 연결은 확실하지 않다는 점에서 평가요소로서의 타당도를 의심할 수 있다. 그러므로 타당도를 높이고자 하는 관점에서는, 실제로 달성된 성과들과 타당도 분석결과 높은 타당도를 가지고 있는 것으로 입증된 특성들만을 선별하여 평가요소로 선정하는 것이 바람직한 성과관리 설계라고 할 수 있을 것이다.

제 3 절

성과관리의 방법

성과관리는 가장 객관적이고 공정한 방법으로 행하지 않으면 안 된다. 합리적이고 효율적으로 성과관리를 수행하기 위해 다양한 고과방법이 등장하였으며 학자들에 의해 여러 가지로 분류되고 있다. 이와 같은 여러 성과관리 기법들은 업종, 사용목적, 대상자의 직종 등을 고려하여 적합한 방법을 선택하거나 고안하여 실시하여야 한다.

3.1 종업원 비교법: 상대평가원칙

1) 서열법

서열법(ranking method) 또는 성적 순위법은 직무평가에서의 서열법과 같은 방법으로 근무성적, 능력의 우위를 비교한 뒤 서열을 정하는 방법이다. 종합적으로 순위를 부여하는 방법과 각각의 평가요소별로 순위를 부여한 뒤 이를 종합하는 방법이 있다.

서열법은 그 방법의 단순성과 실시에 있어 간편하다는 장점을 가진 반면 다음과 같은 단점들을 내포하고 있다.

가. 고과대상자가 다수(30명 이상)일 때 우위 비교가 급격히 어려워진다. 이런 상황에서는 전체 대상자를 몇 개의 그룹으로 나누어 그룹별로 순위를 정한 후 그 결과를 종합하는 방식을 취한다. 또한 대상자의 인원이 너무 적은 경우에는 순위를 매기는 것이 큰 의미를 가지지 못한다.

나. 한 직무의 범위 내에서만 적용이 가능하며, 서로 다른 직무 사이(부서간)의 비교는 불가능하다.

다. 고과의 기준이 독립적으로 존재하지 않고, 동일 직무의 다른 대상자와의 비교를 통해 결정되기 때문에 평가결과의 객관성이 훼손되기 쉬우며 평가대상자들의 불만이 고조될 수 있다.

2) 쌍대비교법

쌍대비교법(paired comparison method) 또는 일조비교법은 평정 대상자를 한 쌍씩 비교하고 이를 종합하여 순위와 점수를 평정하는 기법이다. 대상자를 두 명씩 평정하기 때문에 정확도가 높으며, 이때 두 명의 대상자 중 누가 1번이 되고 누가 2번이 되는지를 평정자에게도 비공개로 하기 때문에 평정자가 가진 주관적 편견을 배제할 수 있다.

쌍대비교법은 다시 평가요소 전체를 고려하여 우열을 가르는 종합적 쌍대비교법과 각각의 요소별로 우열을 가른 뒤 이를 종합하는 분석적 쌍대비교법으로 나눌 수 있다. 분석적 쌍대비교법은 처리해야 하는 정보가 너무 복잡하고 많기 때문에 종합적 쌍대비교법이 보편적으로 사용되고 있다.

3) 인물비교법

인물비교법은 대인비교법이라고도 하며 평정에 적합한 표준적 인물을 선정하고 그를 판단기준으로 삼아 다른 평가대상자들을 비교하는 방법이다. 이 방법의 평가요소는 평가대상자의 직종, 집단 또는 단계에 따라 달라질 수 있으나 본질적으로 신체적 능력, 지적 능력, 지도력, 숙련 정도 등을 사용한다. 평가대상자가 각각의 평가요소에 대해 몇 점을 득점했는지 계산하고 그 합을 해당 평가대상자의 최종득점으로 한다.

인물비교법의 단점은 표준적 인물의 선정을 위한 기준의 객관성을 찾기가 어렵고, 평가요소에 대한 명확한 정의나 구체적인 설명이 어렵다는 것이다.

4) 강제할당법

강제할당법은 학교에서 상대평가로 성적을 부여하는 방식과 유사하다. 평가 대상자의 일정 비율에게 그들의 고과에 해당하는 평점을 부여하는 방식이다. 예를 들어, 상위 10%에게 우수, 차상위 20%에게 우량, 다음 40%에게는 보통,

나머지 30%에게 열등을 부여하는 식으로 미리 설계되어 있는 분포에 평가대상자를 할당하여 각 평정집단에 배분한다.

3.2 평정척도법

평정척도법(rating scale method)이란 개인의 역량, 숙련정도, 근무태도, 실적 등 분석적 평가요소들을 선정한 뒤 평가 대상자가 이들 평가요소에 해당하는 능력과 행동을 어느 정도로 발휘하고 있는가를 평소의 근무성적에 기초하여 판단하는 것이다. 각 평가요소마다 이를 점수로 환산하는 방법이 설계되어 있으며 평가대상자들의 능력과 행동은 점수로 치환된다.

1) 단계식 척도법

단계식 척도법(step rating scale) 또는 비연속척도법은 평가요소가 연속적인 척도를 통해 구체적인 수치로 치환하는 것이 어려운 성질을 가질 때 사용되는 방법이다. 즉 평가어(알파벳 평점 등)로 표시한 평정요소의 척도 단계에 평가대상자의 평가결과를 각각 배치하는 방법이다. 좀 더 구체적으로 말하면 작업의 양, 질, 신뢰도, 태도 등을 주요 평가항목으로 하는 경우 각 항목에서 부족, 약간 부족, 충족, 초과충족, 대단히 충족이라고 하는 5단계를 일반적으로 사용하는 성적 표기법인 알파벳 평점 또는 수, 우, 미, 양, 가 등의 평가어를 이용하여 표기하는 것이다.

2) 도식척도법

앞서 언급한 비연속척도가 사용되어지는 경우는 달리 연속척도가 사용되는 경우를 도식 또는 연속적 척도법(continuous scales)이라고 한다. 평정요소의 성격이 그 실적의 정도에 따라 수치로 치환이 용이할 때 사용되는 척도법이다. 그러나 사람의 능력을 수치화한다는 점에서 완전히 연속적인 척도법을 적용하기 힘든 경우가 많으며 연속척도를 사용하는 경우에도 보통 5점이나 10점 척도가 주로 사용된다.

평정척도법의 장단점에 대해 간략하게 언급하면 먼저 장점은 고과목적에 따른 평가요소를 개발하여 평가하게 되면 특정 고과요소에 대한 피고과자의 수준을 평가할 수가 있다. 단점은 고과자가 의도적으로 특정고과자를 높게 평가하려고 할 때 이를 저지할 수 있는 방법이 없는데 이는 고과자와 평가결과를 계량화하는 사람이 동일하기 때문이다.

3.3 대조리스트법

대조리스트법은 평가를 위한 일련의 표준행동을 구체적으로 기술한 문장들을 준비한 뒤 종업원의 능력, 근무상태 등을 해당 문장들과 대조하여 그 결과를 기록하고, 이에 기초하여 일정한 채점기준표를 통하여 등급을 결정하는 방법이다. 대조리스트법의 장점은 다음과 같다.

가. 평가자의 역할이 평가대상자의 행동으로 인해 발생하는 구체적인 사실을 기록하는 것으로 한정되어 있고, 이후의 과정은 절차에 의해 기계적으로 진행되기 때문에 다른 방법보다 객관성과 신뢰성이 높다고 할 수 있다.

나. 현혹효과(halo effect)에 의한 객관성 오염이 적다.

다. 모든 항목에 대해서 작성하는 것이 아니라 표준행동과 명백하게 일치하는 경우에 대해서만 기록하는 방식이기 때문에 평가과정에서 평가자의 주관이 개입할 여지가 적고 절차가 비교적 간단하다고 할 수 있다.

라. 고과항목은 직무의 요소와 밀접한 관련성을 가지고 있으므로 감독자와 종업원간에 토의가 용이하다는 등의 장점을 가지고 있다.

반면에 첫째, 고과결과를 좌우할 표준행동의 설정이 어렵고, 둘째, 고과항목의 배열 등의 용이하지 않으며, 셋째, 점수화의 절차도 복잡하고 곤란하다는 등의 단점이 있다.

1) 프로브스트 고과법

이것은 프로브스트(J. B. Probst)에 의해 고안된 고과 기법으로, 이 고과표는 구체적인 행동양식을 기술한 근무보고서, 평정된 사실을 채점하는 프로브스트 채점기준법, 그리고 프로브스트 종합기준표로 구성된다. 근무보고서에는 근무의 성패를 좌우할 수 있는 행동에 대한 구체적인 서술이 100여 개 기재되어 있다. 이들 서술은 곧 채점 기준이며 각각의 항목에는 점수가 할당된다. 점수는 +2, +1, 0, −1, −1/2, −2, −3으로 부여된다.

프로브스트 고과법은 다음과 같은 절차를 통해 실시된다.

가. 100여 개의 평가항목을 세 명의 평가자 중 하급직무급부터 각각 평가대상자에게 해당한다고 확신하는 항목만을 체크한다. 체크되는 항목의 수가 일정하지 않아도 무방하다.
나. 평가 후 체크한 항목 중 정수(예: +1, +2 등)의 점수를 얻은 항목이 몇 개인지 구한다.
다. 획득한 모든 점수의 총계를 구한다.
라. 종합채점 기준표를 참조하여 정수의 점수를 획득한 항목의 수와 점수의 총합을 모두 만족하는 지점에서 등급을 산출한다. 총 10개의 등급이 존재한다.

2) 오드웨이 고과법

이 방식은 오드웨이(S. H. Ordway)가 고안한 방법으로 특수한 업무를 평정하는 A식 고과표와 프로브스트법과 같은 B식 고과표로 구성된다. B식 고과표는 A식 고과표에 해당되는 특수한 실적이 없을 때 사용되는 것이며, A식 고과표에 있어서는 프로브스트법과 같이 사실만을 체크하는 것이 아니다.

3.4 새로운 성과관리 방법

이상의 성과관리시스템은 많은 조직체에서 채택하고 있는 방법이기는 하나 다음과 같은 결점을 지니고 있다.

첫째, 고과도구상의 문제가 있다. 즉, 고과표준이나 평가 그 자체가 다양성을 갖게 되거나 혹은 불공평한 경향을 보인다. 또한 계량적이고 측정가능한 목표를 갖도록 업적평가의 기준이 아무리 합리적으로 잘 설정된다고 할지라도 업적에 대한 평가는 보통 주관적이기 쉽다. 그리고, 서로 다른 감독자에 의한 평가와 특히 상이한 평가단위 있어서의 평가결과는 흔히 비교하기가 어렵다는 점이다.

둘째, 성과관리의 실시상 타당성 문제가 있다. 즉, 많은 경우에 있어서 평가의 타당성은 평가를 행하는 감독자의 저항에 의하여 감소되고 있으며, 업적의 "미미한 부분"에 대한 평가의 결과는 부적당한 정보를 제공할 수 있고, 아울러 성과관리가 상사와 부하 사이에 존재하여야 하는 보다 건설적인 지도적 관계를 방해하기도 한다.

셋째, 고과결과의 활용상 문제가 있다. 즉 평가결과를 부하들에게 피드백하도록 평가자들을 유도할 수 있는 확고한 제도가 없으며, 성과관리의 결과가 종업원들에게 전달될 때 바람직하지 못한 영향을 주기 쉬우며, 성과관리의 결과가 종업원들에게 전달될 때 바람직하지 못한 영향을 주기 쉬우며, 업적에 대한 고과결과가 만병통치약으로서 사용되는 경향이 있다.

이러한 전통적인 성과관리시스템이 가지고 있는 취약점을 극복, 보완하기 위하여 몇 가지 고과기법이 개발되고 있다. 그중에 대표적인 것으로 중요사건기록법, 행위기준고과법, MBO 등을 들 수 있다.

1) 중요사건기록법

중요사건기록법(critical incident technique)은 종업원 행동에 있어서 중요한 사진을 확인하고 분류, 기록하는 방법이다. 즉 종업원의 직무수행 중 매우 효과적이거나 비효과적인 중요사건이나 중요행동을 기술하여 이를 평가하는 방법으로, 여러 가지 중요 사건들을 추출하여 몇 개의 영역으로 나누고 이 각 사건에서 현저하게 좋거나 나쁜 행동의 예를 기록하여 이를 평가한다. 보통 종업원이 공격적이라거나 상상력이 풍부하다거나 사고가 이완되어 있다고 말할 때 이러한 성격적 특성은 그가 직무를 얼마나 잘 수행하고 있는가에 관해서는 설명해 주지 않는다. 따라서 중요사건기록법은 종업원의 개성보다도 성과와 관련된 행위를 판단하고, 어떠한 행동이 능력개발이나 승진 등에 중요한 자료를 제공하고 좋다고 인정되는 행동인가를 명확히 해준다.

이 방법은 중요사건이 일어난 시점에서 종업원의 고과를 평가할 수 있으므로 정확한 정보가 제공되어 인사평가 프로그램에서 요구하는 결과를 달성할 수 있는 가장 효과적인 방법 중의 하나이다. 그러나 중요 행동을 기술하는 데 많은 시간이 소요되며, 평가결과의 계획화가 곤란하기 때문에 비교와 서열화가 곤란하다.

이 기법은 동료보다는 감독자에 의한 기법으로 사용되는 경향이 높고 이때 감독자는 고과와 평가보다는 보고인의 역할을 하게 된다.

2) 행위기준고과법

평정척도법과 강제선택법, 대조법 등 전통적인 성과관리 방법은 중심화 경향과 평가표준의 차이 등 많은 문제를 내포하고 있다. 이들 문제는 평가자의 훈련을 통하여 어느 정도 제한시킬 수 있다. 그러나 고과방법 자체를 개선하여 평가상의 문제를 줄일 수 있다면 평가결과의 정확성을 그만큼 높여 주는 것이 사실이다. 따라서 고과방법을 개선하는 데 많은 노력이 투입되어 왔다. 그중 근래에 개발된 고과방법의 하나가 행동기준고과법(behaviorally anchored rating scales: BARS)이다. 행동기대고과법(behavioral expectation scales)이라고도 불리어지는 이 방법은 중요사건방법과 평정척도법을 결합하여 이 두 방법의 장점을 강화하고 단점을 보완함으로써 평가결과의 정확성과 타당도를 높이려 하고 있다.

BARS는 관찰 및 측정 가능한 직무관련행동을 먼저 규명한다. 특정 직무에서 요구되는 특정 행동별로 조사되는 것이 일반적이다. 예를 들면 백화점 의류매장에 근무하는 직원의 경우 직무와 관련하여 다양한 행동특성을 요구하게 되는데, 예측, 계획, 수행, 지식, 판단력 등으로 요약된다. 조사자는 먼저, 이런 행동들과 관련하여 구체적으로 적절한 행동과 그렇지 못한 행동이 무엇인지를 파악하게 된다. 이러한 자료들은 조사자가 구성원들과의 면담을 통해 습득한다. 다양한 답변이 나올 수 있기에 이 중 중복되는 부분들은 제거된다. 이러한 과정을 거쳐 주요 행동유형을 추출하게 되는데 이것들이 일종의 닻(anchor)이 되는 것이다. 가장 효과적인 행동유형부터 그렇지 못한 행동의 서열화가 이루어지고, 전자는 높은 성과영역에, 후자는 낮은 성과영역에 놓이게 된다. 각각에 등급점수(보통 1에서 9 사이)가 부여되는데 효과적일수록 높은 점수가 부여된다.

3) MBO(management by objective)

전통적인 인사고과방법은 고과 자체에 있어서 조직체나 직무목표와의 연결성이 분명하지 않고 따라서 평가의 기준도 불확실하며, 성과에 대한 피드백이나 고과면접도 충실하게 이루어지지 않는 등 여러 가지 문제를 포함하고 있다. 이러한 문제를 극복하기 위하여 성과목표와 평가기준을 명백히 하고 고과과정에서 평가자와 피평가자의 참여를 최대화함으로써 인사고과의 효과를 높이려는 것이 목표관리(MBO)이다.

이는 결과지향의 평가(results-oriented appraisal) 또는 작업의 계획화와 검토(work planning and review)라고도 불리운다. 원래 MBO는 1950년대에 드러커(P. F. Drucker)에 의해 제안되었고, 맥그리거(D. McGregor)에 의해서 성과평가의 기법으로 제시되었으며, 근래에는 목표설정이론(goal-setting theory)의 발전과 함께 관심이 더욱 고조되고 있다.

그림 7-1 목표관리의 개념

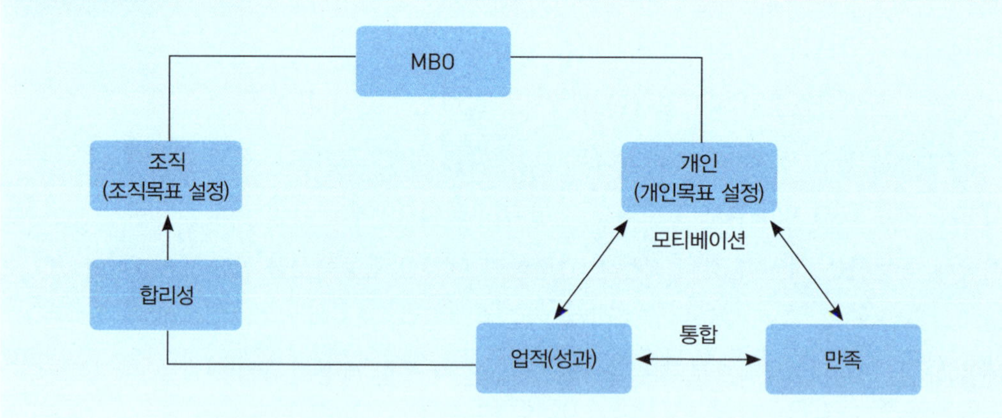

특징을 요약하면 다음과 같다.

가. 공동목표 설정

평가자와 피평가자가 공동으로 평가기간 동안에 달성할 목표를 설정한다. 목표는 일상업무성과를 위한 일상목표(routine objective)와 창의적인 업무성과를 위한 창의적 목표(innovative objective) 그리고 피평가자의 능력개발을 위한 개인 개발 목표(personal development objective) 등으로 구성된다.

나. 중간 피드백

피드백 시기를 정하여 그때까지의 업무성과와 목표달성 정도를 평가자와 피평가자가 공동으로 토의하고, 필요에 따라 목표달성을 위한 적절한 방안을 세워서 경과상황에 대처해 나간다.

다. 기말평가

일단 MBO의 수행과정이 끝나면 반드시 결과에 대한 평가를 행해여야 한다. 이 결과에 대한 평가의 목적은 반드시 보수나 승진만이 관련되지 않고, 오히려 목표의 적정성, 목표설정방식의 개선점·조건의 개선점·능력의 개선점 등에 중점을 두어야 한다.

라. 목표관리의 효과, 문제점 및 성공요건

전통적인 인사고과시스템에서 나타나는 많은 문제점들은 목표에 의한 관리를 채택함으로써 상당한 정도로 개선될 수 있다. MBO 목표의 설정·종업원의 참여·업적에 대한 피드백을 수반하기 때문에 조직에서 중요하게 생각하는 성과를 확인시켜 준다. 이처럼 MBO 시스템하에서는 평가적인 결정들이 쉽게 이루어지며 여러 가지 자료들이 그러한 결정들을 행하는 데 보조수단이 되고 있다.

이와 같이 목표관리는 평가자와 피평가자와의 공동참여를 통하여 성과목표와 평가방법을 분명히 함으로써 평가결과의 타당도를 높여 줄 수 있다. 그리고 평가자와 피평가자의 공동 토의를 통하여 피평가자의 성과향상과 능력개발은 물론, 조직체 목적과 피평가자 개인의 목적을 통합시킬 수 있다. 따라서 목표관리는 특히 사무직과 기술직 그리고 관리직에 많이 적용되고 있다.

Chapter 8

임금관리

최저임금 엎친데 주52시간 덮쳐… 제조 中企는 숨막힐 지경

공장가동률 60%대 인천남동공단

"큰 회사는 아니지만 지난 6년 동안 한 명도 이직하지 않을 정도로 안정적이었어요. 그런데 대비할 틈도 없이 근로시간이 단축되면서 비용이 늘게 생겼고 기업 규제는 심해집니다. 감원 얘기가 나올까 겁이 납니다."

인천 남동구 남동국가산업단지에 있는 '보원기계' 최두영 전무는 근로시간 단축 등 정부 정책 얘기가 나오자 한숨을 내쉬었다. 체감 경기는 바닥인데 기업을 구석으로 몰아세우는 정책 때문에 숨이 막힐 지경이라고 토로했다.

눈앞에 닥친 근로시간 단축 위기

29일 오후에 찾은 보원기계 공장. 660m² 크기의 내부에는 압축공기를 별도로 저장하는 설비인 압력용기 3개만 덩그러니 있었다. 주로 대형 건설사에 납품하는 이 설비는 건설 경기가 악화하면서 생산량이 크게 줄었다. 최 전무는 "이대로 가다간 올해 매출이 작년보다 20~30% 줄어들 수도 있다"고 했다. 실제로 3월 건설업생산지수는 전년 동월 대비 8.4%가 떨어지는 등 하락세다. 정부의 부동산 규제 정책이 실물 경기에 영향을 미치기 시작한 것이다.

생산 부진도 걱정이지만 회사의 진짜 걱정은 따로 있었다. 52시간 근로시간 단축과 인건비 상승이 당장 눈앞의 현실로 닥쳐서다. 직원이 21명인 중소기업이어서 근로시간 단축까지 유예기간이 많지 않을까.

최 전무는 현실을 모르는 소리라고 했다. 그는 "대형 건설사에서 하청을 받아 현장에 가서 설비를 설치하면 파견된 회사 직원들은 300인 이상 사업장의 기준을 적용받는다"고 말했다. 근로시간 단축이 당장 7월 1일부터 적용돼 이 회사도 법정 시간을 준수해야 하고 그만큼 인력을 추가로 고용해야 한다는 뜻이다. 그는 "납품기일은 정해져 있기 때문에 손해를 보더라도 인건비를 늘려야 하는 상황"이라고 설명했다.

이호석 성지기공 대표는 "생산계획을 미리 짜서 공장을 돌리는 큰 회사는 근로시간 단축에 대응할 여지가 있지만 주문에 따라 생산하는 작은 기업들은 일이 몰리는 시기를 조절할 수 없어 정책에 대응하기도 힘들다"고 토로했다.

'공장 문 닫을까' 고민

현장에서 만난 중소기업인들은 경기는 부침이 있기 마련이므로 받아들이고 있었다. 불황으로 수요가 줄어드는 것은 어쩔 수 없다는 뜻이다. 그러나 정부가 현장의 목소리를 듣지 않고 정책을 밀어붙이면서 경영을 더욱 어렵게 만들고 있다고 목소리를 높였다.

남동공단에서 10년 넘게 금속업체를 운영하는 A씨는 공장을 접을지 고민하고 있다고 했다. 최저임금 인상의 영향으로 올해 들어 직원 12명의 인건비가 한 달 평균 350만원씩 더 들고 있기 때문이다.

인천 남동공단 가동률 추이(단위: %)

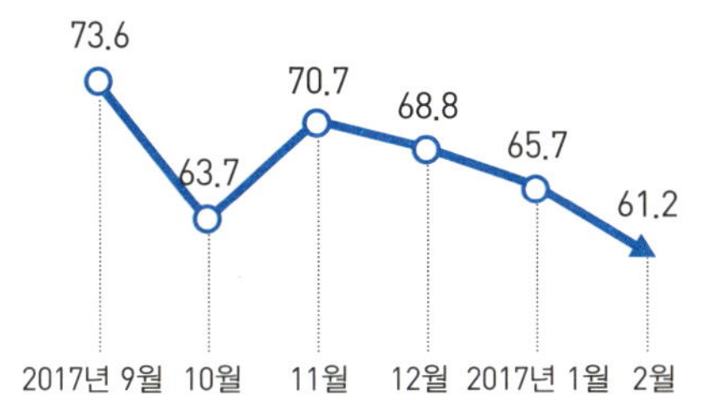

자료: 한국산업단지공단

A 씨는 “납품단가는 그대로인데 인건비는 계속 늘고 ‘최저임금도 못 주는 회사는 망해야 한다’는 세간의 시선에도 이제는 지쳤다”고 말했다. 중소기업중앙회가 지난달 3,000개 중소기업을 상대로 ‘경영상 애로사항’ 설문조사를 한 결과 응답자의 57.5%가 인건비 상승이 가장 어렵다고 했다.

실제로 최근 공단에선 폐업이 늘고 있다. 남동공단에서 ‘공장임대’를 알리는 현수막을 찾는 건 어렵지 않았다. 남동공단의 2월 가동률은 61.6%로 지난해 2월(66.9%)보다 5.3%포인트 하락했다. 설 연휴를 감안해도 가동률이 60%대 초반으로 떨어진 건 이례적이다. 지난해 설 연휴가 있었던 1월 남동공단의 공장 가동률은 70.6%였다. 특히 50인 미만 기업의 가동률은 54.2%로 경기 상황과 정부 정책에 영세기업이 큰 타격을 받고 있는 것으로 나타났다.

현장은 어려움을 호소하지만 뚜렷한 타개책이 없다. 전문가들은 정부가 기업 현장의 애로에 귀를 기울이지 않으니 무리한 정책도 강행하고 있다고 지적했다. 강성진 고려대 경제학과 교수는 “중소기업은 최저임금 인상보다 근로시간 단축의 영향이 더 클 것”이라며 “하반기에 우려가 현실화하면 중소기업 경기가 더욱 나빠질 수 있다”고 경고했다.

현재 반도체를 제외한 다른 제조업 분야의 고용과 성장이 부진에 빠지면서 제조업 내 양극화가 심해지고 있다. 하준경 한양대 경제학부 교수는 “규제 장벽을 철폐하고, 정부 정책을 현실에 맞게 유연화하는 작업을 서둘러야 한다”고 지적했다.

(동아일보, 2018년 5월 30일)

제 1 절

임금관리의 기초

1.1 임금의 성격

1) 노동력의 대가

임금은 생활의 기본이며 수입이 없다면 생활할 수가 없다. 종업원은 노동만이 아니라 노동하는 힘, 결국 노동력이 상품이다. 상품에는 원가가 있으며 이 원가에 의해 가격이 결정된다. 상품으로서 노동력의 원가는 생활비이다. 종업원이 그 능력을 유지하고 신장시키기 위해서는 비용이 들어간다. 이는 노동력이라고 하는 상품의 품질을 위해서 빼놓을 수 없는 중요한 요소이며, 미래의 노동력을 유지하기 위해서는 그 종업원 자신만이 아니라 배우자 및 자녀의 생활비와 교육비도 고려해야 한다. 이것들을 종합한 생활비가 노동력의 원가이고 그 대가가 된다.

그러나 경영자는 상품으로서 노동력을 구매해서 이것을 사용한다. 여기에서부터 경영자가 종업원에 대해서 명령하는 권리가 발생하고, 종업원은 경영자의 명령에 따라서 직무를 하지 않으면 안되는 의무가 발생한다. 경영자는 그 노동에 가치가 있기 때문에 임금을 지불한다. 즉, 업적이 좋다면 높은 임김, 업적이 좋지 않다면 낮은 임금이 되는 것이다. 그러나 종업원은 업적이 좋고 나쁘고를 불문하고 일정한 임금이 없다면 생활할 수가 없다. 따라서 그 원가를 보장해주는 것이다. 결국 원가가 있는 상품으로서 노동력을 팔고, 원가에 알맞은 대가를 받는 것이 임금인 것이다.

2) 노동성과의 대가

경영자측으로부터 본다면 임금은 성과에 대응해서 지불하는 것이다. 또 임금은 업적을 위한 경비이다. 이 의미에서 성과에 따른 임금이 가장 이상적이다. 경비에는 고정비와 변동비가 있다. 이 의미에서 성과에 따른 임금이 가장 이상적이다. 경비에는 고정비와 변동비가 있다. 고정비는 매상의 많고 적음에 관계없이 대개 고정적인 금액이 필요한 경비이다. 감가상각비라든가 임차료 등과 같은 것으로서, 일반적으로 인건비도 포함된다. 변동비는 매상의 많고 적음에 비례하여 변동하는 비용으로서, 매상원가 및 제조원가가 주요한 것이다. 재무적으로 고정비는 적은 것이 이상적이다.

이러한 점으로부터 본래 인건비는 고정비이지만 성과에 따른 임금이기 때문에 변동비의 성격이 되며, 이 의미에서는 매상이 감소해도 별로 문제되지 않는다.

3) 수요와 공급 및 노사의 세력관계

호황기의 전성기에는 어디에서도 인재 부족으로 어려움을 겪는다. 특히 젊은 노동력인 신규채용은 어려워지고 초임금이 점점 높아져 간다. 초임금이 상승한다면 전체가 상승하는 성격을 갖고 있다. 임금의 체계도 이것에 수반하여 다양하게 변화한다. 이것이 수요와 공급의 관계이다. 또 하나는 노사의 세력관계이다. 노사간 임금투쟁의 결과로서 임금수준이 높아지게 되면, 노동조합이 없는 회사에서도 임금수준을 상승시키는 결과가 나타난다.

4) 동기부여의 수단

임금으로부터 사람을 활용한다라는 것은 기본적으로는 생활보장과 더불어 종업원의 노력과 성과를 정확히 평가해서 반영시켜야 한다. 회사는 한 만큼 결과를 부여해 준다고 이해시켜 주는 것이다. 이 의미에서의 능력급은 능력을 평가했다고 하지만 성과만을 기준으로 한 능력만은 아니고 노력의 결과를 평가하는 것이라고 생각한다. 종업원은 성과의 결과를 기대해서 동기부여되는 것이기 때문에 이것으로부터 성과를 내고 있어 능력평가보다 노력의 결과평가 쪽이 효과적이라고 고려한다.

5) 인재평가의 지표

자신이 갖고 있는 능력이 어느 정도의 가치가 있는가, 또는 자신이 수행하고 있는 직무가 어느 정도의 가치를 갖고 있는 것인가를 아는 데는 임금수준을 비교함으로써 가능하다. 물론 임금만으로써 그 사람의 가치를 측정할 수 없다. 그러나 고용근로자의 임금이 하나의 지표가 되고 있는 것도 사실이다.

1.2 임금의 개념과 특징

1) 임금의 개념

임금이란 임금, 급료, 수당, 상여, 그 외의 명칭을 불문하고 노동의 대가로서 사용자가 근로자에게 지불해야 하는 것이라고 정의할 수 있다. 또 임금의 지불에 대해서는 통화지불의 원칙, 직접지불의 원칙, 전액지불의 원칙, 매월 1회 이상 지불의 원칙, 일정기일 지불의 원칙 등 5가지 원칙이 제시되고 있다. 이들 원칙을 준수하게 함으로써 노동의 대가인 임금이 근로자에게 완전하고 확실하게 지불되도록 배려하고 있다.

2) 임금관리의 의미

임금관리란 인적자원관리 시스템의 주요한 하위시스템으로서, 기업 내, 외의 환경요인의 영향 및 규제에 적응하면서 임금이 갖는 많은 내용을 전체적으로 고려하여 인적자원관리의 목표달성에 부합하도록 계획하고 운영하는 일련의 종합적인 시책이라고 할 수 있다. 또, 임금관리는 기업에서 지불해야 하는 임금액 및 제도가 갖는 여러 기능을 임금에 관계하는 여러 집단의 이해와의 조정을 고려하면서 인적자원관리의 일환으로 그 목적달성에 필요하도록 관리하는 일련의, 통일적인 시책이다. 따라서 임금관리의 기본 내용을 대별하면 임금액관리와 임금제도(임금의 형태와 체계)의 관리 및 특수임금 내지 급부(상여, 퇴직금 등)의 관리가 된다.

1.3 임금관리의 목적과 발전

1) 임금관리의 목적

임금관리의 목적은 두 가지로 요약할 수 있다. 첫째, 투입자원인 임금, 인건비의 생산성, 즉 부가가치 증식효과를 최대한으로 발휘시키는 것이다. 둘째는 임금의 동기부여 효과를 높이는 것, 즉 임금에 의해 종업원의 동기를 최고도로 끌어내는 것이다.

기업이 계속기업으로서 유지되는 것은 종업원의 창조적 능력의 발휘이고, 그 능력의 발휘와 신장을 위해 필요한 것은 바로 임금이라는 것이다. 따라서 임금관리는 건전한 고용관계의 목적을 달성하기 위한 것으로, 그 여하에 의해 종업원의 불만과 전직, 퇴직, 저생산성을 가져오게 된다. 건전한 임금은 다음과 같은 것을 가능하게 한다.

a. 바람직한 서비스를 이끌어 내고 이것을 유지한다.

b. 직무의 중요성과 난이도에 대응해서 임금은 지불된다.

c. 노력과 장점에 의해 종업원에게 보수로써 임금은 지불된다.

d. 임금은 종업원의 사기와 생산성을 개선한다.

e. 어떻게, 어떠한 이유로 지불하는가를 설명할 필요가 있다.

f. 지불급여 총액관리, 예산편성을 용이하게 할 수가 있다.

g. 단체교섭을 단순화할 수가 있다.

h. 승진 및 전근을 포함한 조직의 유연성을 용이하게 할 수가 있다.

2) 임금관리의 발전

임금관리라고 하는 용어가 나타나게 된 것은 1940년대 후기이다. 이에 대해 wage and salary administration이라든가 wage and salary control이란 용어가 발견되기 시작한 것은 1948년대이고, 1950년대에 들어와 보편화되었다.

또 역사적으로는 임금형태론에서 임금관리론으로 이동해 왔다. 임금에 관한 연구는 오랫동안 임금의 지불방식(payment system of wage)의 문제, 특히 업적급 내지 능률급의 여러 형태 및 그 구체적인 내용에 관한 영역으로 한정되어 있었다. 그러나 1940년대 이후 종래의 임금형태보다 임금관리론(wage and salary administration)의 연구가 주류를 이루게 되었다. 즉, 임금의 형태로부터 임금관리로의 이동은 시대의 변천과 더불어 기업이 대규모화되고 복잡해짐으로써 임금에 대한 관리의 관점이 중요시되어 왔기 때문이다.

그러나 최근에는 급여관리(compensation administration)라고 하는 용어도 일반적으로 사용되고 있다. 임금은 근로자의 사회적 지위 및 능력을 포함하며 근로자의 생활의 방편이라고 하는 사회적 배려를 포함하고 있다. 또 정치적 배려를 포함하고 있고, 모티베이션의 여러 요소의 하나라고도 고려되고 있다. 따라서 이것은 심리적 배려도 포함한다. 마지막으로, 현대의 임금문제는 공정성의 적용 없이는 해결되지 않기 때문에 윤리적 배려도 필요로 한다. 이것은 결국 현대의 임금관리 또는 급여관리는 종래와 같은 경제적 배려만으로는 불충분하고, 더불어 사회적, 정치적, 심리적 및 윤리적 배려를 필요로 한다. 이와 같은 사고는 행동과학의 영향을 받은 것이다.

위와 같은 견해를 고려해서 임금체계가 복잡해지고, 임금에 대한 정서가 중시되었다. 임금을 기본급만으로 본다는 것은 임금의 전부를 보는 것이 아니다. 조직이 대규모화함에 따라서 인간관계도 복잡하게 되고, 인간적 상호작용이 중요하게 되고, 비금전적 임금이라고 하는 개념도 나타났다. 임금을 포괄적, 체계적으로 설명하기 위해서 미국에서는 임금과 급료(wage and salary)라고 하는 용어 대신에 급여(pay), 보수(reward, compensation, remuneration)라는 용어가 사용되게 되었다.

제 2 절

임금모델 및 내용

2.1 임금관리의 모델

임금관리에는 [그림 8 - 1]과 같이 많은 구성요소가 포함되어 있다. 급여(compensation)는 개인이 노동의 담보로서 받게 되는 모든 종류의 보수와 관계한다.

직접적인 금전적 급여는 임금, 급여, 특별수당(bonuses), 커미션(commission)의 형태로 받게 되는 급료(pay)로 이루어진다. 간접적인 금전적 급여(또는 benefit)는 직접적 급여에 포함되지 않는 모든 금전적 보수를 포함한다. 비금전적 급여는 사람이 직무 그 자체로부터 혹은 사람이 일하는 심리적, 물리적 환경으로부터 받게 되는 만족(satisfaction)으로 구성되고 있다. 비금전적 보수 중에는 복리후생이라고 부르고 있는 것도 포함하고 있다.

또 밀코비치 등(G. T. Milkovich and J. M. Newman)은 급여를 종업원이 고용

그림 8-1 급여계획의 구성요소

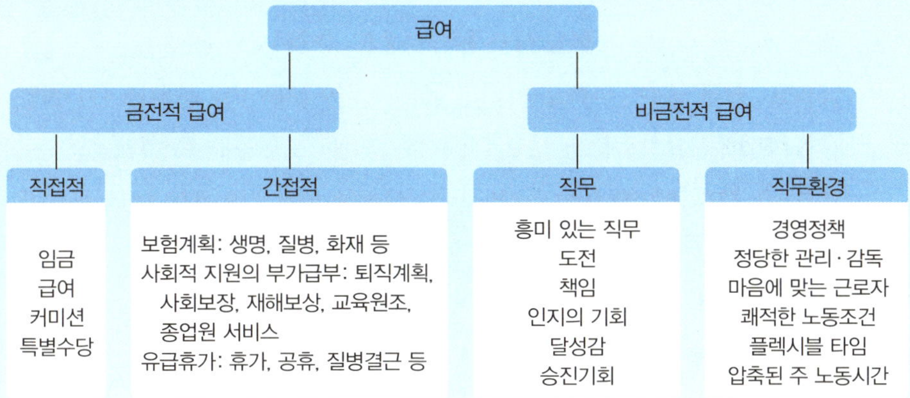

관계의 일환으로 받게 되는 모든 종류의 금전적 수입, 유형의 서비스, 부가급부에 관련하는 것으로 정의한다. 또, 급여의 종류로는 간접적인 것으로서 보호계획(protection programs), 근로에 종사하지 않은 것에 대한 보상(reimbursed time away from work), 종업원 서비스와 제 수당(employee service and allowances)을, 또 직접적인 것으로 기본급(base pay), 성과급(merit pay), 장려급(incentive), 생활조정급(cost of living adjustments)을 들고 있다. 그리고 [그림 8-2]와 같이 급여모델은 3개의 기본요소를 포함한다. 즉, 급여시스템의 기초를 형성하는 전략

그림 8-2 급여모델

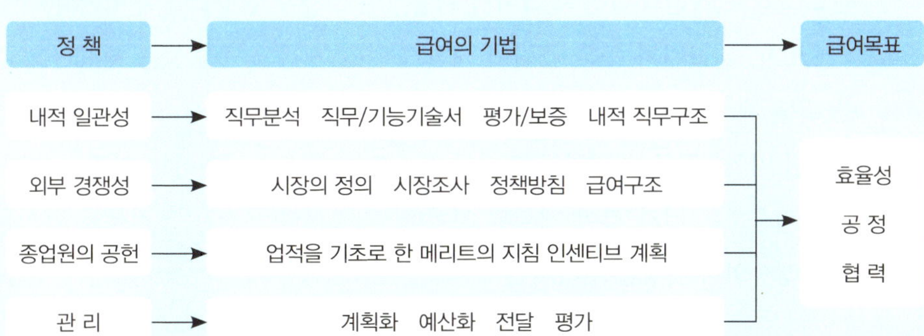

그림 8-3 금전적 급여의 주요 결정요인

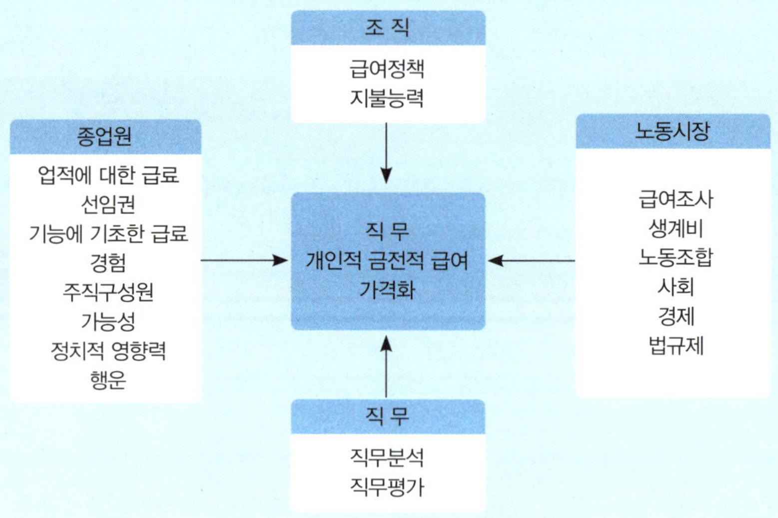

정책, 급여관리의 메커니즘 또는 테크놀러지를 형성하는 여러 기법, 그리고 급여목록들이다.

다음으로 몬디 등은 개인의 금전적 급여의 주 결정요인으로서 [그림 8-3]을 제시하면서, 임금관리는 개인이 자신의 직무수행에 대해서 어느 정도의 가치를 지각함으로써 만족하는가에 대한 답을 제공할 수는 없다고 하였다. 비과학적인 접근이 필요하며, 이와 관계 있는 다수의 요인이 개인의 급료를 결정하는 데에 이용된다, 즉 조직, 노동시장, 직무, 종업원의 모든 것이 직무의 가격을 결정하고 그리고 개인의 금전적 급여의 최종적인 결정에 영향력을 부여한다.

또한, 밀코비치 등은 급여에 대한 전략적 시각의 중요성을 제창하고 [그림 8-4]를 제시해서 설명하고 있다. 그림에서와 같이 급여시스템은 조직에 의해 채택된 기업전략을 지원하는 것과 같이, 또 환경에서 직면하는 경쟁, 규제의 압력에 적응하는 것과 같이 계획된 것이다. 최종적인 목적은 조직목표 달성을 위해 경쟁상의 우위성을 획득하는 것이다.

그림 8-4 급여의 전략적 시각

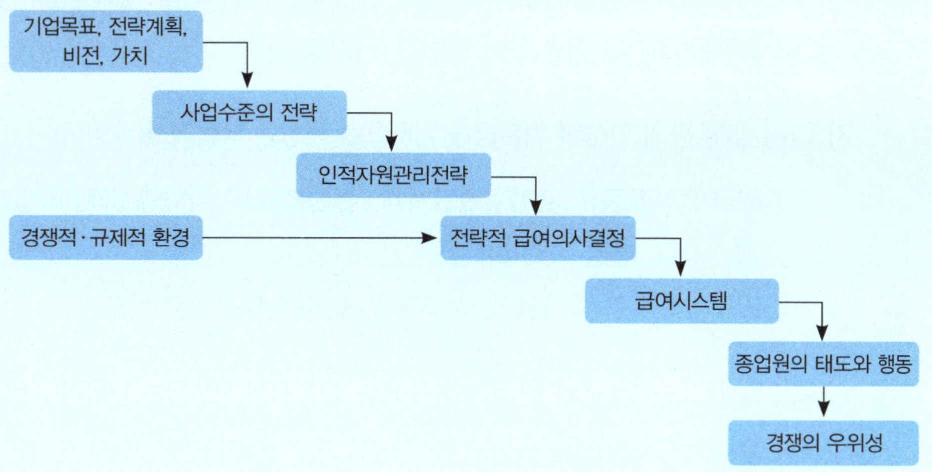

2.2 임금관리의 주요 내용

고용계약에 의해 근로자는 일정기간 사용자의 지휘, 명령을 받아 노동을 제공하는 대가로서 임금을 받는 것이다. 그리고 임금관리는 기업이 지불해야 하는 임금의 액수 및 제도가 갖는 여러 기능을, 인적자원관리의 일환으로서 임금에 관계하는 여러 요인에 대한 이해와 조정을 고려하면서, 인적자원관리의 목적달성에 활용한다고 하는 일련의 계획적, 통일적 시책이라고 정의할 수 있다. 따라서 임금 관리는 인적자원관리의 모든 영역에 관계하고 있으며, 임금관리의 내용은 임금 결정 메커니즘과 관행에 따라 차이가 있다.

1) 임금액 관리

가. 총액임금관리: 기업에서 지불하는 임금 총액을 평균 베이스로 나타내는 것

나. 표준적 개별 임금액관리: 학력별, 표준적 연령, 남녀별, 직무별 등에 의한 표준적인 개별 임금의 의미

2) 임금형태 관리(임금지불단위 혹은 임금산정제도의 의미)

가. 시간임금: 시간을 단위로 산정되는 시간급, 일급, 주급, 월급, 연봉 등

나. 업적금: 업적을 기준으로 산정되는 성과급, 할증 또는 보너스 능률급 등

3) 임금체계 관리(일정의 기본급을 기준으로 편성된 복합적 임금형태)

가. 임금체계의 종류: 종합결정급체계, 속인급체계, 자격급체계, 직능급체계, 직무급체계, 직종급체계

나. 임금체계의 구성: 기본급, 근로수당, 생활수당, 소정외 임금

4) 특수임금 또는 급부의 관리(부정기 또는 특정시에 지불되는 임금이나 급부)

가. 상여 또는 임시급부 관리

나. 퇴직급관리: 임금 후불적 성격과 노후 후생급부적 성격의 혼합적 성격

다. 기업연금: 퇴직금을 연금의 형태로 지불하는 형태의 것이 많지만, 퇴직금과 연금을 병합한 것도 있음

임금 및 급여 용어의 불명료성은 혼란과 오해가 발생할 수 있기 때문에 다음과 같이 기본적인 용어의 정의가 필요하다.

가. 임금률(wage rate): 단위시간 또는 단위생산당 지불가격으로 시간율(time rates) 및 능률 또는 장려율(piece or incentive rates) 두 개의 형태가 있다.

나. 현실임금(actual wages): 임금, 노동한 시간에 일치하는 임금률(시간임금) 또는 생산한 단위에 부합하는 임금률(능률임금 또는 장려임금)

다. earning: 초과시간, 보너스, 위탁료 및 그 외의 요인에 의한 임금

라. average straight-time hourly earning (ASTHE): 초과시간, 보너스 그 외에 받게 되는 시간당 수입

마. 수령액(take-home pay): 수입으로부터 세금, 사회보장비, 보험, 조합비 외의 차익분

바. 수입(income): 임금 및 특별지불수입, 이자, 이익, 임대료 그리고 배당금을 포함한 총액

사. 실질임금(real wages): 생활비 또는 소비자물가지수로 나눈 임금

아. 급료(salaries): 통상은 1주, 1개월 또는 1년의 기간으로 지불

자. 면제 및 비면제 지불(exempt and nonexempt pay): 근로기준법에 따라 초과시간으로부터 면제된 종업원(감독자, 전문직 및 판매원)과 그렇지 않은 종업원과의 구별, 통상 급료 베이스로서 지불되는 사람들에게 관계한다.

차. 위탁료 및 보너스(commissions and bonuses): 통상 상품 또는 서비스의 판매가격에 기초한 보수(명절 보너스 등)

카. 부가급여 또는 종업원 이득(fringe items or employee benefits): 업적 또는 노동시간에 직접 관계하지 않고 종업원에게 부여되는 보수, (임금 이외로) 소위 종업원의 재무적 이득(employee financial benefits)을 포함

타. 노동 코스트(labor costs): 상품을 생산하기 위해 제공한 노동력에 대한 비용

파. 프리미엄률(premium rates): 초과시간, 일요일 및 휴일과 같은 기간에 대해서 지불되는 율

하. 기본율(base rates): 장려, 수입 또는 프리미엄 지불을 기본으로 하는 지불률

제 3 절

임금정책 및 임금결정 방법

3.1 임금원리 및 정책

임금정책의 목적은 엄격하게 조직정책 및 목적과 부합시켜야 한다. 미첼(L. B. Michael)은 보다 좋은 임금계획을 위한 원칙으로 다음과 같은 사항을 제시하고 있다.

가. 기본룰의 지식, 훈련 및 관례: 노동입법, 노동협약 및 경영정책에 의해 확립되고,

나. 명확한 조직구조: 명확하게 위임된 의무와 책임의 관계에 대한 개념을 가진다.

다. 노동의 일반적 등급의 명확한 단계(class) 분류: 직무와 직무의 평가 및 특수한 직무에 관한 등급(rate)범위 또는 등급을 확립

라. 지역 또는 산업의 실제와 접촉을 유지하기 위한 실행계획: 지불률, 노동시간, 노동조건 및 주변사항 정책 및 실행과의 관계로서,

마. 임금지불의 건전한 실행시스템: 근로자가 간단하고 충분하게 이해할 수 있는 시간노동 및 장려노동의 어느 쪽 또는 양자에 관한 것으로서,

바. 확립된 직무의 평가 및 임금지불 조작: 직무의 평가 및 임금지불결정 시스템의 조작 및 관리를 포함한다.

사. 확립된 비용 및 조작: 면접, 시험, 선별 그리고 새롭거나 이동한 종업원을 배치하기 위하여,

아. 업적사정의 명확하고 이해하기 쉬운 시스템: 개인의 능력, 업적, 잠재능력을 사정할 수 있고 측정할 수 있는 수단에 의해,

자. 종업원의 평가를 조정하는 계획된 시스템: 종업원이 그들의 지불률의 적정성에 대한 공평하고, 공정함을 보증하는 어떠한 방법으로서,

차. 임금통제계획의 확립된 설정: 확립된 임금계획의 실시가 의도하고 있는 방법으로서 현실로 조작되는 것을 보증하는 것

3.2 임금결정요인

1) 임금학설

가. 생존비설: 임금은 근로자 및 가족의 생존비에 의해 결정된다고 하는 스미스(A. Smith) 및 리카도(D. Ricardo)에 의해 주장된 학설

나. 재생산비설: 임금은 노동력의 가치로서 노동력의 재생산비, 즉 상품의

생산에 투하된 노동의 양에 의해 결정된다고 하는 마르크스(K. Marx)의 학설

다. 임금기금설: 어느 특정 사회에 있어서 임금의 지불에 해당되는 기금은 일정하고, 근로자는 전체로서 이 이상을 받아들일 수 없다고 하는 임금론, 이 이론의 단점은 그 기금이 어떻게 해서 또 어느 정도의 금액으로 결정되는가를 명확하게 설명할 수 없다고 하는 점이다.

라. 신임금기금설: 자본의 축적에 의한 기금의 증가가 1인당 임금의 증가와 우회생산 연장의 두 개로 결정된다고 하는 이론

마. 임금의 한계생산력설: 일정 노동량의 최종단위의 한계생산력이 노동 1단위에 있어서의 일반적인 보수의 크기, 즉 임금수준을 결정한다고 하는 한계생산력설에 의한 임금론

바. 세력설: 임금은 사회적 세력으로서 노동과 자본의 세력관계에 의해 결정된다고 하는 설

2) 임금결정요인

임금결정에 관련하고 있는 여러 요인으로서는 규정요인으로서의 임금의 사회적 균형, 생계비의 동향(생계비의 주요한 원천), 기업의 지불능력(인건비는 코스트의 일부), 노동의 수급관계(시장가격) 등을 들 수 있다.

사회적으로 보면 노사대립적 측면과 종업원으로서 사용자의 지휘, 명령하에 있는 종속적 측면, 국민경제를 담당하는 주체로서 사회적 측면을 갖는 것과 대응하고 있다. 임금결정요인 중 가장 일반적인 요인은 다음과 같다.

가. 노동시장과 임금

임금기준은 기본적으로 노동력의 수요와 공급의 균형으로써 결정된다. 많은 기업이 필요로 하는 능력을 갖고 있는 인재의 임금은 통상 수요량이 공급량을 상회하기 때문에 상승하는 경향이 있다. 그러나 임금수준을 결정하는 기준은 단순한 노동의 수급만이 아니다. 그 사람이 기업에 가져오는 이익의 크기도 임금수준을 결정하는 요소가 된다.

나. 임금수준과 시세

기업의 입지조건에 큰 차이가 없고, 원자료 가격이 정책적으로 결정되고 거의 동일한 제조기술을 가지고 있다면 제품가격에 영향을 미치는 것은 인건비이다. 어떠한 우수한 인재라도 각 기업이 용인할 수 있는 임금수준이 존재하며 이것이 시세임금이다.

시세형성에 있어서 중요한 역할을 하고 있는 것이 임금협상이다. 임금협상은 그해의 가장 업적이 좋은 산업을 교섭의 톱으로 해서 근로자 전체의 임금향상을 도모하려고 하는 제도이다. 즉, 대기업의 노사가 교섭해서 어느 임금수준이 결정되며, 이를 기초로 타기업이 임금교섭을 진행해 간다.

각 기업의 노사는 동종유사 기업의 동향을 보면서 교섭해 간다. 자사의 임금인상이 타당한 선인가 판단하는 기준은 목표로 하는 기업이 어느 정도의 임금인상을 하는가이다. 시세에 균형을 갖는 것에 대한 설득이 효과를 갖는 것은 근로자가 이것을 임금결정의 중요한 기준이라고 생각하고 있기 때문이다.

3) 정기승급과 베이스업

임금의 변동요인으로는 정기승급과 베이스업(base up)이 있다. 전자는 종업원의 직무, 능력, 근속, 연령의 상승이라고 하는 성장에 대응해서 적절히 임금을 이동시켜 가는 것이고, 후자는 물가상승, 기초임금 상승, 생산성 향상 등에 따라서 지급되는 것이다. 이와 같이 양자에는 명확한 차이가 있지만 실제로는 양자를 동시에 행하는 기업이 많고, 기업이 양자를 명확하게 구별하는 경우도 있다.

노사 간의 임금상승에 대한 교섭에 있어서는 노동조합의 요구근거와 사용자측의 중시 항목의 사이에서 조정이 시도된다. 최종타결의 기준이 되는 사항으로는 기업 업적, 동업 타사와의 비교, 물가, 노사관계의 안정, 사회적 수준의 확보 등이 특히 중시된다.

제 4 절

임금의 체계

4.1 임금의 구조 및 체계관리

1) 임금의 구조

임금구조란 근로자 및 기업의 속성 등 일정한 기준에 따라 분류된 각종의 임금격차의 총체를 말한다. 여기에서 임금의 상승과 결정방법을 구별해서 생각할 필요가 있다. 임금의 상승방법은 임금이 어떠한 곡선을 그리는가를 말하며, 결정방법은 개개인의 임금을 어떠한 요소로부터 계산하는가를 말한다.

다양한 직무에 대한 지불의 차이는 임금구조의 핵심이나, 차이는 직무의 내용 및 난이도만이 아니고 무수한 다른 요인도 반영하는 것이다. 이렇게 해서 직업의 차이가 특별한 직업적 임금구조를 가지고 있는 지불의 차이에 반영된다. 다른 차이는 임금구조를 조정하기 위하여 이용되며 지리적, 성별, 이력, 연령, 장애근로자, 임금지불 방법, 조직화의 규모 및 산업이 포함되어 있다. 대부분의 임금구조는 이들 요인이 복합되어 이루어져 있으며, 임금구조는 이들 요인들의 차이, 구성의 다양성, 기업의 특성 등 모든 것으로 구성되어 있다.

이와 같이 임금으로서 지불되는 것은 다양한 구성요소로 되어 있으며, 기본적인 것으로는 다음과 같다.

가. 성과를 기준으로 한 임금

최근의 임금제도는 성과를 기준으로 지불하는 방식이며, 그 전형이 연봉제이다. 그러나 연봉제의 문제점으로는 평가기준의 신뢰성이다. 평가기준이 애매하다는 것은 종업원의 지지를 얻을 수 없으며, 성과주의를 표현하기 위해서는 평가제도의 확립이 급선무이다.

성과주의를 이루기 위하여 또 하나 해결해야 하는 것은 직무배분의 룰을 어떻게 조성할 것인가이다. 목표관리가 확실히 기능하고, 평가제도가 정비되었다 해도 직무배분의 룰을 도입하지 않는다면 제도로서 기능할 수 없다. 명령받은 직무에서 성과가 나지 않는다는 것은 회사의 배치방법이 좋지 않았다고 하는 것이 된다.

나. 연공의 본질

연공임금에서 년(年)의 공(功)이라는 것은 연령 및 근속연수 등이 기준이 되어 임금이 결정되는 것을 말하고, 년과 공이라는 것은 연령 및 근속연수와 더불어 업적이 가미되어 임금이 결정되는 것을 의미한다. 이렇게 볼 때 연공임금이라는 것은 년과 공으로서 업적을 무시한 임금결정은 아니라는 것이다. 따라서 상위의 직위로 승진한다든지 자격이 상승한다든지 할 때에는 필히 성과관리의 결과가 반영되고 있다. 근속연수가 길어도 성과관리의 결과가 충분하지 않다면 승진, 승격을 할 수 없다.

2) 임금체계 관리

경영자는 업적을 향상시키기 위하여 종업원이 동기부여할 수 있는 임금지불 방법을 강구해야 한다. 이러한 임금자원을 종업원에게 배분하는 기준이 임금체계이다. 따라서 임금체계는 기업이 각 종업원에게 지급하는 임금의 종목 및 그 구성을 전제로 한다.

임금체계는 크게 분류하면 기준내 임금과 기준외 임금으로 분류된다. 기준내 임금은 소정내(所定內) 임금이라고도 하며, 소정시간의 노동에 대해서 지불되는 기본적 임금부분이고 현금급여 총액의 대다수를 이루고 있다. 이것은 기본급과 제 수당으로 구성되어 있다. 기준외 임금은 소정외 임금이라고도 하며 소정시간 외의 노동(잔업, 휴일근무 등)에 대해서 지불되는 것이다. 또 시각을 바꾸어 보면, 임금에는 ① 순수하게 노동의 대가로 지불되는 것(교환적 임금)과 ② 종업원으로서의 지위에 있는 사람의 생활을 보장하기 위하여 지불되는 것(보장적 임금)이 있다.

기본급을 결정하는 요소로는 연령, 근속연수, 학력, 직무의 종류, 직무수행

능력, 직무성과(실적) 등을 들 수 있다. 이러한 요소의 조합 및 비중에 따라 기본급은 상술한 바와 같이 속인급(연공급), 직능급, 직무급, 종합급 등으로 분류된다.

다음으로 제 수당이 있지만 이것은 기본급으로써 대응할 수 없는 노동조건 또는 생활요건에 대해서 지급되는 임금으로서, 기본급의 보완적 역할을 담당하는 것이다. 수당은 대별하면 생활급적 수당과 직무, 직능적인 수당으로 분류된다. 전자에는 가족수당, 통근수당, 주택수당, 지역수당 등이 있고, 후자에는 직책수당, 특수근무수당, 기능수당, 업적수당 등이 포함된다.

이상은 소정내 수당이지만 소정외 수당으로는 초과근무수당, 휴일출근수당, 숙일직수당 등이 있다.

4.2 기본급의 설계 및 임금체계

1) 기본급의 설계

회사의 인적자원관리 사상을 나타내는 것으로서 중요한 것이 기본급이다. 기본급은 금액으로 전체에 점하는 비율이 많지는 않지만 수당 및 상여, 퇴직금 등의 산정기준이 된다. 기본급의 결정방법이 임금체계의 특질을 결정하고 있고 기본급제도를 임금제도라고 부르기도 한다.

가. 기본급의 체계

기본급의 체계는 직종, 업태, 노동력의 구성 등에 대응해서 다양한 형태를 취하는데, 속인급, 직무급, 종합급이라고 하는 분류와 단일형, 병존형이라고 하는 분류이다. 속인급이란 기본급이 연령, 근속연수, 학력 등의 속인적 요소에 의해 결정되는 것이다. 연공급 및 연령급이 이것에 해당하고, 또 학력과 근속연수를 조합하여 결정하는 것도 속인급이 된다. 직무급이라고 하는 것은 기본급이 직무 및 직능자격 등 직무에 관한 요소에 의해 결정된다. 직무급의 대부분은 직능급의 형태를 취하고 있다. 종합급이란 기본급이 속인적인 요소와 직무에 관한 요소를 조합시켜 결정하는 것이다.

단일형은 기본급이 속인급, 직무급, 종합급 중 어느 하나에 해당되는 것으로 보고 있다. 이에 대해서 병존형은 기본급을 구성하는 항목이 복수로서 상이한 성질의 기본급을 복수 조합시켜 임금의 기본급 부분을 구성하고 있다. 복수의 기준에 의해 기본급이 구성되는 것이지만, 기본급액에 점하는 구성비는 연령, 근속연수, 직능자격단계에 따라 다르다.

나. 총액인건비

인건비에 관한 지출은 총액인건비로서 관리될 필요가 있다. 인건비는 기업의 지불능력에도 관계되어 지출되기 때문이다. 총액인건비라는 것은 임금, 상여, 퇴직금, 복리후생비 등의 노동비용의 총액으로 〈표 8-1〉과 같이 구성된다.

표 8-1 총액인건비

구분		세부내역
인건비	기본 항목	봉급, 기본연봉, 대우공무원수당, 정근수당(가산금), 가족수당, 자녀학비보조수당, 육아휴직수당, 명절휴가비, 기계지원비, 직급보조비, 명예퇴직수당
	자율 항목	성과상여금, 성과연봉, 특수지근무수당, 위험근무수당, 특수업무수당(기술업무수당 등 28종), 업무대행수당, 시간외근무수당, 야간근무수당, 휴일근무수당, 관리업무수당, 정액급식비, 교통보조비, 연가보상비
운영경비		기타직보수(공익근무요원 등), 맞춤형복지 예산, 특근매식비, 과운영비 등

2) 임금체계

임금체계는 가능한 한 단순한 형태로서 누가 보아도 알기 쉬운 것으로 해야 한다.

가. 연공급

연공급이라고 하는 것은 학력, 연령, 근속연수 등을 임금의 결정요소로 하는 것이다. 근속이 길다면 그만큼 작업의 모든 것을 숙지하고, 기능의 수준도 높다고 생각된다. 또 승진의 속도가 늦고 긴 세월에 걸쳐 경영이념 및 기술을 습득하는 경우에 연공급은 합리적인 근거를 갖는다고 할 수 있다.

나. 직무급

직무급을 활용할 경우에는 다양한 직무를 기술하고 직무수행에 있어서의 작업조건 및 필요한 지식, 기능, 기술, 직무의 중요성을 기초로 직무의 가치를 확실하게 한다고 하는 직무평가가 요구된다. 특정 직무를 다양한 요소로 분류하고, 다른 회사에서의 동등한 직무와 비교해서 임금액이나 비율을 결정해 간다. 합리적이고 주관의 개입 여지가 적은 직무분석의 다양한 단계(직무기술, 직무평가, 직무비교)로 결정된다고는 하지만, 종업원이 현실적으로 지각하고 있는 직무의 특성과는 다른 평가 및 판단이 개입될 가능성이 있다.

다. 직능급

직능급은 직능자격에 대응해서 자격급을 결정하고 이것을 기본급 금액으로 하는 것이다. 실제로 담당하고 있는 직무 및 근속연수에 대응해서 임금이 정해지는 것만은 아니기 때문에 종업원은 자신의 직무수행능력을 향상시켜 가는 것으로써 동기부여하게 된다. 그러나 직무수행능력의 판단을 어떠한 것으로 하는가라고 하는 것이 문제가 된다. 또, 능력을 평가하는 사람들의 훈련도 충분히 이루어질 필요가 있다. 그리고 일생에 걸친 종업원의 능력개발 프로그램과 이것에 대응한 직무가 부여되지 않으면 충분히 기능하지 않게 된다.

라. 업적급

업적을 평가하기 위해서는 먼저 과업의 성질을 정확하게 하지 않으면 안된다. 예를 들면, 종업원 개인이 통제할 수 있는 요인에 의해 업적이 변동해 가고 있는 것인가 혹은 종업원의 노력에 대응해서 업적이 상승하고 있는 것인가 등이다. 업적은 종업원 개인마다에 산정되는 것인가, 혹은 부서별로 측정되는가 하는 것도 큰 문제가 된다. 또, 단기로써 업적을 평가하면 장기의 경영성과와 연결되는 노력이 결여될 가능성이 있다.

마. 직계급

직계제를 전제로 한 임금체계로, 기업내 질서유지를 목적으로 각 지위를 직무의 종류와 복잡성, 책임도 등에 따라 분류, 정리하여, 그 직무의 단계를 설정하고 직계제를 만들어 그 직계마다 임금격차를 두는 것이다.

사. 자격급

자격급은 종업원의 자격취득기준을 정하고 그 자격취득에 따라 임금에 차이를 두는 제도이다. 연공 중심의 기업질서를 유지하면서 능률 중심의 임금체계를 확립하기 위해서는 자격제도의 도입이 요청된다.

아. 종합결정급

종합결정급은 다양한 요소를 종합적으로 평가하여 결정하는 임금이다. 즉 연령, 학력, 근속 등 속인적 요소를 중시하는 속인적 종합결정급과 능력, 직무내용 등에 중점을 둔 직무 종합결정급이 있다.

종합결정급에 있어서는 임금결정기준이 명시되지 않는 것이 일반적이나, 최근에는 초임금의 결정, 승진 등 운용상의 문제, 임금표 작성 등 결정기준을 명확히 하는 경향이 있다.

자. 직종급

직무는 맡아서 하는 일이며, 직업은 생계를 위해 하는 일이다. 이러한 직무나 작업의 종류가 직종이다. 직종급은 직종별 횡단적 시장임률에 기초하며, 일반적으로 직종에 대한 임금과 직무평가에 의한 직무급을 모두 직무급이라고 하기도 한다. 전자를 시장임률에 기초한 직무급, 후자를 직무평가에 기초한 직무급이라고 한다.

그러나 직종은 기업이 다르더라도 동일하지만 직무는 반드시 동일하지 않다. 따라서 직종급은 횡단적 기준이지만 직무급은 횡단적 임률이 없더라도 특정기업 내에서 성립될 수 있다.

4.3 제 수당

기본급으로써는 충분히 처우할 수 없었던 측면을 보장하기 위해 도입된 것으로, 연공임금체계가 붕괴되어 기본급의 체계가 정비되고, 업무상의 능력, 능률, 업무상황이 기본급 속에 반영됨에 따라 수당으로써 지불할 필요성이 감소하고 있다.

1) 수당의 수

각종 수당이 많이 추가되어 있는 경우가 있다. 이것은 종업원 간의 균형을 수당으로써 조정한 결과이다. 상여를 기본급의 몇 개월분으로 계산한다든지, 퇴직금도 '기본급×근속연수'라고 계산하는 경우, 기본급이 증가하면 자동적으로 상여 및 퇴직금이 증가하기 때문에 이에 따라 기본급을 증가시키지 않고 수당을 증가시키기가 쉽다.

수당 수의 증가는 급여체계를 혼란하게 하고 임금의 내용도 알 수 없게 한다. 즉, 임금은 기본급만으로 하고 수당은 일절 없다고 하는 것이 이상적이다. 그러나 이것은 불가능하여 가능한 한 수당의 수는 적게 하고, 되도록 필요한 것만을 남기는 것이 좋은 것이다.

2) 수당의 내용

가. 직위·직제수당

이것은 관리직의 직무에 대한 책임수당이다. 직위도 상위로 갈수록 책임이 가중되지만 책임만이 있고 받는 것이 없다는 것은 생각할 수 없다. 이 의미에서 적은 수당은 책임이 적어도 좋다라고 하는 결과가 되고 만다.

나. 외근·영업수당

사외에서 영업활동을 하는 종업원의 수당으로 두 개의 의미가 있다. 하나는 사외에서 활동한, 즉 이를 위해 여분의 계산된 경비를 사용한다.

또 하나는 잔업수당 문제이다. 외부에서 활동하는 종업원은 시간관리가 어렵기 때문에 잔업수당의 계산이 어렵다. 이때의 수당은 정액 잔업수당의 의미를 갖는다.

다. 가족수당

기본급이 충분히 지불된다면 가족수당은 필요가 없다. 현재 급여체계의 개정을 계기로 가족수당을 폐지하는 기업도 일부 있다.

라. 통근수당

통근수당은 수당이라고 하기보다 실비를 지불한다고 하는 성격을 갖고 있기 때문에 이것은 대부분 필요한 것이라고 생각된다.

마. 그 외의 수당

a) 지역 및 별거수당: 원거리 영업소에 전근되어 갈 경우 지역간 물가의 차이가 발생한다. 이러한 생활비 차이에 부합하는 지역수당을 지급하여 해결하는 것이 좋다. 또 단신부임을 하는 경우 가족과의 이중생활로 상당히 많은 생활비를 소비한다. 이 경우에는 적어도 별거수당이라도 지급해서 해결할 필요가 있다.

b) 주택수당: 주택수당은 취급하기가 상당히 어렵고 안이하게 지급하면 후일 곤란한 일이 발생할 수 있다. 예를 들면, 기숙사나 사택 등의 실물과 수당의 균형이 어렵고 확립되지 않은 방법은 불공평감을 증가시키기 때문이다.

4.4 상여금

상여금이란 임금 이외에 특별히 지급되는 현금급여로서 보너스라고도 한다. 본래 능률급제로서 표준작업량 이상의 성과시에 지급되는 임금의 할증분이었다. 그러나 우리나라에서는 하절기 또는 연말 등에 정기 또는 임시로 지급되는 일시금으로 일반적으로 임금의 일부로서 노사교섭에 따라 결정된다. 이는 강제로 지급하는 임금이 아니라서 지급 여부는 당사자에 의해 결정되지만, 지급이 결정되는 경우에는 임금으로 취급되어 몇 가지 예외를 제외하고는 임금에 관한 규정이 적용된다.

따라서 상여금은 임금의 일부라고 하고 있는 시각과 당기 경영성과의 배분이라고 하는 시각이 대립되어 왔다. 이러한 논의의 초점이 되는 정기상여금을 최근 통상임금에 포함시킴으로써 통상임금의 범위를 확대 인정하고 있다. 이에 의하면 정기지급이 확정되어 있는 상여금은 통상임금에 포함시켜야 하지만, 특정 시점에 재직해야 받을 수 있는 휴가비와 선물비 등과 같은 복리후생비는 부정적이며 근로의 대가가 아니므로 통상임금에 포함되지 않는다. 즉 일정기간 근속한 종업원에게 근속연수에 따라 미리 정해놓은 각 비율을 적용하여 산정한 금액을 분기별로 지급하는 경우에 매월 임금의 형태로 지급되지 않았더라도 통상임금으로 볼 수 있다. 또한 상여금의 지급 여부 및 지급액이 종업원의 실제 근무성적 등에 따라 좌우되는 것이라 할 수 없으며, 금액이 확정된 것이어서 정기적이고 일률적으로 지급되는 고정적인 임금인 통상임금에 해당한다고 할 수 있다.

통상임금이란 종업원에게 정기적이고 일률적으로 소정근로 또는 총 근로에 대하여 지급하기로 정한 시간급, 일급, 주급, 월급 또는 도급금액을 말한다. 여기에서는 기본급 외에 직무 및 직책수당, 기술수당, 위험수당 등과 같이 실제 근무일이나 실제 수령한 금액에 구애됨이 없이 사업주가 고정적이고 일률적으로 지급하는 임금이 모두 포함된다. 그러나 연장근로, 야간근로에 대한 임금, 일정한 성적을 올린 종업원에게만 지급되는 성과급 등의 실제 근로에 따라 변동되는 통상임금이 정기적, 일률적 및 고정적으로 지급되는 것이라면 상여금도 통상 임금에 포함된다는 것이다.

즉

가. 정기성: 일정기간마다 정기적으로 지급하는 대가이면 통상임금으로 본다.

나. 일률성: 모든 종업원 또는 일정한 조건이나 기준에 달한 근로자에게 모두 지급하면 통상임금으로 본다.

다. 고정성: 사전에 이미 확정되어 있으면 통상임금으로 본다.

4.5 퇴직금, 연금

1) 퇴직금

퇴직금은 근로자가 퇴직시에 받게 되는 유일한 장래 생활자금으로, 다음과 같은 성격을 가지고 있다.

가. 종업원의 장기근속에 의한 공헌에 보답하기 위한 것이라고 하는 공로보상설
나. 종업원이 통상의 임금지급시에 받아야 하는 자금의 일부를 보유해 두고 퇴직시에 정리해서 일괄 지불받는다고 하는 임금후불설
다. 종업원의 퇴직 후에 있어서의 생활을 보장하기 위한 것이라고 하는 생활보장설

퇴직금은 이들 중 하나에 의해 설명하는 것은 어렵고, 위 세 가지 성격이 혼합된 것이라고 생각하는 것이 타당하다. 퇴직금의 산정방법에는 퇴직시 임금을 기초로 하는 것, 퇴직시의 임금을 기초로 하지 않는 것이 있으나 전자를 채택하고 있는 기업이 일반적이다. 이 경우에는 일반적으로 '퇴직시의 기본급월액(또는 이것에 준하는 것)×근속연수별 지급률×퇴직사유별 가감률'의 형태를 취하고 있다. 퇴직사유별로는 회사사정인가 개인사정인가로 구별한다.

그러나 근로자의 고령화가 진전됨에 따라 기업은 퇴직금 지불능력의 유지가 큰 부담이 되어 왔다. 따라서 기업연금제도에 의해서 종래의 퇴직일시금을 이전시키는 조치(퇴직금의 연금화)를 취하고 있다. 기업측에 있어서는 일시적으로 집중하는 자금부담의 분산을 가능하게 하고, 퇴직하는 종업원에게 있어서도 노후의 생활보장이라고 하는 관점에서 연금이 보다 계획된 생활을 유지하기에 적합하다.

2) 연금

퇴직연금제도란 기업이 사내에 적립하던 퇴직금제도를 대체하여 금융기관에 매년 퇴직금 해당 금액을 적립하고 근로자가 퇴직할 때 연금 또는 일시금으

로 지급받아 노후설계가 가능하도록 한 제도로서, 2005년 근로자 퇴직급여보장법의 시행과 함께 마련되었다. 이 제도의 시행으로 근로자의 수급권 보장이 가능하고, 퇴직연금 가입자가 연금 운용에 참여할 수 있으며, 금융기관에 적립하기 때문에 기업이 도산하더라도 퇴직급여는 안전하다고 하는 장점이 있다.

그러나 퇴직금에 대한 소득세의 특별공제에 비하여 연금은 수취인측에 세제상 불리하고, 인플레이션에 대한 보장이 결여되고, 토지 및 주거취득이 곤란하고, 연금급부 기간이 제한되고, 사용자측의 전결에 의한 연금수급 자격의 인정 등의 단점이 있다.

퇴직연금은 적립금의 운용방식에 따라서 다음과 같이 분류할 수 있다.

① 확정급여형(DB: Defined Benefit): 회사가 금융회사를 선택하여 자금을 운용하고 이익과 손실의 발생은 회사가 책임지며, 퇴직자는 일정 금액을 정기적으로 수령하는 방식

② 확정기여형(DC: Defined Contribution): 개인이 직접 금융사 및 금융상품을 선택해서 운용하는 방식

③ 개인퇴직계좌(IRA: Individual Retirement Accout): 퇴직 및 이직시 퇴직금을 인출하지 않고 자기계좌에 계속 적립하여 세제 혜택을 받으면서 은퇴시점까지 운용하고 은퇴후 연금 등 노후자금으로 활용하는 방식

제 5 절

임금의 형태

5.1 임금의 지불기준

건전한 임금관리에는 정확하고 합목적적인 직무구조가 필요하다. 직무구조 간의 의무와 책임의 관계는 두 개의 원칙적 방법, 시간연구 및 직무평가가 있다. 즉, 임금의 지불방법에는 시간베이스 또는 능률베이스에 기초한 두 가지 기본적인 방법이 있다.

1) 시간임금

시간의 평가는 임금지불을 위한 가장 일반적인 형태이다. 시간적 평가는 전통적으로 업적기준 설정의 곤란성 때문에 철저한 경영자의 태도 및 운영을 위해 이용되고 있다. 어떤 경우는 성과의 양보다도 질에 중점을 둔 것이 이용되고 있다. 시간임금도 컨베이어시스템, 생산라인의 스피드 등에 의해 노동의 속도가 설정되는 경우에도 이용된다.

시간임금에는 몇 가지의 문제가 있다. 여기에는 근로자의 동기부여나 장려도 존재하지 않으며, 이것은 또 제일선 감독자에게 과중한 부담을 주게 된다. 종업원은 자신들의 노력 또는 산출량 및 이익의 관계를 알 수가 없다.

시간적 평가는 노동의 코스트를 계획하고 통제하는 것을 어렵게 하는 것도 있다 평균보다 상위의 종업원은 경우에 따라 시간임금하에서 보다 우수한 업적이 보장되는 직장을 추구할 수도 있다.

2) 생산성임금(장려 및 능률급)

대부분의 기업은 종업원의 생산성에 대한 보수를 지불한다. 시간임금을 지불하는 기업에서도 이것을 이용하고 있다. 시간임금으로 얻어지는 것 이상으로 종업원의 생산성을 증가시키기 위하여 시도하고 있고, 많은 기업은 임금장려 또는 보수의 능률급을 채택하고 있다.

장려임금계획은 기본적 또는 표준적 계획으로 넓은 의미의 용도를 갖고 있다. 테일러법은 보통 이상의 종업원의 업적을 기준으로 해서 실질적으로 보다 높은 성과를 올리고 있다. 또 할시법은 시간절감에 대해서 종업원에게 지불하며, 로완법은 할시법의 변형으로 절감한 시간의 퍼센트에 대응해서 프리미엄의 지불이 변화한다. 간트법은 평균적인 근로자와 수준 이하로 생산하는 근로자들 사이에 예민한 차이를 발생시킨다. 이것은 또 제일선 감독자에게 보너스를 부여하는 것도 된다.

그러나 많은 시스템의 운영에 있어서 개인의 노동은 측정 불가능에 가깝지만, 집단 전체로서의 생산고는 비교적 용이하게 측정할 수 있는 경우가 있다. 이와 같은 사항에 대해서 집단장려법의 계획은 개인적 장려법으로부터 변형된 것에 불과한 것이지만, 표준 또는 할당이 설정되고 그리고 표준을 넘은 생산고에 대해서 프리미엄이 뒤따르는 방법으로서 개인적 장려법이 집단으로 적용될 수 있다.

5.2 임금의 형태

임금의 형태란 근로자에 대한 임금의 산정·지급방법, 임금지급제도 등을 총괄하는 표현이며 구체적으로 살펴보면 다음과 같다.

1) 시간급제

기업의 평균임금은 시장 및 시세에 의해 일정수준으로 결정되지만, 개개 근로자의 임금은 정액급제와 장려급제가 있다. 정액급이란 시간을 단위로 임금액을 결정하는 방식이고, 장려급은 작업량으로써 임금액을 결정하는 방식이다. 대부분의 기업에서 주류를 이루고 있는 것은 정액급제이며 일급제, 주급제, 월급제, 연봉제가 그것이다. 이 중 대부분의 기업에서는 월급제를 이용하고 있다. 월급제는 결근 및 지각을 해도 감액되지 않는 완전월급제와 결근 및 지각에 대응해서 감액되는 월급제가 있다.

완전월급제가 적용되는 것은 통상 관리직 계층이다. 그들은 잔업이라고 하는 개념이 없기 때문에 소정의 근무시간을 초과해서 근무해도 잔업수당은 지불되지 않는다. 그러나 관리직 이외의 정사원에게는 월급시급제가 적용되는 것이 보통이다. 잔업을 한다면 잔업시간에 대응한 임금이 가산되지만 지각 및 결근을 하게 되면 임금으로부터 차감된다. 그럼에도 불구하고 월급이라는 표현을 사용하는 것은 월 1회 정리해서 지불하는 것과 월 단위로 금액이 결정되고, 1개월의 일수에 의해 금액이 변하지 않기 때문이다. 이러한 지불형태는 노동형태의 변화에 따라 장려급제에서 정액급제로 변하고 있다.

임금지불이 정액급제 또는 장려급제가 되는가는 직무내용에 의존한다. 어느 일정시간 근무에 의해 성과가 향상될 것이라고 기대해서 지불하는 것이 정액급이고, 그 올린 성과(결과)에 대해서 지불하는 것이 장려급이다.

2) 능률급제

개개 근로자가 어느 정도 생산했는가를 계측할 수 있고, 개개 노동이 독립하고 있을 때에는 성과제의 임금지불이 유효하다. 그러나 복수의 근로자가 협력해서 하나의 것을 만든다든지, 생산공정 전체로 작업속도를 표준화한다든지 하면 시간을 단위로 해서 임금을 지불하는 것이 합리적이다. 장려급제가 소멸된 것은 협력이라고 하는 노동방법이 공장노동의 주류가 되어 왔기 때문이다.

그러나 요구하는 성과를 올렸을 때 노동하는 측이 일하는 속도를 조정할 수 있는 경우는 장려급이 유효하다. 성과에 대한 보수를 결정해 둔다면 어떠한 수단으로써 성과를 달성하는가는 근로자 개인의 문제가 되고, 경영자측은 관심을 가질 필요가 없다. 결국 근로자를 감시하지 않아도 좋은 것이다. 이 의미에서 최근의 재량노동에는 장려급이 보다 어울리는 임금형태라고 할 수 있다.

3) 특수임금제도

가. 집단임금제도

일반적인 개인의 능률을 단위로 한 임금제도는 개인의 지나친 자기 본위의 작업으로 흐르기 쉽다. 즉, 각 부문의 조화와 협동작업이 전체적인 노동급부의 가치를 높이는 결과가 된다는 것이다. 이 제도하에서는 근로자가 적극적으로 협력해야 한다는 것과 개인적 노력의 측정이 불가능하다는 점을 들 수 있다.

나. 슬라이딩 스케일(sliding scale plan)

이것은 생계비지수가 등락하면 임금률도 비례해서 등락하는 제도이다. 따라서 생계비 지수임금제, 순응임금제라고도 한다. 그러나 임금률의 변동결정은 생계비지수 이외에 기업성적, 즉 이윤이나 판매가격의 등락에 준해서 결정할 수도 있다. 이 제도는 슬라이드의 기준이 무엇인가에 따라 다음과 같이 구분한다.

① 생계비 순응임금제: 근로자의 생계비지수에 따라 그 변동에 대응해서 임금의 증감을 도모하는 것이다. 즉, 근로자의 생활에 필요한 비용을 소비자물가지수를 기준으로 산출하고 최저생활을 유지할 수 있도록 임금이 지급된다.

② 판매가격 순응임금제: 제품의 판매가격이 변동할 때 이에 준하여 임금률도 변동시키는 것으로서, 탄광근로자의 임금이 그 예이다.

③ 이윤순응제: 기업의 이윤에 대응하여 임금을 결정하는 것이다.

다. 스캘론 플랜(scalon plan)

근로자의 참여의식을 높이기 위하여 고안한 성과배분의 하나이다. 매상고, 즉 생산물의 판매가치를 기본으로 한 상여결정 방식과 제안제도를 중심으로 한 경영참가를 그 내용으로 하고 있다. 일반적으로 제안제도는 개인중심인 데 반하여 이 제안제도는 집단 중심으로 이루어진다.

라. 럭커 플랜(rucker plan)

성과배분제도로서 생산가치, 즉 부가가치에 대한 일정한 임금총액의 비율, 즉 임금분배율을 정해 두고 이를 부가가치에 곱하여 임금총액을 계산하는 방식이다.

마. 연간 보장급제도(guaranteed annual wage plan)

일정기간 근속한 근로자에 대해서는 해고된 경우일지라도 일정기간(1년) 동안은 취업중의 실질임금의 일정률을 보장하는 제도이다. 이 제도는 노동협약에 따라 실시되는 것이 보통이며, 근로자에게 1년간의 고용안정을 주고 또한 실업에 의한 소득손실의 위험을 경감하자는 데 있다.

4) 종업원지주제

근로자가 자사의 주식을 소유하도록 제도적으로 허용함으로써 근로자의 경영참가 의식을 고취시키고 노사협력과 노동생산성 등을 증진시키며, 근로자에게 이익을 배당함으로써 그들의 소득을 증가시키는 등의 목적으로 실시되고 있다. 우리나라는 1974년 종업원지주제도의 확대방안을 자본시장 종합대책의 일환으로서 마련한 바 있다. 종업원지주제도의 유형은 다음과 같다.

① 주식매입형: 주식 매입자금의 전액을 근로자가 부담하고 기업은 간접적인 지원, 임금에서 분할공제, 매입자금의 납입기일 특혜, 주식 액면가액의 할인, 인수시의 비용대납 등만을 제공하는 것이다.

② 저축장려형: 주식 매입자금을 매월 임금에서 일정액을 적립하게 하고 그 적립금에 비례해서 장려금을 교부하는 것이다.

③ 이익분배형: 기업 이익의 일부를 주식의 형태로 배분하는 것이다. 따라서 기업이 주식 매입금 전부를 부담하고 근로자는 이익분배에 참여하는 형태로 주식을 인수한다.

5) 이윤분배제도

고용주와 종업원 간 협정에 의하여 정규임금 이외에 추가적으로 협약된 기준에 따라 종업원이 이윤분배에 참여하는 제도이다. 이윤분배제도의 요건으로 종업원에게 분배되는 금액은 기업이윤을 대상으로 하며, 분배시의 이윤비율은 사전협약에 따르고, 동시에 분배 혜택을 받는 종업원은 조직구성원의 2/3 이상이어야 한다. 이윤분배제도의 유형은 다음과 같다.

① 일반적 이윤분배(general profit sharing): 기업 전체의 이윤이 발생했을 때 배분하는 방법이다. 이는 각 부문별로 이윤이 발생했어도 전체적인 이윤이 없을 때는 배분행위가 이루어지지 않는다.

② 단위이윤분배(unit profit sharing): 부문별 활동에서 이윤이 발생하면 이 활동에 참여한 근로자에 대해 분배하는 것이다. 즉, 전체적인 결손이 발생해도 부문별 업적평가에서 이윤이 발생하면 해당 부문에 이윤분배가 이루어진다.

③ 개별적 이윤분배(individual profit sharing): 개별 종업원의 업적을 평가하여 이윤이 발생하면 분배하는 것이다.

또한 이윤은 다음과 같은 방법으로 지급된다.

① 현금지급: 이윤분배액을 현금으로 지급하는 것이다.

② 연지급법: 이윤분배액을 자의로 인출 및 활용을 제한하는 것이다. 즉, 일정기간 예치하고 근로자의 근속연수와 공헌도가 인정되었을 때 인출이 가능하도록 하는 것이다.

③ 주식분여법: 이윤분배를 배당금에 상당하는 액면가의 주식으로 분여하거나, 일시 적립하였다가 일정액에 달하면 주권을 교부하는 것이다.

④ 종합법: 현금지급과 연지급법의 결합형태로 일정액은 현금으로, 일정액은 신용기금이나 기업계정에 유보하였다가 일정비율을 가산하여 일정기간 이후 지급하는 방법이다.

제 6 절

임금관리의 문제와 과제

6.1 연봉제

1) 연봉제의 개념

연봉제라 함은 1년 단위로 개인의 능력, 실적 및 공헌도를 평가하여 계약에 의해 연간 임금액을 결정하는 실적 중시의 임금체계이다. 종래의 임금제도로서는 기업이 경쟁력을 확보할 수 없다는 위기의식에서 연봉제라는 임금관리체계가 도입되었다. 연봉제의 개념에는 많은 혼란이 있으며 다음과 같은 의미로 통용되고 있다.

첫째, 프로 스포츠 선수와 같이 고용계약과 임금계약이 동시에 체결되고 연봉은 지난 기간의 업무성과에 따라 제로베이스에서 시작함으로써 연봉의 인상과 삭감이 빈번하게 이루어지는 임금제도이다. 이러한 연봉제가 기업에 적용되는 경우는 거의 없다.

둘째, 생산직 근로자는 주로 시간급을 적용하고, 관리직이나 전문직 근로자들은 직무의 가치를 임금으로 환산한 후에 매년의 임금인상률을 전해의 성과와 연동하여 연봉을 결정하는 것이다. 연봉계약과 고용계약은 별도로 이루어지며 특별한 사유가 없는 한 연봉이 삭감되는 경우는 없고 전해의 성과에 따라 연봉이 인상되거나 동결된다.

셋째, 우리나라에서 주로 적용되는 연봉제(annual pay system)이다. 기업에 따라 다소의 차이는 있지만 별도의 임금계약이 체결되며, 기존의 연공급을 기본급으로 하고 임금의 일부가 성과급의 형태로 전년도의 근무성과에 연동하여 지급되는 특징을 지니고 있다. 따라서 연봉제를 실시하면서도 기존의 호봉제가 사실상 존재한다.

2) 연봉제의 도입과 대상

연봉제는 업무상 역할과 책임의 비중이 높은 관리직 근로자와 개인별 실적이 비교적 분명한 전문직·기술직·연구직 및 영업직 근로자가 우선 적용대상이 된다. 노동시간과 작업량이 중요한 생산직 근로자나 하위 사무직 근로자에게 연봉제를 실시하는 것은 실시비용이 효과를 초과할 가능성이 크므로 과거와 같이 임금을 결정하는 것이 경제적일 수 있다. 또한 입사경력이 짧은 근로자들은 장기고용을 전제로 능력을 육성하는 과정에 있고, 업무의 독립성이나 중요도가 낮아서 연봉제를 시행하기에는 적합하지 않다고 할 수 있다.

연봉제는 동기유발형 임금체계로서 실적주의와 능력주의 문화를 고취하고, 우수한 근로자와 그렇지 못한 근로자를 구분함으로써 무사안일주의를 타파하고 신상필벌의 원칙을 세우는 효과가 있다. 근속연수에 관계없이 고액 연봉을 지급하는 것이 가능함에 따라 외부의 우수한 인재를 발굴하는 것도 용이하다. 또한 근로자의 중고령화와 인사적체의 문제를 능력에 따른 임금을 지급함으로써 승진 이외의 동기유발요인을 제공할 수도 있을 것이다. 한편으로는 기본급과 수십 종에 달하는 수당 및 상여금으로 구성되어 지나치게 복잡한 임금체계를 단순화시키고, 연공급에 의해 매년 호봉승급으로 노동비용이 누적되어 인건비가 과다 지급되는 현상을 해소하는 것도 연봉제 도입의 중요한 이유가 될 수 있다.

그러나 연봉제는 모든 기업에 적용될 수 있는 제도는 아니다. 연봉제의 도입을 위해서는 다음과 같은 전제조건이 충족되는 것이 바람직하다.

① 연봉액 산정을 위해 개인의 능력 및 실적을 평가할 수 있는 객관적 시스템이 있어야 한다.
② 평가시스템에 의한 평가결과를 개인이 인정할 수 있는 기업문화가 성숙되어야 한다.
③ 연봉계약이 1년 단위로 이루어지기 때문에 근로자의 선발과 해고가 자유로워야 한다.
④ 평가대상을 전문직이나 관리직에 제한하고 점차 그 대상을 확대해야 한다.

3) 연봉제의 장단점

대부분의 근로자들은 연봉제가 성과와 능력에 따른 차별적 임금지급이라고 하는 데에는 긍정적이지만, 연봉제에 대한 일반적인 인식은 다음과 같다.

① 해고의 수단: 기업에서 근로자의 신분안정은 정규직인가 비정규직인가의 문제이다. 정규직의 경우 법적으로 특별한 경우를 제외하고 신분안정을 보장하고 있으며, 비정규직은 일정기간 동안 근로계약에 의해 근로행위가 이루어지기 때문에 신분보장과는 관계가 없다.

② 임금삭감의 수단: 일반적으로 기본연봉이 삭감되는 경우는 없으며 전년도 수준으로 동결되는 것이 최저한도이다. 노동법 역시 특별한 이유가 없는 한 통상임금을 삭감하는 것은 불가능하도록 규정하고 있다.

③ 노조활동의 약화: 핵심적인 사항은 개인별 임금교섭으로 노조의 단체교섭권이 약화될 것이라는 문제이다. 그러나 전체 임금수준을 결정하는 문제는 연봉제와 별개의 문제로서 기존의 임금협상 관행은 유지된다.

④ 계량적 평가의 오류: 계량화된 수치로 나타난 평가의 객관성에 관한 문제이다. 그러나 평가의 객관성은 평가자의 신뢰를 통해 확보된다. 이를 위해 평가기준 등의 정보를 고객, 동료, 상사, 부하, 전문가 등으로 다원화함으로써 평가의 객관성을 확보하여야 할 것이다.

⑤ 성과의 증대: 연봉제가 생산성 향상을 위한 최선의 도구는 아니다. 연봉제가 생산성 향상의 수단이 되기 위해서는 경영자의 확고한 철학과 근로자의 신뢰가 있을 때 가능하기 때문에 경영자가 시대적 환경과 조직 특성에 맞는 고유의 인사철학을 정립하는 것이 중요하다.

⑥ 직급체계와 연봉제: 우리나라는 사람 중심적 직급체계로서 직무의 변화 없이도 승진이 이루어져 직급인력이 양산되고 인건비 부담을 가중시켜 왔다. 따라서 개별 직무나 조직상의 실제 역할을 중심으로 직급체계를 재편하여야 한다.

⑦ 정서와 부적합: 우리나라의 기업정서는 신분적 지위와 연공서열, 집단의식을 매우 중요시하는 특징이 있다. 이러한 유산들은 현실적으로 기업환경에 대응하여 혁신하거나 점진적으로 변화시켜 나가야 한다.

6.2 앞으로의 임금관리

임금 및 급여의 목적과 이를 구성하는 요소의 항목은 인재 확보를 중심으로 종업원 정착을 위한 기본급, 생활보장을 위한 속인급, 생활수당과 인재활용을 위한 작업급(직무급, 직능급, 직종급, 성과급)이 있다. 또 능력 및 의욕의 향상책으로서 업적급(개인능률급, 단체업적급), 노동의 제 수당(직책수당, 자격수당, 특수근무수당), 소정외 노동수당(초과노동수당, 숙일직수당, 불취업급), 연차유급휴가, 각종 휴가·휴업 등의 수당, 이익분배와 퇴직 후의 생활보장과 공로보상(퇴직일시금, 연금) 등 일일이 열거할 수 없을 정도이다.

이들 목적을 효율적으로 달성하기 위해서는 어느 요소항목을 어떻게 구성하는가를 검토하고 자기 기업에 적합한 임금체계를 만드는 것이다. 임금액은 사회적 수준 이상으로 하고, 임금총액은 기업의 노동생산성(생산량 혹은 생산액을 근로자 수로 나누어 산출)과의 대비 및 지불능력을 검토하여 적정한도 내에서 정해져야 한다. 개인의 급여도 그 업적, 성과 및 기업공헌도, 협력도라든가 종업원의 능력에 대응해서 결정하지 않으면 안된다.

또한 임금제도 설계의 기본사상에 대하여 종업원이 납득하고, 그 운영에 있어서는 공평성을 될 수 있는 한 유지하는 것이 필요조건이다.

이와 같이 임금제도에 있어서 발생하는 신뢰에 대한 문제를 해소하기 위해서는 종업원에게 될 수 있는 한 정보를 공개하는 것이 필요하다. 또 제도의 설계 및 운영에 있어서 참여하는 기회를 어떠한 형태로든 제공하는 것도 필요하다.

탄력근로 확대, 악마는 디테일에…
여권, 勞반발 넘어설지 주목

여야정 합의에도 도입까진 험로

문재인 대통령과 여야 5당 원내대표가 5일 탄력적 근로시간제를 확대하기로 합의하면서 경영계의 기대감이 커지고 있다. 올해 7월 시행된 주 52시간제의 보완책으로 꼽히는 탄력근로제 확대안이 연내에 국회를 통과할 가능성이 높아진 것이다. 하지만 '총론'이 아닌 '각론'으로 들어가면 얘기가 달라진다. 확대 기간과 도입 방법 등 세부안을 두고 여야와 노사 간 주장이 첨예하게 맞서고 있기 때문이다. 특히 대정부 투쟁을 예고한 전국민주노동조합총연맹(민노총) 등 노동계 반발을 여권이 넘어설 수 있을지 주목된다. 탄력근로제란 주당 평균 근로시간이 법정근로시간(주 40시간+연장 12시간)에 맞으면 업무량에 따라 근로시간을 늘리거나 줄이는 것을 허용하는 제도다. 예를 들어 업무가 많은 주는 60시간 일하는 대신에 업무가 적은 주는 44시간만 일하면 주당 평균 근로시간은 52시간이 돼 근로기준법 위반으로 처벌받지 않는다.

문제는 현행법상 3개월 내에서만 근로시간을 늘리거나 줄일 수 있어 실제 기업의 활용도가 매우 낮다는 점이다. 아이스크림이나 냉·난방용품 등 계절에 따라 수요가 급변하는 제조업은 '그림의 떡'일 수밖에 없다. 탄력근로제 기간은 2003년 9월 1개월에서 3개월로 한 차례 늘어난 뒤 15년째 그대로다. 고용노동부에 따르면 국내 기업의 탄력근로제 도입률은 3.4%에 불과하다. 경영계는 탄력근로제 기간을 최대 1년까지 늘려야 한다고 주장한다. 일단 여야정이 탄력근로제 기간을 6개월~1년으로 늘리기로 합의한 만큼 기간 연장에는 합의할 가능성이 높아졌다. 문제는 '6개월'과 '1년' 사이의 간극이다. 여당은 노동계 반발을 고려해 '6개월'을 고집할 것으로 보인다. 반면 야당은 주 52시간제 충격을 최소화하기 위해 가급적 1년까지 넓히자고 주장하고 있다.

<table>
<tr><th colspan="3">탄력적 근로시간제 내용과 각계 주장</th></tr>
<tr><td colspan="2">정의</td><td>업무량에 따라 근로시간을 늘렸다 줄였다 하면서 주당 평균 근로시간을 법정근로시간(주 40시간+연장근로 12시간)에 맞추는 제도</td></tr>
<tr><td rowspan="2">도입 방법</td><td>2주 이내 운용</td><td>취업규칙으로 시행(노사 합의 없이 가능)</td></tr>
<tr><td>2주 이상
3개월 이내 운용</td><td>노조 또는 근로자 대표의 동의가 있어야 가능</td></tr>
<tr><td colspan="2">초과근무
할증 수당(50%)</td><td>지급하지 않아도 됨</td></tr>
<tr><td colspan="2">경영계 주장</td><td>단위기간을 최대 1년까지 늘려야</td></tr>
<tr><td colspan="2">노동계 주장</td><td>단위기간 확대 반대</td></tr>
<tr><td colspan="2">정부 입장</td><td>실태조사 후 확대 방안 결정
근로자 임금 보전 방안도 검토</td></tr>
</table>

여야가 합의해야 할 핵심 쟁점은 또 있다. 탄력근로제를 2주 단위로 운용할 경우에는 노조 동의 없이 시행할 수 있다. 하지만 2주를 넘겨 운용하려면 노조나 근로자 대표와 문서로 합의해야 한다. 탄력근로제 기간을 아무리 늘려도 '강성 노조'가 버티면 시행 자체가 불가능한 셈이다. 경영계는 노사 합의 없이 탄력근로제를 시행할 수 있어야 한다고 주장하지만 여당은 노동계의 반대가 부담스러울 수밖에 없다. 이런 세부안을 두고 여야가 공방을 거듭할 경우 탄력근로제 확대 자체가 물거품이 될 가능성도 배제할 수 없다.

민노총 등 노동계는 이번 합의를 개악(改惡)으로 규정하고 대대적인 대정부 투쟁을 예고한 상태다. 이달 21일 총파업을 선언한 민노총은 다른 시민단체와 연대해 12월 1일 민중대회도 열 계획이다. 한국노총 김주영 위원장은 6일 취임 인사차 한국노총을 방문한 임서정 고용부 차관을 만나 "사회적 대화의 핵심은 신뢰인데 (정부의) 일방적 행보는 사회적 대화에 찬물을 끼얹는 것"이라며 강하게 항의했다.노동계가 반발하는 건 탄력근로제를 확대하면 근로자의 초과근무수당이 줄기 때문이다. 정부는 탄력근로제 확대와 함께 근로자의 임금 보전 방안을 검토하고 있는 것으로 알려졌다. 하지만 이렇게 되면 경영계가 수용하지 않을 가능성이 있어 정부로선 진퇴양난이다. 성균관대 조준모 경제학부 교수는 "이해관계자들이 양보하는 수준으로 탄력근로제 기간을 정하면 정작 현장에 적용하기 힘들어 효과가 크지 않을 수 있다"며 "정부가 중심을 잡고 산업 경쟁력을 키우는 쪽으로 방안을 마련해야 한다"고 말했다.

(동아일보, 2018년 11월 7일)

Chapter 9

복지후생관리

제 1 절 복지후생의 의의와 효과

제 2 절 복지후생제도의 유형

제 3 절 복지후생 실시전략과 효율적 관리

셀트리온, 복지·근무환경 개선 '양질 일자리 창출'

건강과 가족·삶의 여유 위한 다양한 복리후생 제도 운영
학자금·체력단련비 등 필요한 혜택 받는 '선택적 복지제도' 운영

셀트리온의 일자리 창출은 단순한 '일자리 증가'가 아닌, 직원들의 복지와 근무환경을 고려한 '양질의 일자리 창출'에 초점을 맞추고 있다. 셀트리온의 복리후생 제도는 △만족스런 회사생활을 위한 복리후생 △가족을 위한 복리후생 △건강한 삶을 위한 복리후생 △여유로운 생활을 위한 복리후생 등 4개 부문으로 구분한다. 우선 집이 먼 직원들을 위해 기숙사를 제공하고, 서울 주요 지역을 운행하는 통근버스를 운영한다. 심야 퇴근 시에는 콜택시도 지원한다. 또 임신과 육아로 인해 회사에 꼭 필요한 인재가 직장을 포기하는 일이 없도록 철저한 출산 및 육아휴직을 보장하며, 육아기에는 근로시간 단축 정책도 운영한다. 현재 회사 내에는 임산부를 배려한 수유실과 전용 휴게실이 있으며, 출산 후에도 업무에 집중해 역량을 십분 발휘할 수 있도록 야간까지 이용 가능한 사내 어린이집을 운영한다. 이 때문에 셀트리온은 여성직원 비율이 42%에 달한다. 또 초·중·고등학생 자녀 학자금 지원과 본인 및 가족 경조사에 대한 생활 부조도 지원한다. 아울러 임직원과 가족의 상해·질병에 대한 치료비 등 의료비를 지원하는 한편, 사내 보건시설 운영 등을 통해 임직원의 건강한 삶을 지향한다. 특히 인천 송도에 위치한 약 6만 평 부지의 셀트리온 본사에는 축구와 농구, 야구, 테니스 등 다양한 스포츠를 즐길 수 있는 체육시설이 갖춰졌다. 맛집탐방과 영화감상 등 사내 동호회 활동에 대한 지원도 아끼지 않고 있다. 지난해 말에는 '선택적 복지제도'를 도입해 직원들이 받을 수 있는 복지혜택의 영역도 넓혔다. 선택적 복지제도는 회사가 제공하는 학자금·체력단련비·학원비·의료비·휴양시설 이용 등 다양한 복리후생제도 중 직원들이 필요한 것을 골라 활용할 수 있도록 하는 개인 맞춤형 복지제도다. 그동안 기업이 일괄적으로 제공하던 복리후생 대신 직원에게 선택권을 직접 부여한 것이다.

아울러 연간 120만원 상당의 복지포인트를 통해 맞춤형 온라인 복지몰 또는 오프라인에서 폭넓게 사용할 수 있도록 하고 있다. 셀트리온 관계자는 "앞으로도 양질의 일자리를 창출해 청년들에게 희망을 주는 기업, 모범적인 노사문화를 가꾸는 기업으로 성장할 계획"이라고 말했다.

(이데일리, 2018년 10월 8일)

제 1 절

복지후생의 의의와 효과

1.1 복지후생의 의의

복지후생(employee benefits and service programs)은 부가급부(fringe benefits)라고도 하며 종업원이 최소한의 생활을 유지하는 것을 넘어서서 삶의 질을 향상하기 위하여 임금 이외에 지급되는 부가적인 보상을 뜻한다. 넓은 의미로는 종업원의 이익을 위해 계획된 지출 중 성과와 직결된 보상을 제외한 총 지출을 포함한다. 과거 복지후생의 개념은 사용자의 자유의사에 의해 임의적으로 제공되는 급부로 이해되고 있었으나, 노사관계와 경영환경의 변화로 인해 점차 국가의 입법에 근거하여 반드시 준수되어야 하는 개념으로 변모하였다. 사회의 성숙도가 높아짐에 따라 종업원들은 기업을 단순히 생활을 영위하기 위한 비용을 조달하는 수단에서 기업에 소속됨을 통해 경제적, 문화적으로 높은 수준을 추구하고자 하는 경향이 나타나면서 복지후생 또한 그 중요도가 높아지고 있고, 전체 보상 중 복지후생비가 차지하는 비중 또한 과거에 비해 크게 증가하고 있다. 미국의 경우 전체 보상액 대비 복지후생비의 비율은 1929년 3% 수준에서 1955년 17%, 2016년 41% 수준으로 큰 증가폭을 보이고 있다. 특히 노조의 영향력이 강한 제조, 설비산업은 복지후생비의 비율이 70%에 이르기도 한다. 한국에서는 복지후생비용이 2004년 354,000원에서 2010년 436,000원으로 증가세를 보이고 있다. 이처럼 복지후생은 제도적 의무화와 사회적 요구에 힘입어 종업원의 다양한 욕구충족과 노동력 재생산을 위한 인적자원관리의 핵심요소로 주목받고 있으며, 보상의 복잡성과 합법성의 딜레마 등의 특징으로 인해 효율적인 운영방식이 많은 관심을 받고 있다.

- 제도적 의무화: 의료보험, 산업재해 보험, 고용보험, 연금보험 등의 4대 보험과 퇴직금, 유급휴식제도 등이 사회보장차원에서 기업이 종업원에게

제공해야 하는 제도로 의무화되어 있다.

- 합법성의 딜레마: 직장 의료보험과 같은 사회보장보험은 법의 규제를 받지만 휴양시설의 설치, 종업원 건강진단 프로그램 등의 법정 외 복지후생은 법적인 근거가 없어 사용자의 자발적인 노력이 요구된다.
- 보상의 복잡성: 복지후생은 일종의 보상패키지 형태를 가지고 있으며 그 종류가 다양하고 수혜자가 누구인지, 어떤 성격의 보상인지에 따라 지급절차가 복잡하다. 임금의 경우 현금으로 지급되어 객관적인 가치를 가지고 있으나, 복지후생은 그 가치가 주관적이다. 따라서 대상자를 선정하고 보상규모를 결정하는 과정 등이 까다롭고 복잡하다.

한편 복지후생이 가지는 성격 특성을 보상형태, 보상체계, 보상요구, 보상효과 면에서 살펴보면 임금과 비교하여 다음과 같이 명백한 차이점을 나타낸다.

복지후생은 미래의 어느 시점에 반드시 급부를 수령하게 되기 때문에 기대소득의 성질을 가지고 있으며, 현금을 포함한 다양한 형태로 지급된다. 임금은 종업원이 생활을 유지할 수 있는 기능을 수행한다면 복지후생은 종업원의 생활수준을 안정시키고 삶을 윤택하게 하는 특성을 가지고 있다.

표 9-1 임금과 복지후생의 특성 비교

구분	임금	복지후생
보상형태	개별 종업원의 업무성과나 근로시간을 기준으로 지급되는 직접적인 보상	건강진단, 상담의 제공, 각종 보험료 및 교육훈련비 제공처럼 성과나 직무와 무관하게 지급되는 간접보상
보상체계	개별 종업원마다 차등적으로 지급되며, 노동의 질, 양, 능률 등에 따라 차이가 남	종업원 모두에게 집단적으로 지급되고, 기본적으로 조직구성원 모두에게 동일한 기회가 부여되며, 연령, 성별, 지위, 근속연수 등 신분기준에 따라 운영됨
보상요구	노동의 대가로 당연히 지급됨	휴양시설이나 의료보험처럼 종업원들이 요구하지 않으면 혜택이 발생되지 않음
보상효과	종업원들이 조직과의 고용관계에서 얻게 되는 경제적 이윤창출로 이를 통해 사회생활에 필요한 기본적인 경제소득을 제공받음	종업원들에게 사회, 문화적인 이윤을 제공하기 때문에 일을 통한 심리적 만족감과 공동체 의식을 높임

1.2 복지후생의 효과

초기의 복지후생은 근로자들의 경제적인 궁핍을 경감시키고 사회적인 요구를 충족하기 위해 이루어졌으며 사용자 측 주도로 이루어지는 자선적 성격이 강하다. 점차 국가 주도의 사회보장정책과 법적 강제성을 가진 복지후생정책으로 인하여 기존의 전통적인 복지후생은 그 역할이 축소되었고, 복지후생의 목적 또한 궁극적으로 기업의 생산성 및 수익성 향상을 추구하게 되었다.

오늘날 복지후생을 실시함으로써 기업은 노사 간의 원만한 관계 유지와 구성원들의 사기를 진작시켜 기업의 노동력 유지를 기대할 수 있으며 이를 통해 성과향상 등 경제적 목표를 달성할 수 있다. 또한 구성원들의 삶의 질을 향상시킴으로써 사회적, 윤리적 측면에서도 상당한 공헌을 한다고 할 수 있다.

기업들이 간접보상과 복지후생을 실시하는 구체적인 목적은 다음과 같은 것들이 있다.

- 우수한 인력 유인(attract better employees): 다른 조건들이 유사할 때 복지후생은 기업을 선택하는 중요한 요인이 된다. 보다 우수한 인력의 확보를 기대할 수 있으며 효율임금이론(efficiency wage theory)에 의하면 보상이 클수록 종업원들의 업무의욕이 상승하고, 복지후생 실시를 위해 지출되는 비용에 비해 생산성 향상으로 인하여 증가하는 생산성이 더 높아 궁극적으로는 비용 절약이 가능하다.
- 만족감 증대/이직률 감소(improve satisfaction / decrease turnover): 복지후생으로 인한 비용과 종업원의 직무만족도 및 이직률의 관계에 대해서는 논란이 있으나, 일반적으로 복지후생의 수준이 높을수록 종업원들의 만족도가 커지고 이직률이 낮아진다고 할 수 있다.
- 종업원의 기대충족(meet employee expectations): 종업원들은 법적인 강제성을 갖지 않으면서 보편적으로 실시되는 복지후생에 주목한다. 임금의 수준이 충분한 경우 임금의 인상보다 복지후생의 범위 확대를 선호하는 경우도 있다. 예를 들어 생명보험을 종업원이 개별적으로 가입하는 것보

다 기업에서 집단적으로 지원할 경우 더 낮은 비용으로 동일한 효과를 얻을 수 있다. 또한 소득이 증가할수록 높은 소득세가 부과되므로 종업원의 입장에서는 복지후생을 통한 간접적인 임금인상이 유리할 수 있다.

- 외적 영향력에 부응(respond to external forces): 사회적 인식, 정치환경의 변화, 문화적인 요구 등으로 인해 새로운 복지제도가 요구되고 도입된다. 대표적으로 주간에 근로자의 부양가족을 돌보는 전문 인력의 운용(on-site day care), 여성의 사회활동 참여 증가로 인해 자녀 생일을 맞은 맞벌이 부모를 대상으로 한 휴가정책(dual-parent lave for the birth of a child), 여성의 경력 유지를 돕기 위해 남성 근로자에게도 출산휴가를 확대하는 등 다양한 복지후생 형태가 등장하고 있다.

또한 복지후생정책의 실시는 노사관계에 긍정적으로 작용하기 때문에 기업이 노사갈등으로 인한 비용을 지출하는 것을 막는 역할을 수행한다고도 할 수 있다.

복지후생 실시를 통해 근로자들이 얻게 되는 혜택은 다음과 같다.

- 유사한 임금범위 내에서 근로자들의 삶의 질을 향상시킨다.
- 이직의 필요성이 감소하여 이로 인한 비용이 감소하고 자아 실현을 위한 노력에 더욱 집중할 수 있다.
- 근로의욕을 향상시키고 개인의 성취욕구를 충족시킬 수 있다.
- 자신들의 권리 쟁취를 위한 단체행동이 불필요하다.

제 2 절

복지후생제도의 유형

기업환경은 근로자를 기업 내 직무를 수행하는 일종의 부속품으로 간주하고, 근로자는 자신의 생활을 영위하기 위한 수단으로 기업을 인식한 것에서, 오늘날에는 근로자를 기업의 발전과 함께하는 동반자로 각각의 근로자들이 기업을 자신의 자아실현을 위한 장으로 인식할 수 있도록 노력할 것이 요구되고 있으며, 이러한 환경 변화에 따라 복지후생의 유형 또한 다양화되고 있다. 특히 여성의 사회활동 참여비율이 증가하고 있고, 사회적으로도 여성 채용에 대한 요구압박이 커지고 있다. 따라서 기업들은 출산, 육아와 관련된 복지후생 프로그램을 편성하여 이러한 사회적 요구에 응답하고 있다.

복지후생의 내용은 각 국가의 정치환경이나 경제상황, 사회 전반적인 노사관계에 대한 정서, 정책적으로 운영되는 사회보장제도 및 국민들의 인식정도 등에 의해 달라진다. 따라서 복지후생의 형태를 유형에 따라 분류하여 설명하기는 쉽지 않다. 따라서 법률에 근거하여 강제성을 가지는 법적 복지후생과 사용자의 의도에 의해 자발적으로 이루어지는 법정 외 복지후생으로 나누어 설명하도록 한다.

2.1 법정 복지후생

법정 복지후생(legally required benefit)은 국가가 종업원을 보호하고 국가사회복지의 보조수단으로 법률을 제정하여 기업으로 하여금 강제적으로 도입하도록 한 것이다. 따라서 그 범위와 종류는 국가의 사회복지정책에 따라 서로 다르나, 근본 목적은 종업원들의 사회, 문화적 생활 수준 보장과 경제적 불평등을 줄임으로써 국민생활의 질(quality of life) 향상을 추구하는 데 있다. 특히 오늘날 국민들은 미래에 예고 없이 닥칠지도 모를 불행으로부터 자신들을 보호하기 위하여 기본적인 생리적 욕구수준을 넘어 안전욕구에 더 많은 관심을 보이고 있다. 즉, 질병 및 노령화에 대한 두려움과 재해 및 실업에 대비하려는 욕구가 커졌다. 이러한 국민적 요구에 부응하기 위해 우리나라에서는 사회보험으로 국민건강보험, 연금보험, 산업재해보상보험, 고용보험 등을 실시하고 있으며, 이 밖에 퇴직금제도 및 유급휴가제도가 법적으로 시행되고 있다.

1) 국민건강보험

과거 복지에 대한 개념이 발달되기 전 건강은 개인의 문제로 여겨졌으나, 오늘날 질병치료는 경제발전에 필요한 인적자원 확보와 능률향상을 위한 생산적 투자로 여겨지고 있다. 따라서 세계 여러 나라는 자국의 상황에 맞는 다양한 건강보험제도를 운용하고 있다. OECD의 분류에 따르면 독일과 프랑스에서 실시하고 있는 사회보험방식(SHI: Social health Insurance)은 1차적으로 국민의 부담을 전제하는 제도로써 일정한 비용을 지출하는 대신 국가 주도의 2차적 지원 및 후견적 기능의 혜택을 받을 수 있게 함으로써 지출한 비용에 대한 보상을 받는 형태를 취해 국민의 정부 의존심을 최소화하고 있다. 또한 한국과 대만에서 시행하고 있는 국민건강보험방식(NHI: National health Insurance)은 사회보험방식과 흡사하지만 국가 내 보험관리기구가 1개라는 점에서 차이가 있다. 국민보건서비스방식(NHS: National Health Service)은 국가가 직접 국민의 의료수요를 책임지는 의료관장방식으로 일반조세를 통해 재원을 마련하며, 의료서비스는 무상의로 제공된다. 이러한 방식은 조세방식 또는 비버리지 방식이라고 한다.

국민보건서비스방식을 채택하고 있는 영국, 스웨덴, 이탈리아에서는 정부의 주도적인 관리하에 국민의 소득수준과 무관하게 포괄적이고 균등한 수준의 의료서비스를 제공한다. 따라서 의료서비스가 공공재적 성격을 가지고 있으며 의료비 증가에 대한 통제가 강하다. 이러한 제도는 복지 관련 과다한 지출 부담이 문제가 되기 쉽다.

우리나라는 1963년 의료보험법이 제정되었으며, 1989년 전 국민 의료보험 실현이라는 정책으로 국민의료보험법이 제정되었고, 2000년 그 명칭이 국민건강보험으로 바뀌었다. 이는 기업 내 종업원뿐만 아니라 전 국민을 질병이나 사고로부터 보호한다는 취지에 의한 입법으로 실시되는 사회보험으로, 그 범위에는 사후의 치료뿐만 아니라 사전의 발견 및 예방까지 포함한다. 국민건강보험의 급여대상은 주로 진단, 입원, 외래, 재활 등의 병원, 의원, 약국의 서비스로 구성된다. 반면 국민건강보험료의 13.1%를 부담하는 장기요양 보험은 65세 이상의 노인 또는 65세 미만의 자로서 치매, 뇌혈관성 질환 등 노인상 질병 등의 이유로 일상 생활 영위가 힘든 대상자에게 요양시설이나 가사지원 등의 서비스를 제공하는 제도로 건강보험제도와 별도 운영되고 있다.

- 국민건강보험은 직장의료보험, 농어촌 및 도시지역 의료보험을 모두 포함하나, 이들을 하나의 근로자를 대상으로 하는 복지제도로 간주하기는 어렵다. 근로 여부와 상관없이 국민 전체를 수혜대상으로 두고 운영되는 국민복지제도의 성격이 강하다.
- 직장의료보험의 재정은 근로자와 사용자가 절반씩 부담하는 보험료로 구성된다. 보험료는 피보험자의 보수월액에 보험료율을 곱하여 얻은 금액으로 하며 2018년 기준 보험료율은 1만분의 624, 즉 6.24%이다(「국민건강보험법」 제44조 제1항)

2) 국민연금

인간 수명의 연장과 급속한 산업화 및 도시화에 따른 핵가족 중심의 가족제도는 노후 생활보장을 위한 국가의 역할증대를 요구하고 있다. 정년 이후 남은 수명이 비약적으로 증가하였고 노화로 인해 경제활동에 많은 제약이 발생하기 때문에 노년에 대한 탄탄한 대비는 모든 근로자의 소망이라고 할 수 있다. 국민연금은 은퇴 이후 정기적인 연금 지급을 통해 생활의 안정성을 확보하고 복지를 증진하고자 하는 사회보장제도이다(〈표 9-2〉 참조). 국민연금의 주된 목적은 노후 보장이나 유족의 생활 안정이다.

우리나라에서는 1973년 국민복지연금법이 제정, 공포되었으나, 석유파동의 영향으로 무기한 연기되었다. 1986년부터 종전의 제도를 보완하여 1988년부터 본격적으로 국민연금제도를 운용하고 있다.

표 9-2 국민연금 급여의 종류

<table>
<tr><th colspan="2">연금 급여(매월 지급)</th><th colspan="2">일시금 급여</th></tr>
<tr><td>노령
연금</td><td>• 노후 소득보장을 위한 급여
• 국민연금의 기초가 되는 급여</td><td>반환
일시금</td><td>• 국적상실 또는 국외이주 등의 경우 연금을 받지 못하거나 더 이상 가입할 수 없는 경우 청산적 성격으로 지급하는 급여</td></tr>
<tr><td>장애
연금</td><td>• 장애로 인한 소득감소에 대비한 급여</td><td rowspan="2">사망
일시금</td><td rowspan="2">• 유족이 없어 유족연금 또는 반환일시금을 받지 못할 경우 더 넓은 범위의 유족에게 장제보조적, 보상적 성격으로 지급하는 급여</td></tr>
<tr><td>유족
연금</td><td>• 가입자의 사망으로 인한 유족의 생계 보호를 위한 급여</td></tr>
</table>

2018년 기준 사업장 가입자의 연금보험료는 근로자의 기준 소득월액을 기준으로 9%를 납부한다. 납부는 사용자가 근로자의 임금에서 4.5%를 원천 공제한 뒤 나머지 4.5%를 사용자가 보태어 납부하도록 되어 있다. 연금은 종업원이 노령 및 장애로 인해서 받는 피보험자급여와 종업원이 사망한 후 그 가족이 받는 유족급여로 구분되며, 가입자 유의사항은 다음과 같다.

- 국내 거주 18세 이상 60세 미만의 자는 국민연금 당연가입대상이며, 공무원, 군인, 사립학교 교직원, 별정우체국 직원 등은 가입대상이 아니다.
- 사업장 가입자에 대한 각종 신고의무는 사업장 사용자에게 있다.
- 급여발생 사유에 따라 노령연금, 장애연금, 유족연금, 반환일시금을 받을 수 있다.
- 본인이 납부한 연금보험료는 전액 소득공제를 받을 수 있다.
- 연금은 매년 물가인상률만큼 인상되어 항상 실질가치를 보장받는다.
- 연금 또는 반환일시금을 받을 권리는 양도, 압류하거나 담보에 제공될 수 없다.

현재 실시되고 있는 국민연금제도는 국민의 최저생활을 보장하고 소득계층 간 소득 재분배가 이루어지도록 하는 데 그 목적이 있다. 그러나 근로자 노후생활에 대비한 자금조달방법으로서는 충분하다고 볼 수 없기 때문에 기업 내의 추가적 노후보장 대책마련이 요구된다.

3) 산업재해보상보험

산업재해보상보험이란 업무수행 중(주: 산재보험의 재해보상 범위는 대부분의 국가에서 업무상 재해 및 질병으로 규정하고 있으나, 뉴질랜드·네덜란드·스위스·오스트리아 등에서는 업무상 재해 여부에 상관없이 보험혜택을 제공한다) 발생한 종업원의 부상·질병·사망 등의 재해에 대하여 치료 및 경제적 보상을 제공하고, 산업주에게는 재해에 따른 일시적인 경제적 부담을 덜어 주기 위해 국가에서 운영하는 사회보험이다. 즉, 산재보험은 노동에 관련된 재해나 직업병의 발생 및 피해가 나타날 경우, 노동자의 회복을 위해 직접원조를 행하며 피해자의 가족 및 유족에 대해 현금급부를 통한 보상을 해주는 제도이다. 또한 산재보험은 사후적인 보상급부 못지않게 산업재해 및 직업병을 사전적으로 예방하기 위한 조치도 중요시한다. 따라서 산재보험기관에서는 산업재해와 관련하여 기술적 감시를 강화하고 사고원인규명 및 제거를 위한 연구와 산재예방활동에 노력을 기울인다.

- 산재보험은 1964년 사회보험제도로서는 제일 먼저 실시되었으며, 당시는 500명 이상의 사업장에만 적용되었으나, 적용범위가 점차 확대되어 1986년 이후부터는 원칙적으로 근로기준법이 적용되는 모든 사업장을 대상으로 실시된다.
- 산재보험은 그 원인인 산업재해가 자본주의적 고용관계에서 비롯되었다는 점에서 다른 사회보험과 크게 다르다. 즉, 산업재해는 근로자 개인의 주의력의 한계를 넘어서 발생하는 사회현상이며 자본주의적 생산양식에 내재되어 있는 위험의 발현이라는 특성을 갖고 있다.
- 다른 사회보험과는 달리 근로자의 부담이 전혀 없고, 사용자가 전액 부담하며, 일부는 국고의 지원으로 이루어진다. 보험료를 전액 사업주부담으로 한 것은 업무상 재해를 경영위험 및 경영책임으로 파악하고 있는 데에 근거한다.

4) 고용보험

만약 종업원들이 실직을 당하게 되면 생계에 위협을 느끼게 되고 노동 자체의 즐거움을 느낄 수 없을 뿐만 아니라 그들의 사회생활도 위태로운 상황에 처하게 된다. 이처럼 실업은 개인적인 문제에만 국한되는 것이 아니라 커다란 사회적 문제(social accident)로 발전하게 된다. 따라서 실업의 원인을 제거하고 실업자를 경제활동에 복귀시켜 종업원과 그의 가족, 나아가서는 국민경제의 안정을 기하고자 하는 것이 고용보험의 궁극적인 목적이다. 즉, 고용보험의 시행을 실업의 예방, 고용의 촉진 및 근로자의 직업능력의 개발, 향상을 도모하고, 국가의 직업지도, 직업소개기능을 강화하며, 근로자가 실직한 경우에 생활에 필요한 급여를 실시함으로써, 근로자의 생활의 안정과 구직활동을 촉진하여 경제, 사회발전에 이바지함을 목적으로 한다.

우리나라의 고용보험은 근로자가 실직할 경우 예상되는 생계를 보장하기 위해 지원하는 구제적 차원의 단순한 실업보험이 아니라, 사전적으로 실업예방, 고용촉진, 근로자 직업능력개발과 향상, 인력수급 불균형 해소 등을 위한 적극적 인력정책(active manpower policy)의 주요 수단이다. 이처럼 고용보험은 본래의 실업보호라는 사회보장적 측면보다 경기변동, 산업구조변화에 따라 기업이 구조조정을 필요로 할 때 이를 용이하게 할 수 있는 각종 제도를 마련함으로써 노동시장의 종합조정자로서의 역할이 강조되고 있다. 즉, 실업을 당한 근로자를 보호한다는 차원뿐만 아니라 기업의 구조조정을 지원하는 역할을 담당한다. 또 실업근로자를 위해서는 재취업을 위한 직업훈련, 취업알선 기능을 강조하는 등 보다 적극적인 고용정책으로 활용되고 있다.

- 1995년부터 시행된 고용보험은 1998년 10월부터 1인 이상의 근로자를 고용하는 전 사업장을 적용대상으로 고용안정, 직업능력개발사업, 실업급여, 육아휴직급여 및 산전후휴가급여 등의 사업을 하고 있는데, 실업자에게 직접 현금을 지급하는 실업급여사업도 중요하지만 보다 장기적인 고용안정을 위해 취업알선을 담당하는 고용안정사업과 실업근로자의 직업훈련을 지원하는 직업능력개발사업에 더 비중을 두고 있다.
- 실업급여는 실직자의 생계안정 지원 및 재취업을 촉진하고, 고용안정사업은 고용정보 수집, 제공, 직업상담, 취업알선, 직업훈련 안내 등 종합

고용서비스 기능을 수행하며 직업능력개발사업은 근로자의 생애직업능력개발을 지원한다.

- 고용노동부장관은 「남녀고용평등과 일, 가정 양립 지원에 관한 법률」 제19조의 규정에 따른 육아휴직을 30일(「근로기준법」 제74조의 규정에 따른 산전후휴가기간 90일과 중복되는 기간은 제외한다) 이상 부여받은 피보험자 중 법률요건을 모두 갖춘 경우 육아휴직급여를 지급한다.
- 고용노동부장관은 「남녀고용평등과 일, 가정 양립 지원에 관한 법률」 제18조의 규정에 의하여 피보험자가 「근로기준법」 제74조의 규정에 따른 산전후휴가 또는 유산, 사산휴가를 사용한 근로자 중 일정한 요건에 해당하는 자에게 그 휴가기간에 대하여 통상임금에 상당하는 금액(산전후휴가급여 등)을 지급한다.
- 고용보험법은 근로자를 사용하는 모든 사업 또는 사업장에 적용한다. 다만, 산업별 특성 및 규모 등을 고려하여 대통령령으로 정하는 사업에 대하여는 적용하지 아니한다.

5) 퇴직금제도

근로자가 일정기간 동안 해당 기업에 근무한 후 퇴직하게 되면 퇴직일시금 또는 퇴직연금이 지급된다. 퇴직금의 성격에 관해서는 기업 측이 선호하는 공로보상설과 노동조합이 주장하는 임금후불설 및 생활보장설 등 3가지 견해가 서로 대립되어 왔다. 이 중 사회보장제도가 완비되지 못한 우리나라의 경우 생활보장설이 설득력을 갖고 있다. 즉, 퇴직금제도를 법으로 정하여 시행하는 것은 근로자의 노후생활보장을 국가가 감당하기 위한 재원마련이 어렵기 때문이며, 임금제도의 합리화 및 사회보장제도가 완비되기까지 과도기적 보완제도로서 그 필요성이 인정된다.

우리나라는 2011년 5월 개정된 근로기준법 제34조 규정과, 근로자의 안정적인 노후생활 보장에 이바지할 목적으로 퇴직급여제도의 설정 및 운영에 필요한 사항을 정한 「근로자퇴직급여 보장법」에 따라, 계속근로기간 1년에 대하여 30일분 이상의 평균임금을 퇴직금으로 퇴직근로자에게 지급할 수 있는 제도를 설정하여야 한다.

퇴직연금제도란 확정급여형 퇴직연금제도, 확정기여형 퇴직연금제도 및 개인형 퇴직연금제도를 말하며, 사용자는 퇴직하는 근로자에게 급여를 지급하기 위하여 퇴직급여제도 중 하나 이상의 제도를 설정하여야 한다.

- 확정급여형 퇴직연금제도(DB: Defined Benefit)란 근로자가 지급받을 급여의 수준이 사전에 결정되어 있는 퇴직연금제도를 말한다. 사업주가 퇴직급여와 관련된 적립금의 운용을 책임지는 형태이므로, 적립금의 운용실적에 따라 사업주가 부담해야 하는 기여금이 변동되며, 근로자는 퇴직 후 일정한 금액을 정기적으로 받을 수 있어서 안정적이다.
- 확정기여형 퇴직연금제도(DC: Defined Contribution)는 급여의 지급을 위하여 사용자가 부담하여야 할 부담금의 수준이 사전에 결정되어 있는 퇴직연금제도를 말한다. 즉, 사용자가 부담, 적립할 금액이 사전에 확정되므로 근로자가 받을 연금급여(퇴직급여)는 적립금 운용실적에 따라 변동될 수 있다. 적립금이 사용자와 독립되어 개인 명의로 적립되므로 근로자의 입장에서는 기업이 도산해도 수급권이 100% 보장되며, 기업의 입장에서는 퇴직급여에 대한 부담금이 일정하게 정해져 있으므로 효율적인 재정관리를 할 수 있고, 적립금 운용실적에 대하여 책임을 지지 않는다는 장점이 있다.
- 개인형 퇴직연금제도(IRP: Individual Retirement Pension)는 가입자의 선택에 따라 가입자가 납입한 일시금이나 사용자 또는 가입자가 납입한 부담금을 적립, 운용하기 위하여 설정한 퇴직연금제도로서 급여의 수준이나 부담금의 수준이 확정되지 아니한 퇴직연금제도를 말한다.
- 근로자가 주택구입 등 대통령령으로 정하는 사유로 근로자가 요구하는 경우에는 근로자가 퇴직하기 전에 해당 근로자의 계속근로기간에 대한 퇴직금을 미리 정산하여 지급할 수 있다. 이 경우 미리 정산하여 지급한 후의 퇴직금 산정을 위한 계속근로기간은 정산시점부터 새로 계산한다.
- 계속근로기간이 1년 미만인 근로자, 4주간 평균하여 1주간 소정근로시간

이 15시간 미만인 근로자에 대하여는 그러하지 아니한다.

- 근로자가 퇴직한 경우에는 그 지급사유가 발생한 날부터 14일 이내에 퇴직금을 지급하여야 하며, 퇴직금을 받을 권리는 3년간 행사하지 않으면 시효로 인하여 소멸한다.
- 기존 사업자가 확정급여형 또는 확정기여형 퇴직연금제도를 설정하고자 하는 경우 근로자대표의 동의를 얻거나 의견을 듣고, 퇴직연금규약을 작성하여 고용노동부장관에게 신고하여야 하며, 2011년 7월 이후 신규 사업자는 근로자대표의 의견을 들어 사업의 성립 후 1년 이내에 확정급여형 또는 확정기여형 퇴직연금제도를 설정하여야 한다.
- 퇴직급여를 일시금으로 수령한 퇴직자나 확정급여형 또는 확정기여형퇴직연금제도의 가입자로서 자기의 부담으로 개인형 퇴직연금제도를 추가로 설정하려는 사람과 상시근로자 10인 미만의 근로자를 사용하는 사업의 경우 사용자가 개별 근로자의 동의를 받거나 근로자의 요구에 따라 개인형 퇴직연금제도를 설정할 수 있다.
- 2012년 7월 26일 이후 이직/퇴직 시 퇴직금은 반드시 IRP계좌로 받아야 한다. 단 55세 이후 퇴직하는 경우, 퇴직연금제도의 급여를 받을 권리를 담보로 대출받은 금액 등을 상환하기 위한 경우(담보대출 채무상환 범위 내), 퇴직급여액이 고용노동부장관이 정하는 금액(150만원) 이하인 경우는 바로 수령할 수 있다.

6) 유급휴식제도

유급휴식제도는 국가가 국민복지 향상차원에서 근로자의 기본적 생활을 보장, 향상시키기 위해 도입한 것으로, 기업으로서도 노동력의 재생산이란 관점에서 볼 때 매우 합리적인 제도이다. 즉, 휴식을 통해 근로자들은 업무활동 이외의 생활의 질을 향상시키고, 근로제공으로 인한 피로를 회복하여 업무능률을 높일 수 있다. 근로기준법에서 규정하고 있는 휴식제도는 휴게, 휴일, 보상휴가제 및 연차유급휴가 등이 있다(근로기준법 54조, 55조, 57조, 60조, 74조).

- 사용자는 근로시간이 4시간인 경우에는 30분 이상, 8시간인 경우에는 1시간 이상의 휴게시간을 근로시간 도중에 주어야 한다.
- 근로자에게 1주일에 평균 1회 이상의 유급휴일을 주어야 한다.
- 사용자는 근로자 대표와의 서면 합의에 따라 연장근로, 야간근로 및 휴일근로에 대하여 임금을 지급하는 것을 갈음하여 휴가를 줄 수 있다.
- 사용자는 1년간 8할 이상 출근한 근로자에게 15일의 유급휴가를 보장하는 한편, 계속근로기간 1년 미만인 근로자의 경우에도 1개월 개근 시 1일의 유급휴가를 주어야 한다. 또 가산휴가를 포함한 총 휴가일수는 25일을 한도로 한다.
- 사용자는 임신 중의 여성에게 산전과 산후를 통하여 90일의 보호휴가를 주어야 하며, 이 중 최초 60일은 유급으로 한다. 또 휴가기간의 배정은 산후에 45일 이상이 되어야 한다.

2.2 법정 외 복지후생

법정 외 복지후생제도는 국가가 법률로 정한 복지후생 이외에 기업이 종업원의 근로의식 고취를 위해 자발적으로 도입하거나 기업의 사용자와 노동조합 간의 단체교섭에 의해서 실시된다. 노조는 가급적 다양한 복지후생제도의 도입을 희망하고 기업도 임의적인 복지후생의 범위를 확대해가는 경향이 있다. 따라서 법정 외 복지후생은 기업별로 그 내용과 규모에 많은 차이가 있을 뿐만 아니라 운영방법도 다양하고, 그 적용대상 또한 해당 기업의 근로자와 그 가족에 한정시키는 폐쇄성을 가지고 있다. 법정 외 복지후생제도는 보통 다음과 같은 두 가지 형태를 가진다.

- 사회보험(공적보험)의 추가급여: 법정복지제도의 내용을 기초로 하고 더 나은 수준으로 구성된 사회보험을 운용하는 형태이다. 예를 들면 의료보험의 비급여 항목에 대한 보험금 지급, 연금보험의 피보험자 납부금의 일부를 추가적으로 사용자가 부담하는 것 등을 들 수 있다.

- **자율적인 신설급여:** 기업이 독립적으로 운용하는 복지후생 제도이다. 따라서 이 부문에서 기업 간 복지후생의 정도가 차이를 나타내게 되고, 그 기업의 복지후생이 잘 운영되고 있느냐 그렇지 못하느냐가 결정된다. 이 부문의 주요 복지후생제도로서는 생활지원시설, 금융 및 공제시설, 보건위생시설 그리고 문화 체육, 오락시설 등을 들 수 있다.

1) 생활지원시설

이는 종업원의 사회생활 내지는 가정생활의 원활함을 도모하기 위하여 기업에서 제공하는 법정 외 복지후생시설로서 낮은 수준의 임금을 보완해주는 역할을 하고 있다. 이러한 생활원조시설로서는 크게 주택시설, 급식시설, 통근시설 그리고 구매시설 등을 들 수 있다.

2) 금융 및 공제제도

이는 기업 내 종업원들의 경제생활과 직접적인 관련을 맺고 있는 제도로서, 종업원들이 경제적인 도움이 필요할 때 기업차원에서 직접 도움을 주기 위한 제도이다. 금융제도의 경우 생애주기별로 큰 돈이 필요한 시기, 또는 예상하지 못한 사고로 인해 자금이 필요할 때를 대비하여 사내 예금제도나 융자제도를 운영한다. 공제제도는 종업원의 결혼, 장례 등 각종 경조사를 포함하여 필요한 경우 사용자가 금품을 후원, 종업원의 근로의욕을 장려하는 제도이다. 공제제도는 특히 공동체 의식을 함양하여 이직률을 낮추고 종업원의 직무만족도를 상승시키는 효과가 있다.

3) 보건위생시설

기업의 주도하에 종업원들이 직무를 수행함에 있어 건강을 유지할 수 있도록 치료와 예방과 관련된 서비스를 제공하며 이를 위해 운영되는 제도와 시설 일체를 뜻한다. 이 시설에는 크게 진료시설, 보건시설, 그리고 보양시설 등으로 구분된다. 진료시설이란 기업 내의 의무실, 관계병원을 들 수 있고, 보건시설로는 사내 이발관이나 미용실, 그리고 목욕탕 등이 있다.

4) 문화, 체육, 오락시설

사회적으로 생활수준이 상승함에 따라 종업원들 또한 충분한 여가시간을 확보하는 것을 선호하게 되었다. 따라서 기업에서 제공하는 문화, 체육, 오락시설의 수요는 매우 높다.

문화시설 및 제도로서는 사내도서관의 운영, 교양강좌, 강습회 등이 있으며, 체육시설 및 제도로서는 운동장, 사내체육관의 운영, 사내체육대회 등을 들 수 있다. 또한 오락시설로서는 취미서클의 운영, 음악실, 전시회, 야유회 등이 있다. 이들 모든 시설들은 기술혁신이나 기계문명 등에 의하여 제기된 인간소외를 극복하고 인간성 회복을 위한 좋은 수단이 된다.

5) 종업원에 대한 서비스

이상 설명한 복지후생 이외에도 다양한 혜택들이 종업원들에게 제공되고 있으며, 그 내용과 범위는 계속 확충되고 있다. 특히 종업원에게 직접적인 서비스를 제공하는 형태로는 스트레스, 도박, 알코올 중독 등의 상담 및 치료를 제공하는 종업원 후원제도(EAP: employee assistance program), 각종 상담 서비스(부부문제, 경력 상담, 명예퇴직, 금융 및 법률 문제 등), 종업원의 육아나 가족 부양 업무를 분담하는 육아 및 노부모 보호 서비스(child care, elder care) 등이 있다.

육아를 비롯한 가사문제는 개인의 업무생산성을 저하시킬 수 있는 스트레스 요인이 될 수 있으므로 회사가 자녀와 노부모 보호 관련 프로그램을 지원함으로써 종업원들이 업무에 매진할 수 있도록 배려할 필요가 있다. 특히 여성근로자 및 맞벌이부부(working parents)의 증가로 양질의 육아보호에 대한 필요성이 커졌기 때문에, 기업들은 금전적 지원을 하거나 사내에 탁아 및 보육시설을 통합, 운영하는 포괄적인 지원을 제공하기도 한다. 이 밖에 바우처(voucher)를 활용하여 직·간접적으로 지역사회의 관련 기관 및 시설들을 보조할 수도 있다.

한편 기업은 종업원의 사생활에 대해 간섭할 수 있는 권리는 없지만, 업무성과가 기대에 미달하거나 과업수행이 적극적이지 못할 경우, 그들의 개인적인 사생활 문제가 무엇인지를 규명하여 해결할 필요가 있다. 이를 위해 종업원의 과업활동 수행에 부정적인 영향을 미치는 요소들을 파악하여 긍정적인 방향으로 개선시키는 종업원 후원제도(EAP)를 활용한다. 즉, EAP는 조직 차원에서 종업원의 사적인 문제를 관리하기 위한 방법이라고 할 수 있으며 다음과 같이 단계별 치료를 실시한다.

- 1단계(문제 요소 식별 및 EAP 위탁): 업무성과기록을 토대로 문제가 있다고 생각되는 종업원을 식별하고 구체적인 문제를 파악한다. 해당 종업원이 기업의 도움을 자발적으로 요청하거나 도움에 대해 동의하면 EAP 치료를 의뢰한다.
- 2단계(EAP): 문제 종업원을 대상으로 상담을 진행하여 종업원이 가진 문제의 유형과 원인을 정확히 규명하고 절차에 따라 이를 해결한다.
- 3단계(치료, 해결): 2단계까지의 과정으로 해결이 어려울 경우, 문제의 원인과 연관있는 해당 부서의 협조를 얻어 종업원이 겪고 있는 문제를 해소하거나 전문적인 치료기관에 의뢰하여 실질적인 치료를 받도록 한다.

제 3 절

복지후생 실시전략과 효율적 관리

3.1 복지후생제도의 설계

복지후생제도는 법에 의해 강제로 시행되거나 사용자의 자유재량 또는 노사 간의 단체교섭에 따라 제공된다. 특히 노동조합은 복지후생제도를 근로조건의 일부로서 기업 측으로부터 '부여되는 것'이 아니라 근로자가 적극적으로 '획득해야 하는 것'으로 이해하기 때문에 오늘날 종업원들과 노동조합은 복지후생에 큰 관심을 갖고 있으며, 때때로 복지후생의 설계에 참여하기도 한다. 그러나 복지후생제도는 기업에 많은 비용부담을 발생시키고 앞으로도 복지후생 비용은 계속 증가될 것으로 예상된다. 따라서 복지후생제도를 합리적으로 운용하기 위해서는 다음과 같은 설계원칙과 절차를 따를 필요가 있다.

1) 설계의 원칙

복지후생제도를 기업에 도입하기로 결정한 최고경영자는 먼저 이러한 제도를 어떻게 관리, 운영하여야 할 것인가에 대하여 기본적인 설계를 하여야만 한다. 이 때 고려할 사항들을 열거하면 다음과 같다.

가. 종업원 욕구충족

복지후생제도에 대한 종업원들의 참여와 그 효과를 높이기 위해서 가장 먼저 고려할 사항은 종업원의 욕구가 충족될 수 있도록 프로그램을 설계하여야 한다는 것이다. 종업원들의 욕구는 현재 기업이 처해 있는 특수한 상황, 즉 입지, 규모, 업종 등에 따라서 다양하다. 이러한 종업원들의 욕구를 무시한 채 실시되는 복지후생제도는 효과적이지 못할 것이다. 즉, 종업원들에게 시급한 내용은 제쳐두고 그다지 시급하지도 않은 시설이나 제도를 마련해 보아야 비용의 낭비를 초래할 뿐 참된 의미의 복지는 실현되지 않는다. 그러므로 제도의 실시에 앞서 종업원들이 현재 바라고 있는 요구사항을 파악한 다음, 이를 복지후생제도 설계에 반영할 필요가 있다.

나. 종업원의 참여유도

실질적으로 복지후생제도의 혜택을 받는 사람은 종업원이다. 따라서 기업의 복지후생제도가 어떻게 실시되고 운영되는가를 모든 종업원이 알아야 하고, 문제가 발생했을 때는 이를 해결할 수 있도록 종업원의 참여가 필요하다. 이를 위해 종업원 여론조사를 실시하거나 노사대표가 공동으로 참석하여 제도의 효율적인 실시를 위한 각종 의견을 교환할 수 있는 복지후생자문위원회(employee benefits advisory committee) 등을 활용하기도 한다.

다. 수혜범위

실시하고자 계획한 복지후생제도의 내용이 아무리 충실하더라도 그 제도의 혜택을 누릴 수 있는 종업원의 범위가 제한적이라면 기업의 입장에서는 결코 만족할 만한 결과를 얻기 어렵다. 즉, 수혜의 범위가 넓어야만 비용절감의 효과가 있으며, 폭넓은 종업원을 대상으로 그 효과를 분배해야만 종업원들 상호 간의 불만을 해소하기가 쉬워진다. 예를 들면 전 종업원이 상해보험에 가입하거나 연금보험에 가입하게 될 경우 개별 종업원이 이들 보험에 가입하는 경우보다 적은 비용이 들게 된다. 따라서 복지후생의 혜택을 받을 수 있는 범위가 넓은 제도를 우선적으로 채택하여야 한다.

라. 수익성

현재와 미래의 복지후생비 지불능력을 평가하기 위하여 기업의 수익성 파악이 필요하다. 현재 특정 복지후생제도를 도입하여 종업원에게 좋은 조건으로 가입할 수 있도록 기업에서 비용을 보조해 준다고 해도, 일정 기간이 지난 다음 기업에서 이들을 계속 보조해 주지 못하면 오히려 역효과가 발생한다. 따라서 기업의 지불능력을 벗어난 과도한 복지후생비의 부담은 피하는 것이 오히려 바람직하다.

2) 설계과정

가. 복지후생의 목적과 전략의 확인

먼저 복지후생 프로그램을 실시하는 목적을 명확히 할 필요가 있다. 이를 위해 경영자는 위에서 설명한 종업원의 욕구, 수혜범위, 수익성뿐만 아니라 조직의 사명 및 인적자원관리의 성가지표 등을 고려하여야 한다. 또한 설정된 목적을 효과적으로 달성하기 위하여 다음과 같은 복지후생전략들을 확용하여 설계를 진행한다.

- 선도전략(pacesetter strategy): 종업원이 원하는 제도를 선도적으로 도입
- 동등전략(comparable benefit strategy): 비교 가능한 유사조직이 제공하는 복지후생과 일치
- 최소복지후생전략(minimum benefit strategy): 법정 복지후생 및 종업원이 가장 선호하는 항목과 비용이 저렴한 항목만을 제공

나. 프로그램 영향요인의 반영

복지후생 프로그램에 영향을 주는 요인은 기업 측의 요인과 종업원 측 요인들이 있으며, 이들은 설계과정에서 고려되어야 한다. 기업 측의 요인으로는 다음과 같은 것들이 있다.

- 전체 인건비에서 복지후생비가 최대로 차지할 수 있는 비율
- 투입된 복지후생비와 그 결과로 창출된 편익과의 비용 – 편익분석
- 경쟁기업의 복지후생수준
- 법적 요구사항 등

종업원 측 요인은 다음과 같은 것들이 있다.

- 복지후생에 대해 종업원들이 인식하는 공정성 정도
- 복지후생 프로그램의 선호와 관련된 종업원의 연령구조, 성별, 결혼 여부, 부양가족 상황 등의 인구통계적 특성

다. 복지후생 혜택대상자의 선정

영향요인을 고려한 다음에는 조직 내 근로자들 중 수혜대상자를 선택하고 혜택의 범위를 결정한다. 전체 종업원에게 균등한 혜택을 제공할 것인지, 차별을 둔다면 그 기준은 종업원의 집단을 기준으로 할 것인지 또는 개인별로 혜택의 범위를 다르게 할 것인지 등을 결정한다. 일반적으로 기업들은 근로자들의 직위에 따라 상이한 혜택을 제공하며, 배우자 및 피부양가족에 의해서도 혜택의 범위가 달라지는 경우가 많다.

라. 복지후생 항목선택

복지후생의 형태는 다양하며 운용 시 예상되는 효과가 가장 큰 것을 선택한다. 전통적으로 "평균적인 종업원"의 상을 만들고 이를 적용하여 복지후생 프로그램의 설계가 이루어지기 때문에 개개인의 특수한 상황을 만족하는 것에는 한계가 있었다. 최근에는 근로자에게 복수의 복지후생 항목과 혜택수준의 범위를 제시한 뒤 개별 근로자가 이를 선택할 수 있게 하는 유연복지후생제(flexible benefit plan)와 같은 제도를 도입하여 이러한 한계를 극복하고 있다.

마. 복지후생 재원조달방법의 결정

재원조달방법은 복지후생비를 누가 부담하느냐에 따라 크게 세 가지가 있다. 복지후생비 전액을 기업이 부담하는 방법, 사용자와 수혜자(근로자)가 공동으로 부담하는 방법, 수혜자인 종업원이 전액을 부담하는 방법으로 나눌 수 있으며 기업의 경영환경에 따라 가장 높은 효과를 기대할 수 있는 방법을 선정한다.

바. 복지후생제도의 평가

복지후생의 성공적인 운영을 위해서 현재 운용중인 복지후생 프로그램의 유효성을 평가하는 과정은 필수적이라고 할 수 있다. 비용비교분석, 직무행동분석, 공정성 지각분석 등의 방법이 평가를 위해 사용된다.

- 비용비교분석: 복지후생제도별 비용의 변화추세를 연도별, 종업원 집단별, 개인별로 분석하여 복지후생비의 합리적 배분 여부를 판단한다.
- 직무행동분석: 복지후생제도가 종업원의 결근율, 이직률, 생산성 및 지구수행노력 등을 변화시킨 정도를 파악하여 평가한다.
- 공정성 지각분석: 종업원의 복지후생제도에 대한 공정성 지각, 만족도 등을 인터뷰나 설문조사 등의 방법을 이용하여 조사한다.

3.2 새로운 복지후생제도의 모색

복지후생제도는 종업원들의 생애주기 전 단계에 걸쳐 혜택이 제공되는 방향으로 발전하고 있다. 따라서 종업원이 직면한 환경이 다양할 수 있기 때문에 복지후생 프로그램의 유형 또한 다양화되고 있다. 이러한 변화들의 원인으로 다음을 들 수 있다.

우선 생활수준의 최저선을 확보하는 것이 더 이상 복지후생의 목표가 될 수 없게 되었다. 경제적 발전으로 인해 전반적인 삶의 질 향상으로 복지후생의 목표가 옮겨가게 되었다.

또한 물질적인 요구가 충족되면서 정신적인 요구의 중요성이 증대되었다.

마지막으로 급속한 고령화 사회로의 진입 때문에 퇴직 이후의 대비가 국가적인 문제로 떠오르게 되었다. 기업들 역시 복지후생정책 등을 통해 적극적으로 문제해결을 위한 노력을 요구하는 사회적 압박을 받고 있다. 그 결과 생애주기 전반에 걸친 복지후생 프로그램을 운영하는 움직임이 나타나고 있다.

이에 따라 기업들은 카페테리아식 복지후생, 홀리스틱 복지후생, 라이프사이클 복지후생 등의 새로운 복지후생제도를 모색하게 되었다.

1) 카페테리아식 복지후생

가. 카페테리아식 복지후생의 의의

카페테리아식 복지후생제(cafeteria benefits plan)는 기업으로부터 일방적으로 제공되던 표준적 복지후생(standard benefits package)과 달리 “사전에 설계된 다양한 복지메뉴 중 일정한 예산하에서 종업원 개인의 니즈에 가장 적합한 복지항목과 수혜수준을 종업원들이 자유롭게 선택하도록 하는 제도”로, 선택적 복지후생제(flexible benefits plan)라고도 한다. 최근 이 제도의 도입이 활발히 검토되고 있는 배경에는 기업의 복지비용이 꾸준히 증가하고 있음에도 불구하고 기존의 복지제도에 대한 종업원들의 불만이 높아감에 따라, 비용효율성을 높이는 방향으로 새로운 복지제도의 설계가 요구되고 있기 때문이다.

일반적으로 복지후생제도는 비슷한 수준에 있는 종업원들에게 같은 혜택을 부여하는 것이 보통이었으나, 실제로 어느 한 사람에게 가치 있는 제도가 다른 사람에게도 똑같이 가치가 있다고는 할 수 있다. 결국 복지후생의 가치는 각 종업원이 처한 특수한 상황, 즉 결혼 여부, 나이, 자녀의 수, 소득수준 등에 의하여 결정된다고 할 수 있다. 그러므로 젊은 미혼 근로자들은 직접 임금의 상승이나 교육훈련의 보조 등을 선호하는 반면, 나이든 기혼 노동자들은 연금보험이나 건강보험 등의 제도를 선호하게 되는 것이다.

이처럼 종업원의 다양한 욕구를 반영하고 기업 복지후생비의 효율성을 추구하기 위해 최근 많은 기업이 이미 도입하였거나 앞으로 도입을 계획하고 있는 선택적 복지후생 제도는 앞에서 가조하는 기업복지의 새로운 추세를 잘 반영하는 제도라 하겠다.

나. 카페테리아식 복지후생제도의 특징

카페테리아식 복지후생제도는 다음과 같은 특징을 지니고 있다.

- 개인의 욕구를 중시: 제도의 설계와 운영에 있어 구성원 개개인의 다양한 욕구와 이해관계를 반영한다.
- 유연한 복지제도: 기업은 다양한 복지서비스를 제공하고 구성원들에게 이에 대한 선택권을 부여한다.
- 참여복지제도: 복지후생제도의 설계와 운영에 있어 일반적으로 구성원 개인이나 집단의 의견 참여가 이루어진다.
- 효율중시 복지제도: 전체 인적자원과리 시스템과 총체적 보상시스템의 일환으로 운영되며, 제도운영에 있어 개인과 조직의 성과와의 연계 및 비용대비 효과를 중시한다.

다. 카페테리아식 복지후생제도의 효과 및 문제점

카페테리아식 복지후생제도의 기대효과를 살펴보면 다음과 같다.

- 복지후생비용을 사전에 예측할 수 있기 때문에 효율적인 비용관리가 가능하다. 즉, 기업구성원들이 선호하는 서비스 항목을 적정가격에 제공하거나 세제혜택 등을 활용하여 복지후생비용을 절감할 수 있다.
- 종업원이 선택하지 않은 항목을 줄임으로써 복지후생예산을 합리적으로 배분할 수 있고, 복지후생제도에 대한 효과를 쉽게 파악할 수 있다.
- 선진적인 복지후생제도를 구축함으로써 우수인재를 확보, 유지하고, 노조의 정치적 영향력을 줄일 수 있다.
- 종업원의 다양한 욕구 충족 및 수혜자 간의 형평성을 제고시킬 수 있어 동기부여에 효과적이다.
- 개인의 가치관과 생애주기에 따른 자율적이고 합리적인 복지항목의 선택으로 인해 직원들의 복지후생 설계능력을 향상시킬 수 있다.

이상과 같은 장점에도 불구하고 카페테리아식 복지후생제도는 다음과 같은 몇 가지 문제점이 존재한다.

- 개별 종업원을 대상으로 복지후생제도를 관리하여야 하기 때문에 전산화의 도입이 절실하게 되고 이에 따른 비용의 증가를 감당해야 한다.
- 각 개인이 이용할 수 있는 복지후생비의 총액을 설정하여 그 범위 내에서 복지후생의 혜택을 갖도록 해야 하는데, 그 비용의 총액 수준을 개별적으로 결정하기가 어렵다.
- 실시하고 있는 제도 중 신청자가 적으면 상대적으로 비용이 증가하게 되어 그 종업원이 누릴 수 있는 다른 제도에서의 수혜의 폭이 좁아지게 된다.

이상과 같은 문제점을 고려해 보면 선택적 복지후생제도는 규모가 작은 중소기업에서 실시하기에는 어려움이 따르며, 대기업에 있어서도 도입 초기에는 많은 비용을 감수해야 한다는 것을 알 수 있다. 따라서 이 제도는 종업원과의 충분한 의사소통으로 노사합의하에 처음에는 제한된 범위의 복지후생제도만을 실시하다가 점차 확대해 나가는 것이 바람직하다.

라. 카페테리아식 복지후생제도의 유형

카페테리아식 복지후생제도는 선택항목추가형, 모듈형, 선택적 지출계정형으로 구분할 수 있다.

① 선택항목추가형(core plus option plans)

선택항목추가형은 기업이 의료보험처럼 종업원 전체에게 꼭 필요하다고 판단되는 복지후생을 핵심항목(core set of benefits)으로 제공하고, 그 밖에 추가적으로 제공되는 공통항목 중 본인이 원하는 것을 선택하게 하는 제도다. 따라서 핵심항목은 모든 종업원들이 의무적으로 선택하여야 하며, 공통항목은 개인에게 부여된 일정점수(credit)의 한도 내에서 자유롭게 선택할 수 있다. 이러한 절충식 방식을 통해 종업원을 위한 기본적인 복지후생 항목은 유지하면서 종업원이 자율적으로 선택할 수 있는 기회를 동시에 제공할 수 있다. 또한 비용통제의 효과도 크기 때문에 미국에서 가장 일반적으로 활용되고 있으며, 우리나라 기업들도 대부분 이 형태의 제도를 도입하고 있다.

② 모듈형(modular plans)

모듈형은 기업이 다양한 복지후생제도들을 조합하여 동등한 가치를 지닌 몇 개의 모듈 혹은 패키지를 마련해 놓고 종업원이 그 가운데 하나를 선택하도록 하는 제도이다. 종업원의 선택의 폭이 미리 정해진 몇 가지의 패키지로 한정되어 있기 때문에 수혜의 범위나 제도의 유연성이 떨어질 수 있다.

③ 선택적 지출계정형(flexible spending accounts)

기업이 제공하는 복지후생 지원금과 개별 종업원이 갹출한 금액을 종업원 개인의 복지계좌에 예치하고, 이 계좌의 금액범위 내에서 회사가 복지항목으로 제시한 다양한 상품이나 서비스를 자유롭게 선택하여 구매하거나 이용할 수 있도록 하는 제도이다.

2) 홀리스틱 복지후생

홀리스틱(Wholistic) 복지후생은 종업원을 전인적 인간으로서, 즉 육체적, 심리적, 정신적 측면에서 균형된 삶을 추구할 수 있도록 지원하는 복지후생이다.

홀리스틱 복지후생의 가장 큰 특징은 조직, 개인, 가정의 삼위일체를 통한 삶의 질 향상으로 조직을 하나의 사회공동체로 간주하고 종업원과 그 가족이 함께 공동체의 일원이 된다. 홀리스틱의 복지후생의 궁극적인 목표는 조직, 가족, 사회가 하나의 공동체로서 삶의 질 향상에 매진하는 것이다.

가. 홀리스틱 복지후생의 등장배경

홀리스틱 복지후생이 등장하게 된 배경은 다음의 세 가지 요인에 기인한다.

- 조직경쟁력으로서 인력의 중요성: 정보통신시대의 개막과 더불어 창의적이고 혁신적인 인력의 조직행동은 조직경쟁력이 되므로 핵심인력의 유인과 보유를 위해 효과적인 방안이 필요하게 되었다.

- **노동시장 유연화로 인한 핵심인력 유출:** 노동시장이 유연해지면서 인력의 유입과 유출이 쉬워졌다. 이러한 환경의 변화는 기업으로 하여금 장기간이 소요되는 프로젝트의 운영을 어렵게 한다.
- **삶의 균형을 중시하는 사회 분위기:** 최근의 근로자들은 도전적인 직무를 통한 성취감보다 종합적인 삶의 질 향상을 더욱 중시하는 경향을 보인다. 이처럼 사회, 문화적 수준 향상은 일과 여가의 적절한 균형을 추구하는 경향을 이끌어낸다.

나. 홀리스틱(wholistic) 복지후생 프로그램

삶의 균형을 중시하는 사회로 발전하는 사회적 추세로 인해 기업 차원에서 핵심인력의 확보와 유지를 위한 대안으로 등장한 복지후생 프로그램이다. 일과 삶의 적절한 균형을 위해서는 다음과 같은 요소를 고려한다.

- **육체적, 감정적, 정신적 요소의 균형:** 경제적인 충족을 기반으로 개별 종업원들이 기업을 통해 자신의 자아를 실현할 수 있는 환경을 제공해야 한다. 특히 종업원들의 직무가 능력개발과 경력관리와 연계되도록 하여 미래 설계가 가능하도록 해야 한다.
- **종업원들의 참여 유도와 피드백을 통한 심리적 만족:** 조직의 중요 정보 공유와, 조직 내 행사에 종업원들을 참여시켜 회사가 종업원들을 중요한 자산으로 여기고 있음을 스스로 인식할 수 있도록 한다. 또한 보상 지급시 종업원의 업무가 회사의 성과에 기여한 바를 구체적으로 피드백하고 보상과 자연스럽게 연결되게 하여 자신이 조직에 기여하고 있다는 심리적 만족을 얻을 수 있도록 유도한다.
- **자기개발 기회 제공:** 교육훈련, 역량 개발의 기회를 제공하여 종업원이 스스로의 가치를 상승시킬 수 있도록 한다.

다. 홀리스틱 복지후생의 결과

홀리스틱 복지후생을 운용하여 조직이 얻을 수 있는 효과는 다음과 같다.

첫째, 종업원들의 역량 증대와 직무수행에 있어 창의적인 활동을 기대할 수 있다.

둘째, 종업원들의 높은 직무만족도와 이직률 감소를 통해 궁극적으로 생산성이 향상된다.

종업원의 이직률 감소는 조직의 새로운 지식창출과 혁신적 사고, 창의적 행동을 유도할 수 있다. 둘째, 직무 그 자체뿐만 아니라 직무 이외의 위생요소들과의 결합을 통해 종업원들의 직무만족을 이끌며 이직률 감소와 생산성 향상을 도모한다. 종업원의 이직률 감소는 조직의 새로운 지식창출과 혁신적 사고, 창의적 행동을 가능하게 한다. 셋째, 조직에서 수행하는 프로젝트의 지속적인 추진 또한 가능하게 된다. 넷째, 장기적으로는 조직경쟁력을 강화시키고 조직생산성을 향상시킨다.

3) 라이프사이클 복지후생

라이프사이클 복지후생(life-cycle benefit)은 종업원의 초기 직장생활에서 정년퇴직할 때까지 종업원의 연령에 따라 변하는 생활패턴과 의식변화를 고려하여 복지후생 프로그램을 달리 제공하는 것이다. 예를 들어 연령대별 주요 관심사로 20대는 학력보강과 자부심을 증진시킬 수 있는 프로그램, 30대는 주택마련, 40대는 사회적 지위와 건강증진을 위한 프로그램에 초점을 두는 것이다.

연령대별 프로그램은 조직에 따라 다를 수 있으며 퇴직한 인력에 대해 조직에서 경조금, 창립기념일 초대 및 선물, 콘도, 휴양소 이용 등 배려하는 것도 잔류 근로자의 조직 일체감을 위해 필요하다.

연령대별로 선호하는 복지후생을 종합해 경제적, 정신적, 환경적 복지를 통합적으로 추진해 전인적 복지후생을 추구할 수 있다.

3.3 복지후생제도의 효율적 관리

오늘날 기업에서 제공하고 있는 복지후생은 정부의 규제나 법률에 의해서뿐만 아니라 산업사회의 발전과 함께 기업의 자발적인 복지후생제도로 인하여 비용이 점차 증가하고 있다.

또한 종업원의 복지후생관리에 관하여 영향을 미치는 요소는 여러 가지가 있다. 노동조합, 정부의 요구, 경제 및 노동시장 상황, 기업의 목표, 그리고 종업원의 선호와 태도가 바로 그것인데, 이들 요인들은 기업의 복지후생을 효율적으로 관리하게 하는 데 있어서 중요한 요소가 된다. 따라서 이 절에서는 복지후생제도를 효율적으로 관리할 수 있는 방법에 대해 살펴보고자 한다.

1) 복지후생제도의 3원칙

오늘날 기업의 복지후생관리는 인적자원관리의 주요 영역으로서 노사 간의 관심이 큰 사항이므로 그 효율을 높이기 위한 노력이 충실하게 이루어져야 한다. 즉 기업의 복지후생은 무조건 그 시설이나 제도를 확충하는 것만이 최선의 관리방법은 아니다. 우선 종업원들의 현재 임금으로 해결하지 못하고 있는 것 가운데 기업의 지급능력을 초과하지 않으면서 추진할 수 있는 것이 무엇인지, 지역사회나 국가의 사회보장시설에서 충족시켜주지 못하고 있는 것이 무엇인지 등을 파악한 다음, 이들을 해결할 수 있는 방향으로 추진되어야 할 것이다. 이를 위해서는 다음과 같은 몇 가지의 원칙을 중심으로 기업의 복지후생관리가 효율적으로 운영되어야 할 것이다.

가. 적정성의 원칙

적정성의 원칙이란 기업의 복지후생시설이 다수 종업원에게 혜택이 가면서도 기업의 경비부담 능력에 적당하며, 그 지역의 산업 또는 동종 타기업과 비교하여 큰 차이가 나지 않도록 실시되어야 함을 의미한다. 이를 위해서는 종업원의 욕구에 맞는 시설을 파악하기 위한 의견조사를 한다든가, 순조로운 경비부담 능력의 확보를 위해 기업의 실정에 알맞도록 연차적 복지후생확장계획을 세운다든가, 또는 타기업이나 동일지역 내의 시설 등을 조사하여 자사의 시설 수준과 비교를 해 보는 등의 정책이 필요하다.

나. 합리성의 원칙

합리성의 원칙이란 기업의 복지후생시설이 국가나 지역사회에서 실시하는 복지후생시설과 서로 중복되거나 혹은 관련성이 결여되는 일이 없도록 조정, 관리되어야 함을 뜻한다. 이는 기업이 국가의 사회보장제도를 활용한다든가, 민간 회사의 보험사업을 이용하거나, 지역사회와 협력하여 복지시설을 공동으로 설치, 운영한다는 의미에서 공동성의 원칙이라고도 할 수 있다. 그렇게 하여야만 특정 기업의 복지후생시설이 그 지역사회의 타기업에서 실시하는 복지후생시설과 그 수준면에서 적절한 관계를 맺는 적정성의 원칙이 확보될 수 있으며, 중복이 되는 이유로 인하여 발생하는 불필요한 비용증가를 방지할 수 있게 된다.

다. 협력성의 원칙

협력성의 원칙이란 복지후생의 내용설계와 그 운영이 노사협력을 확보하는 차원에서 이루어져야 한다는 의미다. 오늘날 민주적 노사관계제도가 정착되고 노사의 위치가 대등한 관계에 놓이게 됨에 따라 복지후생의 관리도 사용자의 일방적인 의사에 의하지 않고 노동자 내지 노동조합과의 협력하에 이루어지게 되었다.

사실 복지후생의 유지, 향상을 위해서는 기업의 책임이 크지만 동시에 종업원 자신들을 위한 복지후생임을 고려할 때 종업원의 책무도 적지 않은 것이 사실이다. 즉, 노사가 협의하여 복지후생의 내용을 충실하게 검토함으로써 알찬 시설이나 제도를 마련할 수 있으며 그 운영에 있어서도 더 한층 협력적 효과를 기대할 수가 있다. 이를 위해서 복지후생위원회를 따로 설치하거나 노사협의회 등을 통한 복지후생제도의 운영이 필요하다.

2) 관리상의 유의점

가. 효과적인 커뮤니케이션

복지후생제도를 실시하고 있는 개별 기업은 이 제도가 종업원들의 동기부여 수준을 높여주고 노동력의 확보, 유지 등에 도움을 줄 수 있으리라는 것을 기대한다. 그러나 복지후생제도에 대한 내용을 정확하게 알지 못한다면 그러한 효과를 기대할 수 없다. 따라서 기업에서는 복지후생제도를 종업원에게 이해시키기 위하여 원활한 의사소통을 하여야만 한다. 이를 위해서 복지후생제도에 대한 안내 및 취지를 설명하는 책자를 배부하거나, 종업원 각자에게 복지후생비 지출 명세서를 제작, 배부하는 등 기업과 종업원이 복지후생 제도에 관한 충분한 의사소통을 하여야 할 것이다. 그리고 이러한 의사소통방법을 통하여 제도를 설명할 때에는 다음과 같은 점을 고려하여야 한다.

- 종업원들이 종업원 복지에 대한 기업의 관심을 신뢰할 수 있을 정도로 내용이 진실하여야 한다.
- 커뮤니케이션의 방법은 각 개인들에게 적절한 것이어야 한다.
- 직접적이고 단순명료한 용어를 사용하도록 한다.
- 종업원들의 질문이나 의견을 파악할 수 있는 쌍방향 커뮤니케이션이 실시되어야 한다.

나. 창출적 효과

기업의 입장에서는 복지후생제도가 단지 종업원들의 소득을 향상시켜주는 '이전적 효과' 대신, 종업원이 그들의 복지후생에 만족하면 결근율이나 이직의 감소, 보다 양질의 제품생산 그리고 사고(accidents)의 감소 등 경영의 성과를 유도하는 이른바 '창출적 효과'를 기대한다. 이를 위해서는 복지후생정책이 기업의 경영정책 및 사회정책과 유기적인 관련 속에서 종업원들의 성취동기를 유발할 수 있도록 실시되어야 한다.

다. 종업원의 참여

기업의 복지후생제도가 효율적으로 실시되기 위해서는 종업원의 욕구를 반영할 수 있는 대안이 필요하다. 즉, 복지후생제도는 종업원의 참여 없이 그 효과를 기대하기가 어렵다. 따라서 노사협의회나 공장위원회와 같은 노동자 참여조직기구를 통해 복지후생의 수혜가 공평하게 이루어질 수 있도록 해야 하며, 종업원의 의견을 반영할 수 있는 기구를 마련하는 것도 필요하다.

라. 불만의 해소

기업에서 실시하는 각종 제도는 그 내용에 있어서 언제나 모든 종업원에게 만족만을 가져다 줄 수는 없으며 복지후생제도도 예외는 아니다. 그러나 이러한 제도들이 가능한 한 그와 같은 종업원들의 불만을 해소하고 조직의 유효성에 도움이 되는 방향으로 관리되어야 한다. 복지후생제도의 실시로 인하여 나타나는 기업 내 종업원들의 불만은 크게 세 가지 범주로 구분될 수 있다.

- 타기업과 비교하여 미흡한 자사의 복지후생시설이나 제도에 대한 불만족
- 종업원의 복지후생비용 부담에 대한 불만
- 기업 내 복지후생이용 기회와 혜택에 대한 불만

이와 같은 불만을 해소하는 방안으로서는 다음과 같은 방법을 들 수 있다.

- 타기업과의 비교로 인하여 발생하는 불만은 기업이 제공하는 복지후생에 관한 전체 패키지의 파악과 기업이 처한 상황을 자세히 설명함으로써 종업원을 납득시킨다.
- 비용부담과 관련된 문제는 제도의 이용 규모와 상황, 그리고 비용의 분석을 통하여 기업의 부담분과 종업원 부담분의 내역을 정확하게 설정하고 있다는 점을 주지시켜 해결한다.
- 혜택의 기회에 대한 불만은 혜택의 기회를 받을 수 있는 요건을 공시하거나 기회의 횟수가 적을 경우 누구나 이해할 수 있도록 수혜의 우선순위를 정하여 이를 미리 주지시킴으로써 방지한다.

마. 복지후생비용의 파악

복지후생비용의 파악방법으로는 복지후생의 연간 총비용, 연간 1인당 비용, 임금에 대한 복지후생비의 비율, 1인당 시간비용의 네 가지가 있으며 이 중에서 두 가지 이상을 결합하여 관리의 목적에 사용하는 것이 보통이다.

- 연간 총비용: 기업 내 복지후생시설이나 제도에 대해 기업이 지출하고 있는 비용을 총합계한 것으로서 기업의 복지후생 연차계획이나 예산의 편성에 유용한 정보를 제공하고 있다.
- 연간 1인당 비용: 각 종업원으로 하여금 1년 동안 각자에게 얼마의 액수가 복지후생의 명목으로 지급되고 있는가를 쉽게 알 수 있도록 해준다.

- 임금에 대한 복지후생비의 비율: 타기업과 비교하여 볼 때 각 기업이 직접적인 보상 이외에 간접적인 보상에 얼마만큼의 관심을 가지고 있는가를 알게 해준다. 따라서 이 비율을 높일수록 직접적 보상인 임금의 수준이 낮다 하더라도 종업원에 대한 적극적인 보상수준이 낮지 않음을 알 수가 있으며, 보이지 않는 혜택을 종업원이 누리고 있음을 말해 준다.
- 1인당 시간비용: 연간 1인당 복지후생비용을 연간 작업시간 총수로 나누어서 구한 것인데, 이는 복지후생비에 대해 종업원 설명자료로 사용될 수가 있으며 단체교섭시에 유용한 자료로 활용될 수도 있다. 또한 종업원들이 그들의 시간당 임금과 쉽게 비교할 수 있기 때문에 보상에 관한 문제점을 해결하는 데 유용한 의사소통 수단이 된다.

임신기 감봉없이 6시간 근무… 2년 육아휴직 후 87%가 복직

[2018 리스타트 일자리 대상] 양성평등 부문 한샘

한샘이 직접 운영하는 서울 마포구 상암사옥의 직장어린이집. 2012년 개원한 이후 만 1세에서 4세까지 최대 70명의 임직원 자녀가 이곳을 다니고 있다. 한샘 제공

홈인테리어 전문기업 한샘에 근무하는 박소미 온라인 거실상품팀장(33)은 네 살배기 딸의 엄마이자 둘째를 임신한 워킹맘이다. 박 팀장은 아침마다 딸과 함께 서울 마포구 상암사옥에 있는 어린이집으로 출근한다. 아침 일찍 어린아이를 등원시키는 게 어려운 박 팀장의 출근시간은 다른 직원보다 1시간 늦은 9시. 한샘의 근무 시간은 오전 8시 출근, 오후 5시 퇴근이 기본이지만 박 팀장은 둘째를 임신한 이후 임신기 단축근로제의 혜택을 받아 9시부터 4시까지 6시간만 근무하면 된다. 업무 컴퓨터는 퇴근 시간이 되면 자동으로 꺼지며 상급자에겐 임신한 직원의 퇴근 시간을 알리는 문자가 전송된다.

엄마가 행복한 회사

한샘은 '여성이 다니고 싶은 회사, 엄마가 행복한 회사'를 목표로 어느 회사보다 강력한 모성보호제도를 운영하고 있다. 지난해 12월 모성보호제도를 대대적으로 개편한 이후 한샘은 직원이 임신하면 30만원 상당의 임신축하 선물과 산전 용품 구입을 위한 복지포인트를 지급하고 있다. 임신 기간 동안 월급이 깎이지 않는 단축근로제도도 운영 중이다. 임신 기간에는 태아검진휴가를 법정 기준에 따라 자유롭게 사용할 수 있으며 출산하면 출산 축하금(100만원)을 지급한다. 육아휴직은 기존 1년에서 2년까지 늘어났다.

박 팀장은 "육아휴직과 함께 퇴사하거나 휴직 전과 다른 부서로 복직하는 일은 한샘에서 상상도 할 수 없는 일"이라며 "회사의 모성보호제도 덕분에 임신과 출산, 육아기에 있는 수많은 여성 임직원이 경력 단절 없이 회사에서 커리어를 쌓을 수 있게 됐다"고 말했다.

육아휴직 후 복직률 87% 달해

한샘의 모성보호제도는 여기서 끝나지 않는다. 출산 이후에는 육아휴직 기간을 포함해 매월 10만원의 자녀보육비를 만 8세까지 지급한다. 복직 후에도 시차출퇴근제도, 육아기 단축근무제도, 가족돌봄휴직 등을 통해 하루 4~6시간만 근무할 수 있다. 자녀가 아플 경우 최대 90일까지 휴직할 수 있다.

모성보호제도는 육아 중인 한샘의 여직원에게 예외 없이 적용된다. 이를 지키지 않는 해당 부서장은 즉시 징계위원회에 회부돼 보직해임 등의 징계 처분을 받는다. 이 제도 덕분에 한샘의 육아휴직 후 복직률은 87%, 복직 후 1년 근속률은 94%나 된다. 한샘은 모성보호제도를 통한 사내 양성평등 문화에 기여한 점을 인정받아 동아일보와 채널A가 선정한 '2018 리스타트 일자리 대상' 양성평등 부문 대상을 받았다. 한샘 관계자는 "주 소비자가 여성인 업계 특성상 가족 친화적인 기업을 목표로 여성 복지 향상을 위해 힘쓰고 있다"고 말했다.

(동아일보, 2018년 11월 21일)

Chapter 10

노사관리

헌재로 가는 서울교통공사 '정규직 전환 갈등'

공채 출신 400여 명 헌법소원 추진

무기계약직 전원 연내 정규직화 "최소한 선별 없어 평등권 침해" 반발

작년 7월 이후 노노 갈등 깊어져… 공사 "이미 노사 합의된 사항"

소송단측 "가처분신청 함께 고려"

서울지하철 1~8호선을 운영하는 서울교통공사 정규직 직원 일부가 비정규직의 정규직화 정책으로 기본권이 침해됐다며 헌법소원을 낸다. 서울교통공사는 3월 무기계약직 1,288명을 정규직으로 전환한다. 그러나 일부 정규직은 이 조치로 자신들의 평등권이 침해됐다고 보고 있다. 서울시 산하 투자·출연기관 비정규직 2,442명 전원의 정규직 전환 방침으로 불거진 '노노(勞勞) 갈등'이 헌법재판소까지 이르게 된 것이다.

"적절한 검증 절차 없으면 평등권 위배"

'서울교통공사 특혜반대 법률소송단'(대표 곽용기 과장)은 30일 "정규직 전환이 이뤄지기 전인 다음 달 헌법소원을 청구하겠다"고 밝혔다. 법률소송단 관계자는 "지난해 12월부터 모집한 사내 헌법소원 청구인이 현재 400명에 육박하고 있다"고 말했다. 청구인의 70%는 입사 4년 차 미만의 공채 출신 정규직이다. 이들은 지난해 7월 서울시가 비정규직의 정규직 전환 정책을 발표하자 이에 반대하는 집회와 시위를 주도했다.

이들은 무기계약직을 정규직으로 전환하는 것에는 반대하지 않지만 그 절차는 정규직에 불평등하다고 문제를 제기한다. 자신들이 정규직이 되기 위해 거쳤던 절차에 상응하는 과정이 있어야 한다는 얘기다.

법률소송단의 다른 관계자는 "공채 등 공사가 정한 절차에 따라 입사한 사람과 비슷한 검증을 거치지 않거나 어쩌면 '백'으로 들어왔을 수도 있는 사람이 동일한 대우를 받는 것은 평등에 어긋난다"며 "업무 수행 적합도 같은 최소한의 선별 과정은 있어야 한다"고 말했다.

서울교통공사 정규직은 신체검사를 비롯한 5단계 시험(서류·필기·인성·면접)을 거친다. 무기계약직은 서류 및 면접 전형만 본다. 지난해 10월 국회 행정안전위원회 국정감사에서는 서울교통공사 전·현직 직원 자녀를 무기계약직으로 채용했다는 특혜 의혹이 제기됐다.

법률소송단은 정규직 전환 중지 가처분신청도 함께 제기할 방침이다. 중앙헌법법률사무소 조기현 변호사는 "우선 가처분신청이 받아들여지면 3월 예정된 정규직 전환을 중지하고 헌법소원을 진행할 수 있다"고 말했다.

이번 헌법소원이 헌법재판소에서 인용되려면 청구인이 실질적인 손해를 보는지 입증할 수 있어야 한다고 법조계는 본다. 정규직의 평등권이 침해됐다고 해도 명확한 손해를 입었다고 볼 수 있어야 한다는 뜻이다. 이 때문에 청구인에 정규직 공채를 준비하는 수험생을 포함시킨다는 얘기도 있다. 다만 인

용된다면 그 파급력은 서울교통공사뿐만 아니라 다른 공공기관의 정규직 전환에까지 미칠 정도로 강할 것이라는 전망이 나온다.

서울시 "이미 공사 노사 합의 끝난 일" 뒷짐

노노 갈등이 법의 힘을 빌리는 데까지 이르렀음에도 서울시는 "노사 합의로 결정한 것"이라며 사실상 손을 놓고 있는 모양새다. 서울교통공사의 정규직 전환을 둘러싼 갈등은 지난해 7월 정책 발표 직후 불거져 지속적으로 표출됐지만 이를 봉합하려는 서울시의 노력은 보이지 않았다.

법률소송단 전신이라 할 '공정사회를 염원하는 서울교통공사 청년모임'은 지난해 8월부터 "정규직 역차별에 반대한다"며 1인 시위를 벌이고 '합리적인 차이 없는 무기직 일반화 반대' 서명을 정규직 약 1000명에게서 받았다. 세종문화회관 정규직 모임 및 서울시교육청 일반직공무원노조 등과 연합해 '정규직 역차별' 기자회견도 열었다.

서울교통공사 사내 익명 게시판에는 찬반 글이 100건 넘게 올라왔다. 지난해 12월 무기계약직 직원들은 이 익명 게시판에 오른 '비정규직 비하' 발언을 시와 서울교통공사 측이 방치했다며 국가인권위원회에 진정을 냈다.

서울교통공사 측은 "이미 지난해 말 노사가 합의한 사항이다. 시의회의 동의를 얻어 정관을 수정할 것"이라며 "일부 사원들의 반발이 진정되는 데는 시간이 필요할 것 같다"고 밝혔다.

서울시는 비정규직의 정규직 전환에 속도를 내고 있다. 지난주 tbs교통방송 프리랜서 비정규직 181명의 정규직화를 발표한 데 이어 다음 달 1일 서울시 본청 및 사업소, 서울시설공단 기간제 근로자 146명을 공무직(정년 보장 무기계약직)으로 전환한다고 30일 밝혔다.

(동아일보, 2018년 1월 31일)

제 1 절

노사관리의 기초

1.1 노사관계의 개념

일반적으로 노동시장은 자유경쟁을 원칙으로 하며 노동의 수요와 공급에 의하여 결정된다. 즉, 수유자인 사용자는 제반 노동조건을 공급자인 근로자에게 제시하고 근로자는 이를 승낙함으로써 노사관계가 형성된다. 따라서 노사관계란 기업경영에 필요한 노동력의 수요 및 공급과 관련된 상호관계를 나타내는 개념으로 이해할 수 있다. 이는 다시 노동력의 수요자측인 사용자 및 사용자단체와 공급자측인 근로자 및 근로자단체인 노동조합의 상호관계로서 종업원－사용자, 노동조합－사용자 관계로 구분되는 두 가지 개념을 동시에 포함하고 있다.

따라서 노사관계란 경영자, 근로자 및 정부 사이의 상호관계의 복합체, 또는 근로자 조직과 산업경영자 간의 처리뿐만 아니라 임금, 생산성, 고용보장, 경영자의 고용관행, 조합의 정책 및 노동문제에 대한 정부의 행동을 포괄하는 노동의 모든 영역을 포함한다고 할 수 있다.

1.2 노사관계의 발전과 성격

노사관계의 역사적 발달을 단계적으로 유형화하면 다음과 같이 정리될 수 있다.

1) 전제적 노사관계

자본주의 초기에서부터 19세기 중반까지 존재하였던 형태이다. 비록 자유로운 자본시장은 성립되었으나 근대적 노동시장은 성립되지 못하였고, 그 결과 기업은 소유자에 의한 경영의 단계이기 때문에 전제적 성격이 강하다. 따라서 노사관계는 절대명령과 복종이라고 하는 예속적 관계가 유지됨으로써 인간성이 무시되었다.

2) 온정적 노사관계

19세기 초에서 20세기 초까지 존재했던 형태이다. 생산방식의 발달과 노동의 증대로 전제적 노사관계가 한계에 이르게 됨에 따라 사용자는 온정주의에 입각하여 근로자에게 후생복리시설 등을 제공하는 단계이다. 이로써 근로자는 사용자가 베푸는 은혜에 보답함으로써 순조로운 노사관계가 유지된다고 보았던 것이다.

3) 완화적 노사관계

산업혁명이 진전되고 주식회사가 보편적으로 보급되는 단계로서, 기업규모의 확대와 관리의 합리화가 추진되며 소유와 경영의 분리현상이 나타나는 시기이다. 그러나 자본과 경영의 완전한 분리는 이루지 못하고 개별적 자본의 성격이 강하게 남아 있기는 하지만, 종래의 자본의 일방적 지배를 어느 정도 제약하기에 이른다. 그러나 노동의 조직력이 자본과 대등한 지위에까지 이르지 못하고 자본의 전제를 완화하는 정도에 그칠 뿐이다.

4) 민주적(대등적) 노사관계

1930년대 이후 자본과 경영의 분리, 경영직능의 분화·전문화, 전문경영자의 등장, 경영자집단의 조직화가 진전되고 노동도 경영규모의 확대에 따라 기능의 획일화, 사회화 및 산별노동조직의 발전이 이루어진다. 이와 같이 새로운 단계의 노동과 자본의 관계는 노동조건을 결정하는 단체교섭 과정에서 노사대등의 지위를 인정받게 된다.

현대에 있어서 노사관계관리는 노사의 대립적 관계를 어떠한 제도, 절차 및 태도에 의해 조정, 완화하려고 하는 근대의 노사관계관리를 기초로 일보 전진해서 협력관계를 형성하고자 하는 조직적이고 종합적 시책이라고 할 수 있다.

1.3 노사관계에 관한 법률

1) 노동조합 및 노동관계조정법

근로자의 자주적 단결권과 단체행동권을 보장함으로써 근로자의 노동조건을 유지, 개선하고, 근로자의 경제적, 사회적 지위를 향상시키며 국민경제 발전에 기여하게 하기 위해 제정된 법이다. 이 법에서는 노조의 요건, 노조의 설립, 노조의 관리, 노조의 해산, 단체협약 및 부당노동행위 등을 규정하고 있다.

또한 노사관계의 공정한 처리를 도모하고 노동쟁의를 예방 또는 해결함으로써 산업평화의 유지와 국민경제의 발전에 기여할 것을 목적으로 제정되었다. 그 주요 내용으로는 쟁의행위의 제한과 금지 및 알선, 조정, 중재, 긴급조정 등이 있다.

2) 노동위원회법

노사 간의 쟁의에 개입하여 이를 공정하게 조정함으로써 노사분규의 평화적 해결을 도모하며, 노사행정의 민주화를 기하기 위하여 구성된 노동위원회에 대한 기본규칙을 정한 법으로, 노동위원회의 조직, 회의, 권한 등으로 구성되어 있다.

3) 노동관계법의 입법정신

노동관계법은 계약자유의 원칙과 개인자유의 원칙에 대한 제한을 수정하면서, 그 원칙 자체의 발전에 협력하기 위하여 집단으로서의 노사관계 본연의 자세와 운영의 원활화를 도모하는 것을 의도해서 작성된 것이다. 이 법에 있어서는 다음 세 가지의 원리원칙이 노동관계 입법의 기초로서 고려되고 있다.

가. 신의성실의 원칙

노조가 협상을 요구할 때 사용자는 성실히 임해야 한다는 것이다. 그러나 사용자측의 언동을 불성실하다고 하기 전에 어느 선까지 이끌고, 어떻게 타협할 것인가를 생각하지 않고서는 쌍방이 납득할 수 있는 문제해결은 이루어지지 않는다. 신의성실의 원칙은 노사가 규칙에 따라 이것을 준수해 가는 것이다.

나. 노사 대등의 원칙

대등하다는 것은 조합원 개개인과 사용자가 대등하다고 인정하는 것만은 아니다. 노동자가 단결할 때 단결에 의해 만들어진 조직의 대표자와 사용자가 대등하다고 하는 것을 인정하는 것이다.

다. 단체자치의 원칙

노동자와 사용자의 관계는 고용계약에 의해 자유롭게 행해진다. 따라서 특별히 미풍양속에 반하지 않는 한 국가도 이에 간섭할 이유가 없다.

근대 노동법의 정신은 개인의 자유를 국가가 지켜 주는 것에 있기 때문에 노사관계가 개인으로부터 집단의 형태로 되고, 그 관계를 회사 및 공공사업체 내에서 노사집단의 자치관계에 간섭하지 않는 것은 당연한 논리이다.

제 2 절

노동조합의 개념, 형태 및 가입 방법

2.1 노동조합의 개념

노동조합이란 근로자가 스스로의 직무, 생활의 질 및 조건을 유지, 개선하는 것을 목적으로 자주적으로 조직한 민주적인 단체라고 정의할 수 있다. 자본주의 경제의 기초에서는 근로자는 노동력이라고 하는 서비스를 시장에 제공함으로써 생계비를 제공받게 된다. 그러나 그들은 단독으로 기업과 투쟁하는 것은 불가능하다. 따라서 노동조합이라고 하는 단체를 결성함으로써 교섭상의 지위를 높이고, 개인으로서 교섭하기보다 더 많은 성과를 이끌어 내고자 한다. 따라서 사용자는 노동조합 결성을 포함한 노조활동을 방해한다든지, 정당한 이유가 없이 노동조합과 교섭하는 것을 거부할 수 없다. 왜냐하면 그것은 부당노동행위이고 노동조합 및 노동관계조정법에서 금지하고 있기 때문이다.

2.2 노동조합의 형태

1) 직업(직종)별 노동조합

가장 먼저 발달한 노동조합의 형태로, 직종 또는 직업을 같이하는 근로자들로 조직된 조합을 말한다. 이것은 종래의 생산방식하에서 숙련근로자가 조직을 통해 노동시장을 배타적으로 독점하여 교섭력을 높이려는 것을 주목적으로 한다. 그러나 기계화의 진전 등으로 미숙련 근로자의 취업기회가 증가함에 따라 그 기능을 상실하게 되고, 새로운 형태의 산업별 노조가 등장하게 된다.

이 형태의 조직의 장점은 단결력이 높고 단체교섭과 임금협상이 용이하다는 것이다. 그러나 조직의 배타성으로 형평성에 문제가 있고, 기업의 현실을 무시한 무리한 요구가 나타날 수 있다고 하는 단점이 있다.

2) 산업별 노동조합

미숙련공이나 숙련공의 구별이 없이 동일산업에 종사하는 모든 근로자를 조직에 가입시킴으로써 조직의 교섭력을 강화한 조합형태를 말한다. 오늘날 대표적인 노조의 형태로서, 정책활동 등의 압력단체로서의 지위와 단체교섭이 강하다고 하는 장점이 있는 반면, 직종간 또는 단위기업 간의 견해차이로 조직력이 약해질 수도 있다는 단점도 존재한다.

3) 기업별 노동조합

동일기업에 종사하는 전 근로자를 대상으로 조직되는 조합으로, 조직력과 교섭력이 약하고 사용자에 의해 지배되는 경우도 많다. 그러나 동일기업 근로자로 구성되기 때문에 공동체 의식을 형성하여 노사화합이 이루어질 수 있으며, 노동조건을 획일적으로 적용하기 쉽다는 장점도 있다. 이것은 기업내 조직으로서 일본에서 채택하고 있는 조합형태이다.

4) 일반조합

숙련이나 직종, 산업에 관계없이 일반 근로자를 폭넓게 규합하는 조직형태이다. 이것은 작업의 분업화, 단순화, 표준화 과정의 발달과 더불어 미숙련 근로자들이 그들의 노동생활을 영위하기 위하여 최저생활의 필요조건을 확보하기 위해 생성되었다. 이들의 요구조건들은 산업이나 직종을 초월하여 균일적인 성격을 가지므로 이의 실현을 위한 입법규제를 중시한다. 그러나 구성원의 이질성으로 인하여 단결력이 약하고 양적 팽창만으로 유동적이며, 의견통합이 어려워 단체교섭기능이 약화될 가능성이 많다.

5) 결합방식에 의한 조합

① **단일조합:** 개개 근로자가 개인의 자격으로 중앙조직의 구성원이 되어 있는 것이며, 각 지역이나 사업장별로 지회나 분회를 두고 있는 조직의 형태이다. 각 지부나 분회는 단일조직이 아니며, 따라서 의결권과 집행권과 같은 자주적 결정권이 없다. 분회가 어느 정도 독자성을 갖는가 하는

것은 조직 내부의 규약으로 결정되는 것이 보통이다.

② 연합체조합: 각 지역이나 기업의 노동조합이 단체의 자격으로 지역적 내지 전국적 조직의 구성원이 되는 형태이다. 따라서 연합체조직의 구성원인 조합을 단위조합이라 하고, 지역적, 전국적 조직을 연합체조합이라 한다. 우리나라는 단위노동조합을 기업별 조합으로 하고 그들이 산업별로 전국연합조합을 구성하고 있다.

2.3 노동조합 가입의 방법

근로자는 두 가지의 역할을 가지고 있다. 경영조직체의 종업원으로서의 역할과 노동조합의 조합원으로서의 역할이다. 이 쌍방의 역할을 결정하는 것이 숍(shop)제이고, 이것을 노동협약 속에서 명시한 것이 숍조항이다. 숍제에는 다음과 같은 종류가 있다.

① 오픈숍(open shop): 종업원은 노동조합에 가입하거나 가입하지 않아도 그것은 개인의 자유의지에 맡겨져 있다. 또 이제까지 조합원이었던 자가 조합을 탈퇴하거나 제명되어도 종업원으로서의 자격을 상실하지 않는다. 노동협약상 숍제에 대해서 아무것도 규정하고 있지 않는 것이 오픈숍이다. 우리나라는 오픈숍제를 적용하고 있다.

② 유니언숍(union shop): 이 제도하에서는 종업원으로 고용되면 일정기간 내에 필수적으로 조합원이 되어야 한다. 따라서 조합을 탈퇴하거나 제명되면 종업원의 자격을 상실하고 해고된다.

③ 클로즈드숍(closed shop): 종업원을 채용할 때는 반드시 조합원 내에서부터(가입이 고용의 전제) 선발한다고 하는 것으로 대부분 이용되고 있지 않다. 즉, 기업에 속해 있는 근로자 전체가 조합에 가입해야 할 의무가 있으며 이에 강제성이 부여되는 방법이다.

노동조합은 조합원의 생활의 질 향상을 추구하는 데 반해 사용자는 사업의 발전을 추구하기 때문에 노사관계에는 당연히 이해가 대립되는 측면이 있다.

그러나 궁극에 있어서 양자의 이해는 공통하고 있고, 그 목적을 공동으로 추구하지 않으면 안된다. 그렇지 않고 투쟁만의 노사관계가 있다면 사업의 발전도 종업원의 복리향상도 바람직하지 않고 노사 공히 사회에 존재하는 의의가 없게 된다.

제 3 절

단체교섭

3.1 단체교섭의 메커니즘

노사관계에 있어서 임금이라든가 노동조건을 둘러싼 거래관계는 단체교섭이라고 하는 절차하에서 진행된다. 단체교섭은 개인간 거래관계만이 아니고, 집단 상호간 거래관계로 이루어진다. 여기에서 단체교섭은 노사라고 하는 집단간 상호관계의 전반적 과정으로서 이해할 필요가 있다.

먼저, 단체교섭이라고 하는 노사 간의 절차는 보통 노사의 대표자에 의한 토의에 의해 이루어진다. 따라서 어떠한 교섭과정으로 노사가 일치점에 도달하는가는 이 교섭에 임하는 양 집단의 토의능력, 분위기, 상호신뢰감에 의해 좌우된다. 단체교섭에 임하는 노사의 당사자는 각각의 단체 대표자로서의 입장을 의식하고 있고, 그 소속집단의 정책의 틀에 구속된다. 그러므로 단체교섭의 장면에서 노사의 교섭 당사자는 개인으로서의 발언보다는 집단의 대변자로서 발언과 행동을 강하게 해야 한다.

다음으로 단체교섭은 노사의 대립적 국면에서 교섭하면서도 힘의 균형 위에서 어떠한 일치점을 찾아내려고 하는 과정으로써 이루어진다. 이 노력 과정의 결과는 대다수의 경우 노사 상호간의 양보라고 하는 형태로 어떠한 일치점에 도

그림 10-1 단체교섭의 프로세스

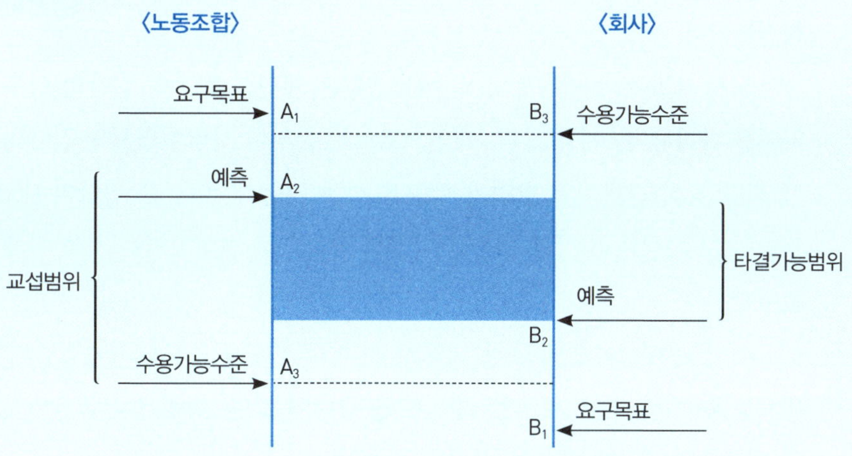

달한다. 이러한 과정을 도식화하면 [그림 10-1]과 같다.

노사의 요구목표 수준이 각각 A_1, B_1에 있다고 본다. 단체교섭에 임해서 노사 쌍방은 더불어 어떠한 예측을 각각 A_2, B_2에 두고 있다. 그리고 노사 쌍방 모두 일정 한계 이상은 양보하지 않는다고 하는 수용 가능 수준을 각각 A_3, B_3로서 갖고 있다. 이들 수용 가능 수준에서 맴도는 범위가 노사의 교섭권이다. 그리고 노사의 교섭에 의해 타결이 이루어지는 가능성이 가장 높은 범위는 노사 쌍방이 세운 예측점에서 맴도는 틀 내에 있다고 본다.

단체교섭은 또 노사 쌍방에 있어 그 행동의 근거가 되는 집단규준을 형성한다. 단체교섭에 의한 노사간의 거래는 어떠한 형태로서 명문화되고, 그 후에도 동일한 문제에 대해서 노사 쌍방이 교섭에 임하는 집단의 행동규준으로서 작용한다.

3.2 단체교섭의 심리적 특성

단체교섭에 대하여 경영자측의 행동목표는 기업의 존속과 발전이고 자기 위신의 유지이며, 현실승인적이다. 이에 대해서 조합의 행동목표는 조합원의 사회적, 경제적 지위의 향상이고 조합의 영향력의 확대라고 하는 방향을 목표로 한다. 그래서 그 지각의 특징은 현실 불승인적이고 요구적이고, 그들의 태도는 혁신적이다.

노사 대표자의 지각방식 및 행동경향은 개인의 경우와 집단의 경우로서 큰 차이를 나타낸다. 예를 들면, 개인으로서는 온정한 사람이면서도 집단의 대표자가 되면 극히 전투적인 발언과 행동을 하는 것이다. 이것은 집단의 대표로서의 역할이 그 사람의 지각과 행동을 일정한 방향으로 변화시키는 것을 강제하기 때문이다.

이와 같이 노사 각각의 대표자의 지각과 행동은 그 소속집단의 준거틀(frame of reference)의 영향을 많이 받는 경향이 있다. 한편으로 조합의 준거틀이 그 대표자의 지각과 행동을 규제하는 것이다.

3.3 노사 간의 갈등

노사 간의 단체교섭에 있어서 갈등상태는 노동분쟁으로 발전한다. 노동분쟁은 대부분의 조합이 파업(strike)이라고 하는 형태로 표현된다. 파업은 경영자에 대한 경제적 타격임과 동시에 조합원 또는 공중일반에 미치는 영향도 적지 않다. 그 가장 단순한 형식으로 피케팅(picketing)이 있다. 피케팅은 조합이 받는 경제적 손실을 최소로 해서 공중에게 미치는 영향을 최대로 도모하기 위해 행해지는 것이다.

파업은 단체교섭과 불가분의 관계를 갖고 있다. 그것이 단체교섭과 다른 점은 노사에 의해서 상호교섭으로의 기대가 소멸해 버린 위기장면의 전개를 의미하는 것이다. 통상의 노사관계에서는 노사의 협력적 관계와 대립적 관계가 병존하고 있지만, 조합이 파업으로 들어감으로써 노사의 대립적 측면만이 표출한다. 파업이 가져오는 다른 하나의 특징은 통상의 사태에서는 경영자는 조합원과 자유스러운 대화의 장이 이루어지지만, 파업에 들어감으로써 노사의 커뮤니케이션의 장이 사라져 버리는 것이다. 이러한 속에서 어떻게 분쟁 수습을 할 것인가는 노사 쌍방에 있어 중대한 관심사이다.

제 4 절

분쟁해결의 원리 및 경영참가

4.1 분쟁해결의 기본원리

노사간 분쟁의 형태는 두 가지로 분리해 볼 수가 있다. 즉, 노사가 새로운 협정을 만드는 과정에서 발생하는 분쟁과 체결된 협정의 해석을 둘러싼 불일치로부터 야기되는 분쟁이다. 여기에서 노사분쟁을 해결하는 제1의 원리는 노사가 추구하고 있는 경합적 목표를 공동적 목표로 전환함으로써 노사 쌍방이 각각의 욕구를 만족시킬 수 있다. 예를 들면, 조합은 임금인상을, 회사는 이익의 증대를 목표로 하고 있을 때 노사가 매출 상승에 의해 그 해결을 도모한다면 문제해결의 여지가 열리는 것이다.

분쟁해결에 관한 제2의 원리는 노사가 소속집단 이외에 강한 충성심을 나타낼 수 있는 것이 존재하는 경우이다. 이 경우 국가(공공의 복지)라고 하는 것은 노사의 분쟁해결에 극히 유효한 역할을 다한다.

세 번째로는 노사 간에 공통의 준거틀을 조성함으로써 해결이 가능하다. 예를 들면, 회사의 업적 저하를 극복하기 위해 조합의 임금인상이 어렵다고 하는 지각이 노사 쌍방에 있을 때는 교섭도 비교적 부드럽게 이루어져 갈 것이다.

4.2 노동조합의 경영참가

단체교섭이 노동조건의 유지·개선을 목적으로 행해져 왔지만, 이것만으로는 노사간 현재 문제를 해결할 수 없을 정도로 노사관계는 복잡 다양하다. 기술혁신, 사업전환, 기업의 해외진출 등 기업환경의 다양한 조건의 변화로부터 조직체 속에서의 사업의 전환, 이동 재배치, 해외근무, 잉여인원의 정리, 직업훈련, 그 외 다양한 것들이 노사 간에 있어 문제가 되어 왔다.

표 10-1 종업원의 경영참가

노동조합(광의)		
직접적 참가		간접적 참가
경영 참가(협의)	이윤 참가	자본 참가
공동결정법 경영조직법 ※ 노사 공동결정	종업원 이윤분배제도	종업원지주제도 노동주제도

그러나 종업원은 자신이 이제까지와 같이 간단한 노동력의 제공자라고 하는 것에 멈추지 않고 자신의 존재 의의를 직무 속에서 찾아내고, 직무의 장에서 자신을 향상시킨다고 하는 의식을 갖는 존재로 변해 간다. 그러나 노동조합의 대표자와 사용자가 교섭해서 종업원의 권익을 대변한다고 하는 제도만으로 문제를 해결할 수는 없게 되었다. 여기에 조합의 경영참가제도가 새로운 노사관계의 문제로서 등장하게 된다. 〈표 10-1〉과 같은 방법으로 종업원의 경영참가가 이루어지고 있으며, 우리나라의 경우 인사 및 경영권 참여보다 우리사주제, 성과배분 및 노사협의제 등이 적합하다고 본다.

제 5 절

기업과 노동조합의 관계

5.1 노사관계의 기본원칙

상호신뢰의 심적 상태를 형성하기 위해서는 노사가 다음의 기본원칙을 준수해야 한다.

1) 결사자유의 원칙

근로자가 노동조합을 자유롭게 결성하고 그것을 자유롭게 운영해 가는 것을 인정하며 근로자의 단결권을 보장하여야 한다.

2) 노사 상호 불개입의 원칙

사용자도 노동조합도 각각 상대방의 권리를 존중하는 것이 노사관계의 합리적 운영을 위해서는 필요하다. 우리나라 노동조합 및 노동관계조정법에서는 사용자의 다음과 같은 행위를 부당노동행위로서 금지하고 있다.

① 불이익 처분의 금지: 사용자는 근로자가 노동조합의 조합원인 것, 조합에 가입하고, 조합을 결성하려고 하는 것, 조합의 정당한 행위를 한 것, 부당노동행위를 주장한 것, 노동위원회의 절차에 참가한 것 등의 이유로써 근로자에 대해서 해고 그 외 불이익한 취급을 해서는 안된다. 불이익 처분의 유형으로는 해고, 전근, 배치전환, 출근정지, 휴직, 복직 거부, 공장폐쇄, 승급·승진 거부 등이다.

② 황견계약의 금지: 황견계약(yellow-dog contract)이란 경영자가 특정 노조에 가입하지 않거나 가입할 것, 탈퇴할 것 등을 조건으로 고용계약을 하는 것이다. 노동조합 및 노동관계조정법에서는 이를 부당노동행위로서 금지하고 있다.

③ 소수조합과 유니언숍 협정: 사용자는 공장사업장에 고용되는 근로자의 과반수를 대표하지 않는 조합과 유니언숍제(채용 – 조합가입 – 탈퇴 – 해고)를 체결해서는 안된다는 것이다.

④ 단체교섭 거부 금지: 사용자는 정당한 이유 없이 노동조합의 단체교섭 신청을 거부해서는 안된다. 동법 제81조 제3호에서는 노동조합 대표자 또는 노동조합으로부터 위임받은 자와의 단체협약 기타 단체교섭을 정당한 이유 없이 거부하거나 해태하는 행위를 금지하고 있다.

3) 노사관계 자치의 원칙

사용자와 노동조합 간의 노동조건 및 근로자 대우의 기준에 관한 사항에 대해서의 분쟁은 노사 쌍방의 대표자(교섭위원)에 의한 자유로운 단체교섭에 의해 해결하지 않으면 안된다. 단체교섭에 의해 노사 간의 합의가 이루어지지 않고 노동조합이 그 주장을 관철시키려고 노력할 때에는 노조는 동맹파업(strike) 및 태업(sabotage) 등을 행할 수가 있다. 사용자는 스트라이크 등이 장기화되는 경우에는 이것에 대해서 작업장폐쇄(lockout)를 단행할 수가 있다.

단체교섭 혹은 스트라이크의 결과 노사 간에 합의가 성립한 경우에는 그 합의된 사항을 문서화하고, 이것에 노사 쌍방의 대표자가 서명한다면 노사협약이 성립한다. 노사협약에는 노사관계에 관한 사항, 즉 조합활동·단체교섭·분쟁에 관한 사항에 대해서 규정하며, 노사협약이 체결되면 노사 쌍방 공히 그 유효기간 내에 협약에 정해진 사항을 변경할 수 없다.

4) 노사협약·협력의 원칙

노사관계는 대립하면서 협력하는 양면적 성격을 가지고 있으며, 노사협력 제도로서 노사협의제도가 있다. 구체적으로 단체교섭과는 별도로 혹은 단체교섭의 사전 협의기관으로서 설정되고 있는 것이 노사협의회이다. 단체교섭과 노사협의제도는 〈표 10-2〉와 같은 차이가 있다.

표 10-2 단체교섭과 노사협의제도의 차이

	단체교섭	노사협의제
근 거	법률에 의함	단체협약에 의함
당사자	회사, 조합 대표 사이에서 이루어짐	단체교섭과 같은 경우도 있으나 경영자와 조합 사이에서 이루어짐
교섭사항	노사의 이해대립 사항	노사의 이해공통 사항
대화내용	실력행사를 배경으로 주로 요구 관철을 위하여	의사소통을 해서 상호 이해를 도모함

5.2 회사와 노동조합

1) 노사관계의 구조적 특징

회사에서는 그 정책, 방침의 결정 또는 집행에 있어서의 경영관리그룹으로부터 이것을 보좌하는 스태프그룹, 직접 생산 및 판매를 담당하는 라인그룹에 이르기까지 몇 개의 계층그룹이 존재한다. 이것에 대해서 조합도 동일하게 조합의 운영, 지도를 담당하는 집행그룹으로부터 일반조합원에 이르기까지 몇 개의 계층그룹이 존재한다. 그리고 이들 그룹은 각각 조직목표의 달성을 위하여 기능하고 있다.

그러나 이것을 세력의 집중관계의 구조라고 하는 측면에서 보면 다양한 차이가 있다. 일반적으로 회사는 전제적 세력관계의 구조를 나타내고 있다. 그 세력의 집중은 조직의 정점으로부터 하위를 향해서 펼쳐가고, 권한의 위양이라고 하는 형태로써 하위의 계층으로 전해진다. 이것에 대해서 조합의 조직구조는 민주적인 형태와 절차가 취해지고, 그 세력의 중심은 하위조직으로부터 상위로 향하고, 조합 리더에게 그 권한이 이양된다. 조합 리더는 조합원의 요구를 충족시키기 위한 유효한 리더십을 발휘할 수 있는 필요한 권한을 조합 상층부로 모은다.

2) 조합을 만드는 이유

로스(A. M. Ross)는 조합원의 조합가입 이유 및 조합목표를 어떻게 지각하고 있는가라고 하는 문제에 대해서 〈표 10-3〉과 같이 정리하고 있다. 여기에서 밝혀진 것은 조합원의 직접적 이익에 관계되는 경제적 요인이 극히 중시되고 있다. 그러나 인간의 기본적 욕구 형태는 몇 가지 측면으로 접근이 가능하기 때문에 근로자의 조합결성의 동기가 다만 경제적 요인이라고는 할 수 없다.

노사관계에 대해서는 근로자의 이러한 욕구적 측면을 3개의 방향에서 접근하고 있다. 즉, 근로자에게 있어 생활수준과 직무, 이것과 더불어 임금보장이라고 하는 경제적 측면, 근로자의 행동, 표현, 창조성의 자유라고 하는 심리적 측면, 집단관계, 지역사회에 있어서 동료와의, 결합 등의 사회적 측면 등이 중요한 관련을 갖고 있다 .그리고 근로자는 이것들을 직무 속에서 추구하고 그 욕구

표 10-3 조합가입 이유와 목표의 지각

순위	조합가입의 이유	조합가입의 목표
1	유니언숍을 위해	특정의 경제적 이익을 얻는 것(보다 나은 임금)
2	개인의 이익을 위해	고용보장을 얻는 것(선임권)
3	조합은 좋은 목적을 갖고 있기 때문에	권리의 획득(언론, 복지, 공정한 취급)
4	임금인상을 위해	직무 이외로 이익을 얻는 것(레크리에이션, 법적·의료서비스)
5	노동조건을 좋게 하기 위하여	
6	보장을 얻기 위하여	
7	수는 힘이 되기 때문에	
8	대부분이 조합가입을 원하고 있기 때문에	
9	그 외	

충족의 수단으로서 조합을 결성하는 것이다.

이와 같이 조합을 단순히 경제적 기능만을 다하는 것으로 보는 것만이 아니고, 심리적, 사회적 기능을 다하는 것으로 보는 것은 현실의 노사관계에 기능하는 인간행동을 이해하는 데 극히 중요하다.

제 6 절 노동쟁의와 조정

6.1 노동쟁의

노동쟁의(labor dispute)란 임금, 노동시간, 종업원의 복리후생, 해고 등과 같은 노동조건에 관하여 노사간에 의견의 합치를 보지 못함으로써 분쟁에 돌입한 상태를 말한다. 노사간 분쟁은 원인에 따라 크게 두 가지로 분류한다. 하나는 법적으로 보장되었거나 이미 권리로 확정된 근로자의 권리를 침해한 경우 나타나는 것으로 권리분쟁이라 한다. 다른 하나는 새로운 권리를 설정하거나 이익을 분배하는 데 따른 분쟁으로 이익분쟁이라 한다.

노사가 분쟁으로 인하여 실력행사에 돌입하게 될 때 나타나게 되는 쟁의의 행위에는 여러 가지가 있는데, 그 주요 유형은 다음과 같다.

1) 노조측의 행위

가. 파업

이것은 근로자의 쟁의행위 중 가장 오랜 역사를 가진 전형적인 투쟁행위이다. 파업(strike)은 다수의 근로자가 노동조건의 유지 또는 개선이라는 목적을 쟁취하기 위하여 조직적인 방법으로 노동력의 제공을 거부하는 행위이다. 이 파업은 여러 가지 관점에서 구분해 보면 다음과 같다.

① 경제파업(economic strike): 노동조합원이 임금인상 및 복리후생 등을 비롯한 경제적 보수의 요구를 관철시키기 위하여 일을 중단하는 파업을 말한다.

② 부당노동행위 파업(unfair labor practice strike): 계약, 협상 및 관리와 관련하여 노동법상 금지된 것을 사용자가 부당하게 요구함으로써 일으키는 파업을 말한다.

③ 동정파업(sympathetic strike): 다른 기업 내지 조직에서 벌이고 있는 쟁의를 지지하기 위하여 벌이는 파업으로서, 연대파업이라고도 한다.

④ 총파업(general strike): 동정파업이 더욱 확산되어 그 지역 대부분의 노조들이 모두 가담하여 쟁의가 일반화되는 것을 말한다.

⑤ 불법파업(out-law or wildcat strike): 노동조합원이 노조당국의 승인을 받지 않고 전개하는 파업이다. 파업 참가자들은 대부분 보호를 받지 못한다.

⑥ 돌발파업(flash strike): 불법파업과 관련된 것으로서 노조원이 갑자기 경고도 없이 작업을 중단하고 쟁의를 벌이는 것을 말한다.

⑦ 연좌파업(sit down strike): 조합원들이 작업장을 떠나지 않고 작업을 중단하는 파업을 말한다.

⑧ 관할권파업(jurisdictional strike): 작업의 할당을 둘러싸고 2개 이상의 노조 사이의 분쟁으로 야기되는 작업중단을 말한다.

나. 태업

태업(soldiering)은 근로자들이 단결해서 의식적으로 작업능률을 저하시키는 것을 말한다. 따라서 작업은 계속하고 있지만 실제적으로는 작업을 하지 않거나 원만한 작업 또는 조잡한 작업을 하는 것을 말한다.

사보타지(sabotage)는 생산 또는 사무를 방해하는 행위로서 단순한 태업에 그치지 않고, 의식적으로 생산설비를 파괴하는 행위까지를 포함하는 개념이다. 따라서 파업이 사용자의 지휘, 명령으로부터 완전히 벗어난 것이라고 한다면, 태업 및 사보타지는 사용자의 지휘, 명령의 범위 내에 있으면서 이에 따르지 않는다고 하는 차이가 있다.

다. 불매운동

사용자 또는 그와 거래관계가 있는 제3자의 제품구입이나 시설이용을 거절하거나 노동계약의 체결을 거절할 것을 호소하는 투쟁이다. 이 경우 조합원들이 자사의 제품을 불매(boycott)하도록 동맹하는 것을 1차적 보이콧, 노동조합 이외의 사람들에게 제품을 불매하도록 동맹하는 것을 2차적 보이콧이라고 한다.

라. 피케팅

파업을 효과적으로 수행하기 위하여 노동 희망자들이 사업장 또는 공장에 출입하는 것을 저지하고, 파업참여에 협력할 것을 호소하는 행위이다. 피케팅(picketing)은 파업중인 사업장의 사용자에 대하여 노동력의 제공을 철저히 차단함으로써 경제적 타격을 보다 효과적으로 기하려는 것이다.

마. 준법투쟁

근로자가 법규정대로의 권리를 행사함으로써 그들의 주장을 관철시키고자 하는 쟁의행위로서 집단휴가의 실시, 시간외 초과근무의 거부, 정시 출근, 퇴근 등의 행위가 그것이다.

2) 사용자측의 대응

노조가 파업에 돌입했을 때 사용자가 취할 수 있는 행위도 있는데, 이것이 직장폐쇄(lockout)이다. 이는 노사간 의견불일치가 있는 경우 사용자가 자기의 주장을 관철하기 위하여 근로자 집단에 대해 생산수단에의 접근을 차단하고, 근로자의 노동력발휘를 조직적, 집단적, 일시적으로 거부하는 행위이다. 그러나 경영상의 사정으로 휴업이나 사업장을 폐쇄하는 행위, 또는 다수의 근로자에 대하여 취업규칙 위반 등을 이유로 출근정지 처분을 내리는 행위는 직장폐쇄로 볼 수 없다

6.2 노동쟁의 조정제도

노동쟁의는 가능한 짧은 기간 내에 노사 쌍방의 자주적 노력에 의해 해결되는 것이 가장 바람직하지만, 이것이 불가능할 경우에는 제3자인 노동위원회에 의한 노동쟁의의 조정이 있게 되며, 다음과 같은 과정을 거치게 된다.

1) 알선

알선(conciliation)은 그 개시가 강제되며 일반사업이나 공익사업의 구별 없이 적용된다. 노동조합 및 노동관계조정법에 의하면 노동쟁의가 발생할 때에는 관계 당사자는 행정관청과 노동위원회에 신고하도록 규정하고 있다. 따라서 알선의 개시절차는 노동위원회에 의해서 위촉된 알선위원회에 의하여 즉시 개시된다. 다만, 알선위원은 쟁의 당사자의 문제의 요점을 확인하여 사건이 해결되도록 노력하고, 당사자에게 해결점을 제시하지 않는 점에 있어서 자주적 해결원칙에 가장 가까운 조정방식이다. 알선에 의해 분쟁이 해결되지 않을 때에는 노동위원회에 이송되어 조정을 받게 된다.

2) 조정

분쟁에 대한 안건이 알선위원회에서 노동위원회에 이첩되면 노동위원회는 이를 지체없이 조정(arbitration)하기 위한 조정위원회를 구성한다. 조정위원회는 사용자, 근로자, 공익을 대표하는 각 1인으로 구성되며, 이들은 조정안을 작성하여 이를 당사자들이 수락할 것을 촉구하고, 일반에게 이를 공시함으로써 해결방안을 위한 협조를 구할 수 있다. 조정기간은 규정이 없으나 냉각기간(일반사업 10일, 공익사업 15일) 내에 이루어진다.

3) 중재

중재(mediation)는 쟁의 당사자의 신청에 의한 임의중재와 행정관청의 요구 또는 노동위원회의 직권에 의한 강제중재가 있다. 어느 경우에 있어서나 노동위원회 내의 중재위원회에 의해 행해진다. 중재위원회의 중재재정은 쟁의 당사자의 수락 여부와 관계없이 구속력을 가지며, 이러한 점에서 조정제도 가운데 가장 강력한 조정방법이다. 노동쟁의가 중재에 회부될 때에는 그날로부터 15일간은 쟁의행위를 할 수 없다.

4) 긴급조정

노동쟁의 규모가 확대되어 국민경제에 커다란 위해를 가할 우려가 있거나 공익사업에서 쟁의가 유발됨으로써 국민생활을 위태롭게 할 때 고용노동부 장관의 결정에 의하여 중앙노동위원회에서 긴급조정(emergency adjustment)을 할 수 있다. 긴급조정이 개시되면 관계 당사자는 즉시 쟁의를 중지해야 하며, 공표일로부터 30일이 경과하지 않으면 쟁의행위를 재개할 수 없다.

알선, 조정 및 중재의 어느 경우를 막론하고 분쟁이 해결되면 알선서, 조정서 및 중재재정서가 작성되고, 그 내용은 단체협약과 동일한 효력을 가진다.

한국 ICT 경쟁력은 세계1위인데, 노사관계는 최하위권

WEF, 140개국 국가경쟁력 평가
인터넷 보급 – 거시경제 안정성 '톱'…
노동시장 경직성이 경쟁력 발목
종합경쟁력 15위… 미국이 1위

국가경쟁력 순위

순위	국가
1	미국
2	싱가포르
3	독일
4	스위스
5	일본
13	대만
15	한국
17	프랑스
28	중국
31	이탈리아

분야별 한국의 국가경쟁력 순위

정보통신기술(ICT) 보급 관련(1위)	
광케이블 인터넷 가입자 수	1위
초고속 인터넷 가입자 수	6위
인터넷 사용 인구	9위

노동시장 관련(48위)	
근로자 권리	108위
정리해고 비용	114위
노사협력	124위

자료: 세계졍제포럼, 기획재정부

한국의 노동시장 경쟁력이 세계 최하위 수준인 반면 4차 산업혁명과 관련된 정보통신기술(ICT) 관련 경쟁력은 세계 1위인 것으로 나타났다. 미래 산업의 수준은 높지만 노사 문제로 국가경쟁력에서 발목이 잡힐 수 있다는 우려가 나온다. 기획재정부는 17일 세계경제포럼(WEF)이 조사한 국가경쟁력 평가에서 한국이 전체 조사 대상 140개국 중 15위를 차지했다고 밝혔다. 이는 WEF가 올해 △기본요인 △인적자원 △시장 △혁신생태계 등과 관련한 12개 부문 98개 세부항목을 설문과 통계를 통해 평가한 결과다. 지난해 한국의 국가경쟁력 순위는 26위였지만 올해 광케이블 인터넷 가입자 수 등 4차 산업혁명과 관련한 지표가 추가되며 순위가 11계단 뛰었다. 한국은 제도, 인프라, ICT 보급, 노동시장 등 12개 부문 중 10개 항목에서 20위권에 이름을 올렸다. ICT 보급과 거시경제 안정성은 세계 1위였다. 인터넷 가입 인구가 많고 물가상승률이 안정적인 점이 높은 평가를 받았다. 하지만 노동시장(48위) 부문은 부진한 성적표를 받았다. 노동시장과 관련한 12개 세부항목 중 4개가 100위권 아래였다. 노사관계가 대립적이고 노동시장이 경직적이라는 게 이유였다. 특히 노사협력에 대한 지표는 124위로 한국과 관련한 98개 세부항목 중 가장 순위가 낮았다. 노사협력 분야에서 한국은 콩고(133위)나 볼리비아(130위)와 비슷한 수준에 머물렀다. 노사관계 조사는 WEF가 한국 기업의 임원급 직원 100명을 대상으로 설문조사한 결과로 노사가 대립적이라고 답한 직원이 많을수록 순위가 낮아진다.

정리해고에 들어가는 비용도 조사대상 중 114번째로 높아 노동시장이 경직적인 것으로 나타났다. 근로자의 권리 수준(108위)도 최하위권이었다. 이밖에 독과점 수준(93위)과 복잡한 관세체계(85위) 등 생산물 시장과 관련한 지표도 낮은 점수를 받았다.

정부는 다음 달 초 민관합동 국가경쟁력정책협의회를 열어 노동시장 개선 방안 등을 보완하기 위한 대책을 논의하기로 했다. 기재부 관계자는 "경제 사회 모든 부문을 혁신해 생산성과 효율성을 높여야 할 필요가 있다"고 말했다.

한편 전체 국가경쟁력 순위에서 한국은 15위를 차지했다. 전체 1위는 미국이었고, 싱가포르 – 독일 – 스위스 – 일본 등이 뒤를 이었다.

(동아일보, 2018년 10월 18일)

Chapter 11

안전과 보건관리

건설·상사·패션·리조트 4개 부문별 체계적 안전관리와 철저한 안전점검 수행

삼성물산은 수익성 중심의 경영 원칙 아래 지속적인 경영 체질 개선과 사업 부문별 경쟁력 강화를 통해 견실 경영 체계를 확고히 해가고 있다. 삼성물산은 이사회 중심의 경영 체계를 강화하며 거버넌스 개선을 통한 주주 가치 제고, 사업 부문별 미래 성장을 위한 노력도 강화하고 있다.

삼성물산은 임직원, 협력회사, 고객 모두의 안전을 최우선의 가치로 삼아, 현장 중심으로 안전을 강화하고 실천력을 제고하는 문화를 조성하고 있다. 세계 각지에서 건설·물류·프로젝트 사업을 수행하고, 연간 약 800만 명이 방문하는 리조트를 운영하는 삼성물산 입장에서 안전 경영은 최우선 과제일 수밖에 없다.

건설·상사·패션·리조트 4개 사업 부문별로 체계적인 안전관리 시스템을 기반으로 철저한 안전 점검을 수행하고, 정기적인 임직원 교육을 통해 안전관리 역량과 의식 수준을 제고하고 있다.

건설 부문은 안전관리 체계 강화를 위해 안전 조직과 품질 조직을 일원화해 건설 현장에서 발생 가능한 모든 리스크 요인을 통합 관리하고, 합동 지원 및 점검을 하고 있다.

상사 부문은 해외사업장의 안전·보건·환경 관리 체계 개선을 위해 안전환경팀을 법인장 직속 부서로 개편해 작업 중지권, 사고 조사권 등 안전환경팀의 권한을 강화했다. 리조트 부문은 전문 업체의 컨설팅 및 자체 활동을 통해 안전사고 예방에 적극적으로 나서고 있다.

(조선일보, 2018년 9월 21일)

제 1 절

안전관리의 개념

1.1 안전관리의 의의

안전관리는 기업경영관리 중 인사관리의 일환으로 인적, 물적인 재해를 미연에 방지하고 특히 근로자의 중요한 생명과 신체를 보전함으로써 그들의 생활을 유지, 발전시키고 사회에 공헌하기 위한 것이다.

우리나라 산업안전보건법에서 산업재해는 근로자가 업무에 관계되는 건설물, 설비, 원재료, 가스, 증기, 분진 등에 의하거나 기타 작업으로 인하여 사망 또는 부상하거나 질병에 걸리는 것을 말한다(산업안전보건법 제2조 1항). 이러한 산업재해 및 안전관리는 근로자 본인과 가족에게 큰 피해를 입힐 뿐만 아니라 주변 동료들에게도 정신적 충격이 가해지고 국민경제에도 큰 부담으로 작용한다. 특히 기업에는 직접비용으로 산재보험보상(휴업보상비, 요양, 치료비 등), 회사보상(합의비용 등)과 간접비용으로 인건비, 물적 손실(원재료, 제품손실 등) 및 기업이미지 실추, 신규채용 시 훈련비용 등과 같은 손실을 초래한다. 반면 산업재해의 관리를 과학적인 방법으로 실시한다면 재해의 예방뿐만 아니라 종업원의 몰입 증대, 사기제고 및 생산성 향상에도 크게 기여할 수 있다. 이처럼 산업재해 및 산업안전은 기업목적 달성에 커다란 영향요인으로 작용하므로 중요한 관리대상이 되고 있다.

또 안전관리는 모든 생산 활동의 기본이면서 기업의 번영을 위한 것으로 오늘날 같이 복잡함 속에서도 철저히 지킨다면 기업 내에서뿐만 아니라 기업 외부에 있어서도 종업원의 안전관리에 대한 시야를 넓힐 수 있다. 이것은 재해의 결과가 노동능률에 영향을 미치는바, 기업 내 상해이건 기업 외의 상해이건 간에 동일한 것이 된다. 발생한 재해에 대해서는 대책을 수립하는 응급처치보다는 재해의 발생을 미연에 방지하는 예방관리적 측면이 더욱 중요한 의미를 지닌다. 또한 안전관리는 종업원의 심신을 보호하는 인도주의적 목적이 중심이 되어야 한다. 그러므로 근로기준법과 산업안전보건법 등에서 안전관리를 강조하고 있는 이유도 여기에 있으며 인명의 손상은 기계설비의 손상과는 달리 재해 발생 후의 대책만으로 보전될 수 없기 때문이다.

그러나 산업재해는 산업혁명 이전까지는 기업가들의 관심 밖이었고, 이후에도 소극적인 차원에서 질병 예방과 사고발생 시 치료와 위생관리가 주를 이루었다. 그러나 최근 산업재해의 관리는 경제적 관점은 물론이고 종업원의 기본적 권익과 생명보호라는 인본주의적 입장에서 그 중요성이 강조되고 있다. 또한 그동안 작업 기계에 의한 스피드와 능률을 지향하여 능률을 위한 과학은 급속히 발전하였으나 안전을 위한 과학이 이에 뒤지고 있어 기업의 사회적 책임의 관점에서 그 중요성이 더욱 강조되고 있다. 따라서 산업재해를 보다 체계적으로 관리하기 위해서는 산업안전관리(industrial safety management) 활동과 보건위생관리(health management) 활동에 더욱 많은 노력을 기울여야 할 것이다.

1.2 안전과 산업재해

1) 산업재해의 의의와 성격

산업의 고도화와 다양화로 기업 내부에서는 오늘날 분업화와 전문화가 추진되어 여러 가지 합리화의 풍조가 일고 선진된 기술을 흡수해 경영의 향상을 도모하고 있으나 특히 인간은 인공적인 환경의 생산작업장에 있어서도 외적인 조건의 특수한 지식과 합리적인 작업행동을 필요로 하고 있다. 이것은 안전확보가 절대로 필요하며 안전제일이 요구되기 때문이다. 그러나 우리나라의 현실은 산업의 고도화와 다양화에 따르는 안전시설마저 뒤따르지 못하고 안전성의 의식조차 없어 큰 문제가 된다.

인간에게 주는 재해에 대해 벨크호프는 "인간이 개인 또는 집단으로 시간의 추이상에 어떤 의도를 수행하려고 하는 행동과정에 대해 우발적이면서 인간 자신의 의사에 반해서 일시적 또는 영구적으로 그 행동을 정지시켜 버리는 것과 같은 현상이다"라고 정의하고 있으며, 산업재해란 국제노동기구(ILO: International Labor Organization)의 과거의 규정에 의하면 근로자가 물체, 물질 또는 타인과 접촉함으로써 각종 물체나 작업조건하에 몸을 두었기 때문에 근로자의 작업동작으로 인해 사람에게 장해를 일으키는 것을 말한다. 그러나 새로운 규정에는 업무로 인한 외상성 상해 또는 질병이다라고 하여 통근상 재해까지 포함하여 업무재해로 규정하고 있다.

이와 같이 협의의 산업재해는 위험한 물체나 농후한 가스 또는 액체에 접촉해서 일어나는 급성재해와 그 후유증까지도 포함된다.

2) 노동재해의 특수성과 발생재해의 평가

노동재해가 다른 일반적인 사고와 본질적으로 다른 점은 일반적 사고는 피해자의 자유의사에 의한 환경에서 발생하는 것이고 노동재해는 고용관계에 있는 업무에 취업 중 발생하는 것인데 이에 대한 방지대책은 곧 개개인의 주의라고 할 수 있다. 그래서 노동재해는 정해진 근로조건하에서 하나의 집단의 일원으로 행동해야 하며 기업경영자 입장에서 사고로 인한 피해자의 직장이탈은 그 사유 여하를 불문하고 기업으로서는 손해가 된다.

가. 도수율

$$\text{도수율} = \frac{\text{재해발생건수}}{\text{연 총근로시간}} \times 1{,}000{,}000$$

이것은 노동재해의 발생빈도를 나타내는 단위로 이 경우 연간 총노동시간 내에 대해서는 가능한 한 정확하게 산출하는 것이 중요하다. 그 달 또는 그 해당 연도의 노동시간으로 나누어 100만 명이 1시간 노동하는 동안 발생하는 사상자 수이다. 근로자 개개인의 근로시간을 합계하면 정확하지만 사실상 번거로움 때문에 다음과 같은 식으로 산출한다.

1개월 연노동시간수＝평균 1일 실노동시간수×평균 1일 근로자수
×1개월 노동일

1년 연노동시간수＝각월 연노동시간수의 총수

나. 강도율

$$강도율 = \frac{총손실일수}{연노동시간수} \times 1,000$$

재해의 발생도수는 재해도수의 조사만으로는 충분치 못해 재해의 질적 비율과 재해에 의해 생긴 상해의 강도를 측정하는 것이 필요하다.

재해강도율이란 재해강도를 그 재해발생에 의한 시간적 손실의 정도로서 표시한다.

다. 안전활동률

안전관리 활동을 평가하며 반성하고 재해방지에 필요한 자료의 척도로서 기업체 내의 안전관리 활동을 종합적으로 보아 어느 정도 활발하게 실시되고 있는가를 검토하는 척도로서 대단히 합리적인 비율이라 생각된다.

$$안전활동률 = \frac{안전활동\ 총건수}{노동시간 \times 평균근로자수} \times 5,000,000$$

이와 같은 식으로 볼 때 동종기업 간의 비교 검토가 이루어지며 안전관리 활동을 합리화하고 과학적 관리를 촉진하려면 발생재해 검토만 아니고 재해를 예방하기 위해 관리활동이 잘 실시되고 있는가를 반성할 필요가 있다.

또한 타기업에서 일어난 재해사례를 연구하여 동종 재해발생을 막을 수 있다.

제 2 절

산업재해의 원인과 분류

2.1 산업재해의 원인

산업재해 발생을 예방하고 적절한 대책을 수립하기 위해서는 재해발생의 원인을 정확히 분석 파악하여 재해의 여러 가지 측면을 이해할 수 있도록 한다.

우선 재해원인의 분류로는 크게 직접적 원인과 간접적 원인으로 나눌 수 있다. 직접적 원인이란 재해발생의 시점에 있어서의 원천을 말하는 1차적 원인이며, 간접적 원인이란 2차적 원인을 뜻하며 발생 이전에 먼저 존재하고 있던 요인으로 분류한다.

직접원인은 물적 원인과 인적 원인으로 나눌 수 있다. 인적 원인은 주로 인간행동에 의해 발생되며 업종에 의해서 다르나 대개 70~80% 정도는 인적 원인이라 한다. 물적 원인은 기계의 고장, 작업장의 설비상태의 좋고 나쁨에 크게 관계된다.

산업재해의 원인을 몇 가지 들어보면

① 인적 요인
② 물적 조건의 불비
③ 작업환경의 부적정
④ 관리의 불비 부적정 등 기타 여러 가지에 요인이 될 수 있다.

최근 일부에서 시행하고 있는 결함수법은 재해원인을 빠짐없이 정확하게 파악할 수 있고 또 통계적으로 효과적인 재해방지 대책을 구할 수 있다. 이것은 최하위의 원인 발생 확률을 알면 재해 자체의 발생확률까지 예측할 수 있다는 것이다.

그러나 재해원인과 재해방지에 기여하는 귀중한 자료가 되므로 정확성을 기해야 하며 재해발생 요인들을 엄밀하게 다각적으로 규명해서 재해방지는 물론 안전확보에 전력을 다해야 할 것이다.

2.2 산업재해분류

일반적으로 산업재해를 공식적인 통계의 분류에 따라 다음과 같은 원인으로 구분할 수 있다.

1) 일본 노동성 재해원인 분류

① 동력운전재해
② 작업행동재해
③ 특수위험재해
④ 잡원인재해

이 분류법은 원인을 제시하지 않고 단순히 그 현상을 제시하기 때문에 정확성이 결여되고 재해방지의 대책수립에는 큰 도움이 되지 않는다.

2) 미국표준협회 재해요인 분류

미국표준협회에서는 재해요인의 항목으로서

가. 가해자 및 재해에 직접적으로 관계가 있는 가해물의 부문
나. 기계적, 물리적 불안전 상태
다. 재해의 형태
라. 불안전 행위
마. 불안전한 개인적 요인

으로 다섯 가지로 대별하고 있으나 이것을 다시 세분하면 다음과 같다.

① 가해물～ (숫자로 표시)
② 가해부문
③ 기계적 또는 환경에 있어서의 물리적 불안전 상태

④ 재해의 형태

⑤ 불안전 행위

⑥ 불안전한 개인적 요구 등으로 분류한다.

이렇게 재해를 세분화하여 분류번호에 의해 정리하면 실제로 재해를 통계 작성할 때 대단히 편리할 뿐만 아니라 모든 재해에 대해 분류번호로 정확하게 통계되므로 매우 쓸모가 있다. 그러므로 재해예방에 충분히 제공될 수 있는 단일원인 분류 방법으로 가장 효과적인 방법으로 알려져 있다.

3) ILO에 의한 재해원인 분류

이 분류에 의하면 ① 기계, ② 운수, ③ 폭발 및 화재, ④ 유독성물질 고열물질 또는 부식성물질, ⑤ 전기, ⑥ 사람의 추락, ⑦ 타인이 얻어맞는 것, ⑧ 낙하물, ⑨ 추락, ⑩ 기계 이외의 취급, ⑪ 수공구, ⑫ 동물, ⑬ 기타 등 13개 항목이 제시되어 있어 단일 원인에 의해서 취급되는 점은 일본 노동성 통계분류와 같으나 작업행동재해라는 형의 분류는 포함되어 있지 않다.

또 1962년 ILO 분류에서는 사고형태 원인에 의한 두 가지 분류로서 복수의 원인을 포함시킨다. 그런데 ILO에 있어서는 1923년 국제적인 통계자 회의를 개최한 결과, 되도록 위와 같은 항목에 대하여 가해물체로서 원인을 분류할 것을 권고하고 실제적으로 이를 더 세분할 필요가 있다고 본다.

4) 노동청 재해원인 분류

우리나라에서는 미국표준협회 방식을 많이 따르고 있는데 그 분류내용을 보면 ① 재해종류, ② 재해발생원인 분류로 세분화하고 있다.

이미 고찰한 바와 같이 재해의 원인은 몇 개의 원인이 시간적 경과 후에 결합되어 재해현상으로 나타나기 때문에 많은 통계자들의 주관적인 방법이 아닌 객관적 방법에 따라 세분화하여 분류 판정방법을 정한다.

이와 같이 재해의 통계는 많은 사례들을 모아 처리하는 것이 필요하며 적은 수의 자료를 아무리 세분화하여 분류해도 그 결과는 신뢰성이 적다. 따라서 기업 내에서 피해가 따르는 재해는 많지 않으므로 될 수 있는 한 불휴재해를 많이 수집하여 수단을 강구하는 것이 중요하다. 재해통계의 항목으로는 각각 그 기업에 적합한 것, 즉 결과에 의해 대책을 세울 수 있는 항목으로 이런 모든 재해를 방지함에 있는 것이다.

제 3 절 안전관리조직과 안전교육

3.1 안전관리조직

1) 안전관리조직의 중요성

안전관리를 바탕으로 작업자를 재해방지의 방향으로 이끌어 나가려면 안전관리조직(safety management organization)이 가장 필요하고 중요하다. 안전관리가 단순한 인사관리 영역에 머무르지 않고 생산작업에 필요한 활동이라는 성격을 띠고 생산관리업무의 일부로 생산관리조직이 안전관리 실시의 기관으로 역할을 담당하게 된다.

일반적으로 안전관리의 기본적인 조직으로 ① 직계 조직(line system), ② 참모식 조직(staff system), ③ 직계참모식 조직(line & staff system)의 세 가지 방식으로 나눌 수 있다.

가. 직계 조직은 안전의 계획에서부터 실시까지 지시가 간단 명료하다는 장점이 있으나 대규모 기업에 적합치 않고 100명 이하인 경우 효과를 본다.

나. 참모식 조직은 직계 조직과는 달리 참모가 안전관리를 전문적으로 계획 추진시킨다. 그러나 생산라인에서 이를 실시하기 위한 노력을 받기 어려운 결점이 있다.

다. 직계참모식 조직은 가, 나 방법을 절충한 것으로 대기업 안전조직으로서 가장 적합하다.

3.2 안전교육

1) 안전교육의 이념

교육의 가장 기본적인 목표는 건강하며 안전하고 행복한 생활을 영위하는데 필요한 관습을 기르는 것이다. 즉, 일시적인 것이 아니라 어릴 때부터 가정과 학교를 통해 안전한 생활을 몸에 익히도록 길들이는 것이다.

한편 기업은 생산활동에 있어 올바른 작업방법으로 생산능률을 높이며 기업의 목적을 달성할 수 있다. 언제나 숙련공과 비숙련공이 있기 때문에 늘 안전교육의 필요성을 강조해야 한다. 일반적으로 안전교육은 ① 안전의 지식교육(knowledge), ② 안전의 기능교육(ability), ③ 안전의 태도교육(attitude)의 세 가지 단계에 의해 완성단계에 이르는 것이나 안전교육은 무한한 것이다.

2) 안전교육의 중요성

안전화를 도모하기 위해 일반적으로 ① 설비의 안전화(engineering), ② 인간의 안전교육(education), ③ 작업집단의 안전추진(enforcement)이 필요하다고 하고 있다.

직장의 안전활동은 좋은 직장을 만들기 위해서 필요한 시책이다. 생산에 따른 설비의 안전화는 기본적이며 이를 통해 기업발전을 도모할 수 있다.

그리고 산업근대화로 육체소모가 줄어든 것에 비해 정신소모가 많다. 따라서 안전교육훈련은 일하기 쉬운 직장, 건강하고 명랑한 직장, 삶의 보람을 느끼는 직장으로 연결되어 참된 노동생산성의 향상을 도모할 수 있다. 이러한 안전화의 조건은 내면적 조건과 외면적 조건이 구비되어야 한다.

내면적 조건으로는 우선 근로자가 안전에 관심을 갖고 인간공통의 기본적 욕구에 소구하지 않으면 안 된다. 이는 다음과 같은 심리작용의 과정을 거쳐야 한다. 즉 ① 교육한다, ② 이해한다, ③ 납득한다, ④ 자발적인 의사를 갖는다,

⑤ 실행한다, ⑥ 반성한다, ⑦ 습관으로 된다는 것인데 인간은 이러한 교육받은 내용들을 몸에 체득한다.

한편, 외면적 조건으로는 물적 설비가 안전해야 되고 경영자측이 안전에 대해 깊은 관심을 갖고 그것을 표시해야 하며 안전이 경영방침 속에 명확히 밝혀져 있어야 한다.

그리고, 안전교육을 대별하면 다음과 같다.

첫째, 생산공정에 취급되는 모든 공포심을 없애고 정확한 지식을 전달하여 재해를 적극적으로 예방해야 한다.

둘째, 작업상의 취급법과 직장에서의 적응으로 사고를 방지해야 한다.

셋째, 안전에 대한 관심을 향상시켜 나가야 한다. 여기에서 관심이나 태도를 형성한다는 것은 안전의식을 높이는 결과가 된다.

넷째, 안전교육 훈련에는 올바른 자기반성을 해 나갈 수 있도록 도와주는 교육의 지도면도 필요하다.

이상에서 고찰해 본 바와 같이 안전교육의 내용은 대단히 광범위하지만 반드시 구체적인 것이어야 한다. 교육은 일시적인 것이 아니라 실제의 훈련과 함께 문제의식을 가지고 목표를 세워 검토하여 개선에 계속 힘쓰고 원인과 결과를 명확하게 파악하여 관리방법을 찾는다.

제 4 절

보건관리

4.1 보건관리의 의의

기업의 경우 비교적 밀집된 장소에서 많은 사람들이 일을 하고 있으며 작업과 관련된 수많은 원재료와 기계설비 등을 취급하는 까닭에 종업원들은 언제나 건강을 해칠 수 있는 작업환경에 노출되어 있다. 그러므로 직무수행과 관련해서 발생할 수 있는 질병으로부터 종업원을 보호하기 위해 기업은 제반 조치를 취해야 한다. 다시 말해서 기업은 종업원의 심신 건강을 보호하는 조치를 강구하고 질병을 최소화하여 인적, 물적인 면에서 손실을 극소화한다는 점에서 안전관리와 비슷하다.

4.2 보건관리의 목적

보건관리의 목적은 종업원들이 건강장애를 받지 않고 산업에 지속적으로 참여한다는 데 있다. 1950년 WHO, ILO의 합동위원회에서는 보건관리의 목표를 다음과 같이 정의하였다.

① 근로자가 정신적, 육체적, 사회적으로 건전하다
② 사업장의 환경관리를 철저히 하여 유해요인에 기인한 손상을 사전에 예방한다.
③ 합리적인 노동조건을 설정함으로써 건강유지를 도모한다.
④ 정신적, 육체적 적성에 맞는 직종에 종사케 함으로써 사고를 예방하고 작업능률을 최대한 올리는 것을 기본목표로 삼고 있다.

따라서 보건관리는 기업경영에 있어 노동력을 보전하는 중요한 임무를 띠고 있으며 생산성과에도 직결된다. 보건관리에 있어서 가장 중요한 대상이 되는 것은 종업원 피로와 직업병이다.

4.3 보건관리조직

보건관리조직은 일반적으로 다른 조직과의 병렬방식, 인사부서와의 결합방식, 경영자 직속방식의 3가지 유형을 생각해 볼 수 있다.

1) 병렬방식

이 유형은 공식조직의 직제계열에 따라 안전보건관리조직을 설치하는 방식이다. 이는 생산업무, 인사업무 등과 안전보건업무를 병렬하여 별도로 취급하는 관리조직으로서 특히 운수사업처럼 사업장이 분산된 기업에서 많이 사용된다.

2) 인사부서와의 결합방식

이 방식은 인사부서에 안전 및 보건관리팀을 배속시키는 방식이다. 따라서 이 방법은 안전보건관리를 하나의 영역으로 간주해서 종업원 보호에 중점을 두는 것으로 인사담당중역하에 안전관리부분과 보건관리부문을 마련하여 안전보건관리를 경영관리의 중요한 일환으로 추진하려는 의도에서 채택되는 것이다.

3) 경영자 직속방식

이 방식은 사장, 공장장 등의 직속기관에 안전보건관리실 등을 설치하는 방식이다. 여기에서 안전보건업무는 기업전체조직에 공통문제로서 다루고 독립적으로는 경영자에게 직속되도록 하게 된다. 이 방식은 안전보전기술의 필요성이 강조되어 안전보건업무에 필요한 조치들을 자유롭게 널리 채택할 수 있는 장점이 있다.

4.4 보건관리조직의 기능

안전보건관리조직은 기업 내에서 다음과 같은 여러 가지 기능을 담당하여 이를 수행하게 된다.

1) 종합적 기획

기업 또는 한 사업장 내의 안전보건관리에 관한 제반 사항을 종합적으로 기획한다.

2) 조사와 연구

각종의 사고 및 질병에 관한 원인조사와 대책연구를 한다. 여기에는 통계적 처리가 매우 중요하다. 또한 안전보건의 관리효과를 거두기 위해 대외적인 연구기관 등과 직·간접으로 연결을 맺고 각종 자료나 문헌을 수집, 교환한다.

3) 위험의 발견과 예방

종업원의 안전과 건강을 위협하는 일체의 인적, 물적, 환경적 위험을 미리 발견하여 예방을 하여야 한다. 작업장의 순시, 검사설비에 대한 정기적이고 계속적인 점검과 건강진단에 의한 질환자의 발견, 이의 처리를 예방차원에서 관리한다. 위험을 사후에 관리하는 것보다 미리 사전에 예방하여 사고가 일어나지 않게 하는 것이 가장 중요한 것이라는 것을 인식하여 예방하여야 한다.

4) 교육 및 훈련

이 방법은 사고, 직업성 질환, 전염병적 환경위험에 대한 예방법과 사고가 발생했을 경우의 처치 방법 그리고 효과적인 대응 방법을 취해야 한다.

이와 같은 교육훈련의 내용으로는 위험한 기계 시설의 취급방법, 구급법, 보호기구, 사용법, 화재에 대한 유의사항, 직업성 질병에 관한 지식 등 여러 가지가 있으므로 광범위하다고 할 수 있다. 뿐만 아니라 그러한 교육훈련은 지속적으로 이루어져야만 효과가 있다. 한편 교육훈련대책은 종업원과 더불어 감독자, 관리자 및 경영자도 포함하여 설계되어야 한다. 특히 응급조치에 대한 교육훈련은 매우 중요하다. 따라서 필요한 기구준비, 소방방법, 피난경로, 구급법 등에 관하여 각별한 교육훈련이 필요한 것이다.

5) 계몽과 선전

기업내 종업원에 대하여 안전보건에 관한 계몽과 선전을 계속적으로 추진함으로써 그들의 의식과 참여를 고취하고 이 방법으로 표어, 포스터 등의 모집과 전시, 영화, 환등기에 의한 교육강연 등을 실시할 수 있다.

기업의 안전보건관리는 스스로 이루어지는 것이 아니라 담당관리자의 노력과 관리기구의 합리적인 운영에 의하여 사고나 질병의 예방과 조기수습 등의 소기목적을 달성할 수 있는 것이다.

화학물질자료 제출 의무 담은 '산안법 개정안' 통과… 업계 "취지 동감, 일반 공개는 우려"

국내 반도체·디스플레이 업계에 영업비밀 유출 논란을 일으킨 '산업안전보건법 전부개정법률안'이 국무회의를 통과했다. 사용하고 있는 화학물질을 모두 정부에 제출하고, 이를 홈페이지에 공개토록 한 당초 우려보다 규제 강도가 완화됐다는 평가다. 그러나 비공개할 수 있는 영업비밀 여부를 고용노동부 장관으로부터 사전에 승인 받도록 하고, 일부 내용은 홈페이지를 통해 공개할 수 있도록 해 영업비밀 유출 우려가 여전히 제기됐다.

정부는 30일 국무회의에서 이 같은 내용이 담긴 '산업안전보건법 전부개정법률안'을 심의·의결했다. 개정안은 최근 변화된 산업 현장 현실을 반영해 법 보호 대상을 확대하고, 산업재해 예방에 대한 사업주 책임을 강화하는 쪽으로 추진됐다고 설명했다.

이번 의결에서 반도체와 디스플레이 업계에 이목을 집중시킨 물질안전보건자료 문제는 다소 완화되는 쪽으로 정리됐다. 물질안전보건자료는 화학물질을 안전하게 사용·관리하기 위해 필요한 정보를 기재한 문서다. 화학물질을 다루는 모든 사업주가 자료를 작성해 사업장 내에 비치한다.

정부는 화학물질을 제조·수입하는 자에게 물질안전보건자료를 작성해서 고용노동부에 제출하도록 의무를 새롭게 부과했다. 현행은 화학제품 양도 시 사인 간에 물질안전보건자료를 제공하도록 돼 있다. 그동안 정부가 화학제품 제조와 수입 현황을 알기 어렵게 된 만큼 자료를 제출 받아 유해화학물질로 인한 근로자 건강 장해를 예방하겠다는 취지다.

정부는 또 물질안전보건자료 기재 대상을 국제 기준과 같은 유해·위험한 화학물질로 한정시켰다. 그동안 모든 구성 성분 화학물질을 물질안전보건자료에 기재해 온 우리나라는 유해성·위험성 물질만 기재토록 한 국제기준(유엔의 GHS분류체계 등)에 맞춘 것이다.

이와 함께 물질안전보건자료 가운데 구성 성분 명칭과 함유량을 비공개할 경우 고용노동부장관 사전 승인을 받도록 했다. 정부는 그동안 기업이 영업비밀 여부를 자의로 판단해 자료를 공개하지 않아 근로자가 위험에 노출되는 문제가 있었다고 설명했다.

산업계는 정부 개정안이 기존 우려 요소를 많이 완화했다는 점에서 안도했다. 당초 업계는 사용하고 있는 화학물질을 모두 정부에 제출하고, 이를 홈페이지에 공개토록 개정이 추진되자 기술 유출을 우려했다. 국내 반도체나 디스플레이 업계에서 사용하고 있는 화학물질이 고스란히 노출될 경우 핵심 정보가 경쟁사에 유출될 수 있기 때문이다. 그러나 물질안전보건자료 기재 대상을 유해물질로 한정한 점, 자료를 고용노동부장관에게 제출토록 한 부분에 대해서는 행정력이 소요되지만 필요성에 동감했다.

다만 영업비밀로 보호 받으려면 사전 승인을 받아야 하고, 물질안전보건자료 일부를 홈페이지에 공개토록 한 데에 대해서는 여전한 우려 목소리를 냈다. 한국반도체산업협회 관계자는 "영업비밀에 대한 결정을 고용노동부장관이 하는 셈인데 영업비밀은 기업마다 업계마다 기준이 다를 수 있다"면서 "얼마나 합당하게 이뤄질지 지켜봐야 할 대목"이라고 말했다.

한국경영자총협회는 자료 공개 대상이 한정돼야 한다고 강조했다. 경총 관계자는 "외국에서도 기업이 안전보건자료 자체를 온라인으로 공개하는 입법례는 찾아보기 어렵다"면서 "근로자와 무관한 제3자가 볼 수 있는 건 문제"라고 전했다. 영업비밀로 인정받지 못한 중요 정보가 홈페이지에 공개될 경우 경쟁국이나 경쟁 업체에 흘러갈 수 있기 때문이다.

박영만 고용노동부 산재예방보상정책국장은 "물

질안전보건자료 비공개 요청이 기각되더라도 해당 기업이 인정하지 못하면 '이의 제기' 절차나 행정심판·소송 등을 통해 추가 논의하게 될 것"이라면서 "기업 요구를 충분히 수용할 수 있는 절차를 진행할 것"이라고 말했다.

박 국장은 또 "산안법 개정안 가운데 물질안전보건자료 부분은 산업통상자원부와 환경부 등 관계 부처 협의를 거쳐 결정됐다"면서 "앞으로 국회 논의 과정에서 산업계 등 추가 의견이 나오면 수렴할 것"이라고 말했다.

(전자신문, 2018년 10월 30일)

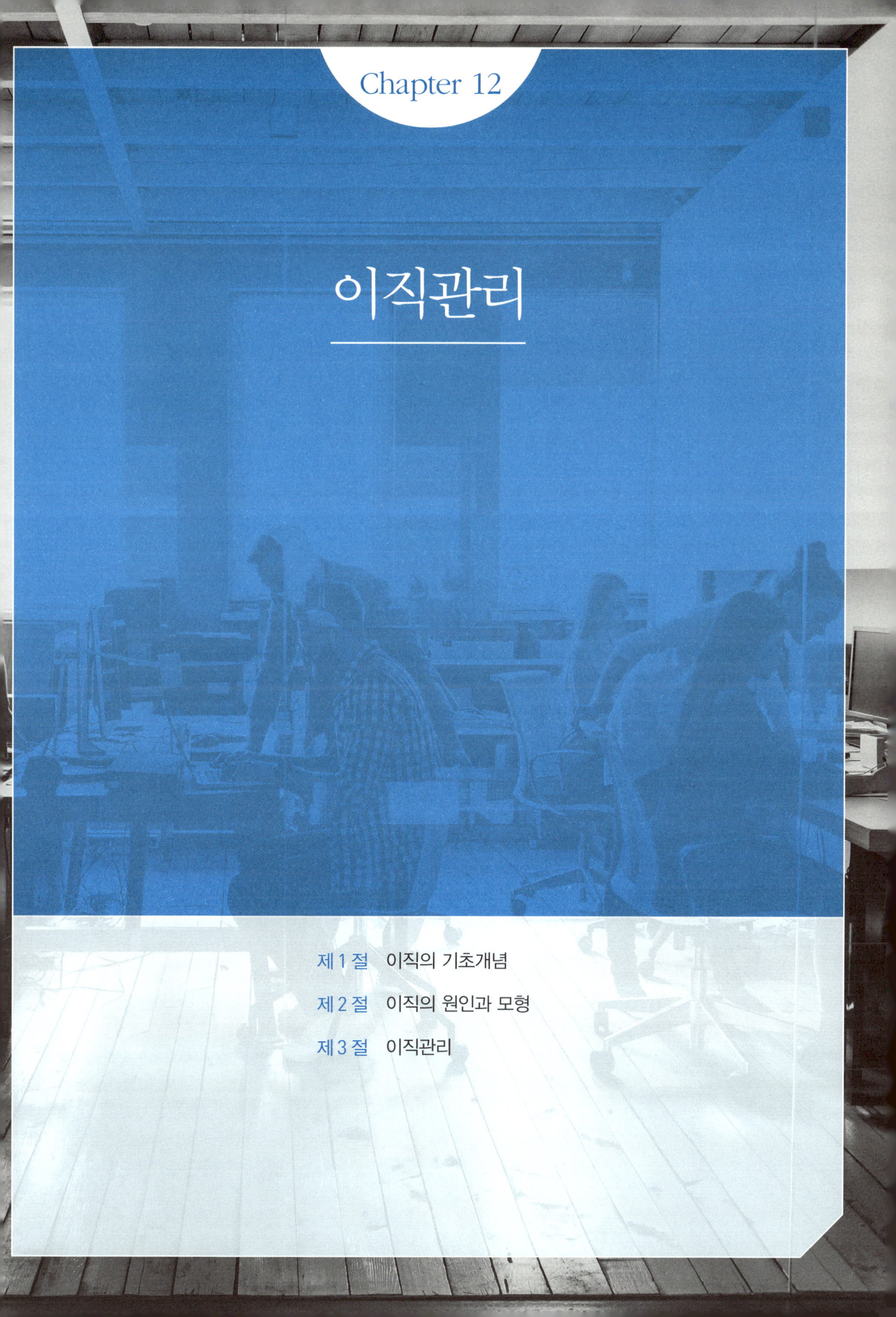

Chapter 12

이직관리

고령자 64% "일을 달라"… 59%는 생활비 때문

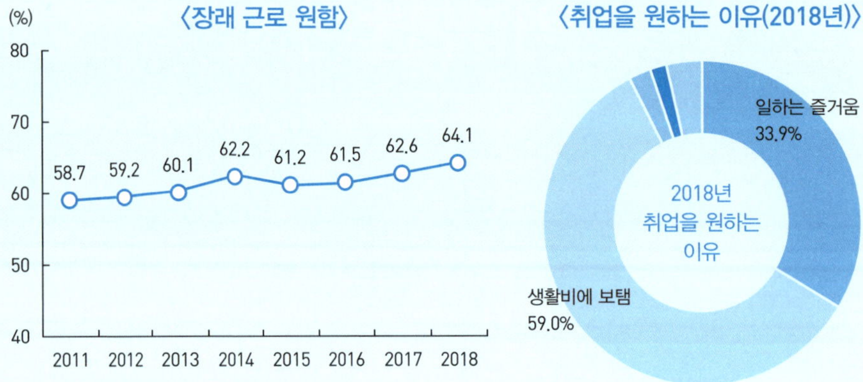

자료: 통계청, 「경제활동인구조사 고령층 부가조사」

근로를 희망하는 고령자 비율이 지속해서 늘어나는 추세다. 특히 생활비를 보태기 위해 취업을 희망하는 비율이 5년 연속 올라 올해 60%에 다다랐다.

27일 통계청이 발표한 '2018 고령자 통계'에 따르면 올해 55~79세 고령자 중 장래에 취업 의사가 있는 자의 비율은 64.1%로 전년(62.6%)보다 1.5%p 증가했다. 이 비율은 2015년(61.2%)부터 4년 연속 상승했다.

취업을 원하는 이유로는 '생활비 보탬'이 59.0%로 가장 높은 비중을 차지했다. 생활비를 이유로 근로를 희망하는 비율은 2014년(54.1%), 2015년(57.1%), 2016년(58.1%), 2017년(58.3%)에 이어 올해까지 5년 연속 올랐다.

'일하는 즐거움'을 사유로 근로를 희망하는 비율은 33.9%로 2위다. 생활비와 대조적으로 해당 비율은 같은 기간 꾸준히 감소해왔다. 이 밖에 근로 희망 사유로는 '무료해서(3.3%)', '사회가 필요로 함(2.2%)', '건강 유지(1.5%)' 등이 있다.

성별로 보면 남자(75.6%)가 여자(53.6%)보다 장래에 일하길 더 원했다. 취업 희망 사유는 남녀 모두 생활비 보탬, 일하는 즐거움 순이었다.

고령 취업 경험자의 평균 근속기간도 4년 연속 늘었다. 올해 55~64세 취업 경험자 중 가장 오래 근무한 일자리에서의 평균 근속 기간은 15년 4.9개월로 조사됐다. 이는 지난해(15년 3.5개월)보다 1.4개월 늘어난 수치다.

가장 오래 근무한 일자리를 그만둔 이유로는 '사업부진, 조업 중단, 휴·폐업'이 31.9%로 가장 많았다. '건강이 좋지 않아서(19.5%)', '가족을 돌보기 위해서(15.8%)' 등이 그 뒤를 이었다.

(동아일보, 2018년 9월 27일)

제 1 절

이직의 기초개념

1.1 이직의 개념

이직(separation)은 근로자가 자의 또는 타의에 의해 일시적이거나 영구적으로 고용이 종료됨을 뜻한다. 따라서 사직은 자의적 이직이라고 할 수 있으며 고용기간의 만료, 해고, 노동력 유지를 위한 일시 해고, 기타 근로자의 의도와 상관없는 이유로 인한 퇴사등은 비자발적 이직이라고 할 수 있다. 일반적으로 이직은 크게 사직(quits)과 해고(dismissals)로 구분한다. 사직은 다시 의원사직과 권고사직으로 구분되며 이 둘을 구분하는 기준은 종업원의 의사이다. 일반적으로 사직이라고 하면 의원사직을 의미하며 종업원의 의도에 의해 스스로 조직으로부터의 이탈을 결정하는 경우를 뜻한다. 퇴직은 인센티브나 퇴직을 선택함으로써 얻을 수 있는 이익, 기타 이유로 인해 자발적으로 조직을 이탈하는 것으로 사직과는 원인의 차이로 구분이 가능하다. 해고는 대표적인 비자발적 이직으로 근로자의 특수한 이유(결점)로 인해 사용자에 의해 조직으로부터 이탈하게 되는 것을 말한다. 일시해고 역시 해고에 포함되는데, 일시해고의 경우 그 원인이 근로자보다는 조직 자체의 필요에 기인한다는 점에서 구분된다. 정리해고는 기업환경의 악화로 인해 고용관계를 유지할 수 있는 수준으로 감원이 필요한 경우 실시되며, 이탈한 근로자가 조직으로 복귀하지 못하는 경우가 많다.

1.2 이직의 중요성

1) 거시적 관점

이직은 기업의 인적자원 수요에 비해 그 공급을 하락시키는 행위로 결과적으로 근로자의 지위를 향상시키는 효과가 있다. 근로자는 보다 더 자신을 필요로 하는 직장을 구하고자 하기 때문에 결과적으로 생산성이 낮은 곳에서 높은 곳으로, 즉 임금조건이 나쁜 곳에서 더 좋은 곳으로 인력의 이동이 발생한다. 이처럼 더 나은 조건과 환경을 찾는 근로자의 노력은 인적자원이 전체적으로 더욱 효율적으로 배치되도록 하는 원동력으로 작용할 수 있다. 그러나 과도한 이직률은 노동시장의 과도한 유연화를 초래하여 노동환경의 안정성을 크게 훼손할 수 있고, 이직 과정은 실직상태로 인식되어 높은 실업률에 따른 사회적 비용이 야기된다.

2) 기업의 관점

경영환경 악화 등의 이유로 인건비 절감이 요구되는 상황에서 자발적인 이직은 노동력을 효율적으로 이용하는 측면에서 바람직하다. 또한 기업 입장에서 불필요하다고 판단되는 인력이 이직할 경우 더 나은 역량을 가진 인력으로 대체할 기회로 간주할 수 있으며, 이러한 인력수급은 새로운 기술 획득으로 이어질 가능성이 있다. 그러나 이직 과정은 조직을 나가는 근로자에 대한 투자비용을 회수하지 못하게 되고 신규종업원을 선발하고 교육훈련을 진행하는 등의 손실이 강요된다. 특히 경영층이 이직할 경우 업무 진행에 장애가 발생할 수 있고 대외적인 기업 이미지 하락을 감수해야 할 수도 있다. 특히 이직률이 지나치게 높을 경우 남아있는 조직구성원들의 사기가 저하되는 등 금전적 손해 이상의 손실이 발생할 수 있다.

3) 개인적 관점

근로자들은 이직을 통해서 임금 등의 고용조건을 개선하고 자신의 능력을 더 잘 발휘할 수 있는 직장을 얻고자 한다. 그러나 직장을 옮기는 과정에서 완전히 동일한 직무를 맡지 못할 가능성이 높아 개인적인 기술 축적이 어려울 수 있고, 상하관계의 역전, 이직과정중의 심리적 갈등, 기타 비용 등의 문제가 발생한다.

4) 잔류자의 관점

이직의 발생은 잔류자에게는 승진의 기회로 이어진다. 특히 조직구성원들의 협력이 중요시되는 직무의 경우 능력이 부족한 구성원의 이직은 협동력과 직무성과의 향상을 불러온다. 이직자로 인한 공석을 다른 인력으로 보충함으로써 조직 내 분위기 환기와 인적자원 배치의 효율성을 높일 수 있다. 반면 이직의 발생 이후 새로운 인력의 보충 사이의 기간 동안 잔류자들은 더 많은 업무를 부담해야 하며 업무성과가 저하될 가능성이 존재한다. 또한 잔류자들보다 상급 직위의 구성원이 이직하였을 때 외부인력을 영입할 경우 승진에 관한 불만이 제기될 수 있다. 조직의 이직률이 높은 것은 대외적으로 나쁜 이미지를 줄 수 있으며 내부 구성원들 또한 사기 저하로 인해 직무성과의 악화를 초래할 수 있다.

1.3 이직률과 비용

1) 이직률의 측정

이직률은 기업환경에 따라 차이가 있으며 평균근로자의 이직률을 기초로 해서 계산된다. 따라서 정책적으로 통제가 가능하고 제반 기업환경을 고려해서 이직률의 적정수준을 결정해야 한다. 즉, 업계 전체의 평균 이직률을 고려하기보다는 기업의 인력상황 및 제반 환경조건을 정확히 분석해서 이직수준의 최적화를 도모해야 한다. 이직률은 다음과 같은 공식으로 계산된다.

$$\text{이직률} = \frac{\text{이직자 수}}{\text{전월 말 종업원 수}} \times 100$$

2) 이직비용

넓은 의미로서 이동은 근로자가 조직으로 들어오고 나가는 모든 전출, 전입을 의미한다. 따라서 이러한 근로자의 이동은 조직에 대한 노동력의 안정성을 측정하는 기준이 된다. 그러나 노동력의 지나친 이동은 기업에 있어서 바람직하지 못할 뿐만 아니라 많은 비용을 수반한다. 근로자가 기업을 이탈함으로써 발생하게 되는 비용은 일반적으로 다음과 같다.

① 모집과 면접을 위한 시간 및 배치검사에 따르는 고용비용
② 감독자, 인사부서 및 피훈련자를 포함한 훈련비용
③ 실적보다 더 많이 지불해야 하는 초임자의 보수
④ 새로운 고용인들의 상대적으로 높은 사고율
⑤ 기존 인적자원의 이직시기와 새로운 인적자원의 충원시기 사이에서 발생하는 생산성 상실
⑥ 충원기간과 훈련기간 사이의 생산설비의 불충분한 활용
⑦ 새로운 인적자원들이 생산에 참여할 때 불량품 및 폐기율의 증가
⑧ 계약 인도기일 준수를 위해 초과근무수당을 지불해야 하는 잠재적 가능성

이러한 비용의 중요성에 대한 인식이 증가함에 따라 인력의 이탈에 대한 문제가 관리상의 관심사가 되고 있다. 이직을 관리한다는 것은 이직률을 완전히 제거한다는 것이 아니다 이직은 기업에 새로운 아이디어의 도입, 높은 자질을 갖춘 새로운 인력의 도입 가능성, 임금이 낮은 신입자로 대체함에 따른 보수비용의 저하 등의 형태로 조직에 기여할 수 있다. 그럼에도 불구하고 근로자의 조직이탈은 많은 비용을 발생시킨다.

제 2 절

이직의 원인과 모형

2.1 이직의 원인

근로자가 이직을 결정하는 데 영향을 주는 요인으로는 경제적 상황, 대체

직무의 범위, 개인의 역량, 노동시장의 추이, 기업환경, 기업 내 유휴인력 등이 있다. 이들 요인을 구체적으로 살펴보면 다음과 같다.

1) 개인적 요소

가. 연령

일반적으로 연령과 이직률은 반비례한다. 중장년층의 근로자들은 안정성을 선호하는 경우가 높으며 제도적 요인으로 인해 자신의 직무를 대체할 수 있는 직무를 찾기가 어렵다. 이직을 하고자 하는 경우에도 실제로 재취업의 가능성이 젊은 근로자들에 비해 낮아 이직률을 낮추는 데 일조한다.

나. 경력

경력은 이직률과 반비례하는 경향을 보인다. 일반적으로 근로자들은 자신의 경력의 초기단계에서 적극적으로 이직을 시도하는 것으로 나타난다. 이것은 근로자의 적성과 연관이 있다고 할 수 있다. 적성에 맞는 직무를 찾기 전까지는 적극적인 이직을 통해 여러 직무를 경험하고, 적합한 직무를 찾은 이후에는 경력축적을 우선하고 있음을 알 수 있다.

다. 성별

일반적으로 경력 초기에는 여성이 남성보다 높은 이직률을 보이고 있으며 경력이 일정수준 이상 축적된 경우 남성이 여성보다 높은 이직률을 보인다. 남녀별로 이직률의 차이가 나타나는 것은 분명하나 개인이나 직무의 특성 등의 영향이 더 크게 작용하는 것으로 생각되어 성별만으로 이를 구분할 것이 아니라 다른 요인과 성별을 연계하여 생각하는 것이 바람직하다

라. 근속연수

근속연수가 길수록 이직률이 낮은 경향을 보인다. 보통 연령과 근속연수는 비례하는 경향이 있고 따라서 연령과 이직률의 관계와 마찬가지로 근속연수 또한 이직률과 반비례한다.

마. 교육수준

근로자의 교육수준이 높을수록 직무를 통해 자신의 자아를 실현하고자 하는 욕구가 크다. 따라서 직무와 자신의 욕구 사이의 괴리를 좁히기 위한 노력을 하거나 심리적인 갈등상태에 처하는 경우가 많다. 특히 여성은 교육수준과 이직률이 유의미한 비례관계를 보인다.

사. 가족상황

일반적으로 근로자가 가족 내에서 부양 의무가 클수록 안정성을 추구하는 정도가 높다. 따라서 기혼자이거나 자녀를 포함한 부양가족이 많을수록 이직률은 낮아진다고 볼 수 있다.

2) 기업요인

가. 임금

대부분의 이직에 있어서 1차적인 요인은 임금이라고 할 수 있다. 즉, 임금이 높을수록 이직률은 낮아지나 임금이 높을지라도 개인의 기대수준과 차이가 있을 때에는 이직률은 높아진다는 것이다. 이것은 임금 지급액보다 공정성에 관한 것으로 볼 수 있다.

나. 업무환경

업무환경과 이직은 반비례하는 경향을 보인다. 업무요인으로는 작업, 휴식시간, 작업장비, 실내온도, 환풍, 습도, 작업장 위치, 작업시설 배치, 재해 위험성 등을 들 수 있다.

다. 모집과 배치

모집과 배치의 과정에서 종업원의 적성과 능력이 합리적으로 고려되었다면 이직률은 낮아진다. 연고나 이권, 업무의 편리성, 지위향상의 우선권 등의 요인에 의한 비효율적인 배치는 이직률의 증가를 초래하게 된다.

라. 복리후생

각종 보험, 연차 및 유급휴가, 노후를 위한 연금, 융자제도 등 근로자의 건강과 생활유지 그리고 노후대책을 위한 회사의 정책적 측면을 의미한다.

마. 직무 자체

직무에서 요구하는 요인과 개인의 적성 및 능력의 관계로서 개인의 흥미, 다양성, 승진기회, 학습기회, 난이도, 직무량, 속도, 통제 등을 의미한다.

바. 노조 및 노사협의회

활발한 노조활동과 충실한 협의제도의 활용은 이직을 감소시킨다. 이것은 노조의 활동이 호황시에는 임금과 노동조건에, 불황시에는 고용유지에 관심을 가짐으로써 해고와 불만이 감소하기 때문이라고 할 수 있다.

사. 교육훈련

이직률과 교육훈련의 실시 비율 간에는 부(−)의 관계가 있다. 교육훈련은 급변하는 기술 및 환경변화에 능동적으로 적응할 수 있는 능력을 보완해 주기 때문이다.

아. 승진 및 발전기회

이것은 경제적 및 사회적 지위와 조직 내에서의 지위 등을 포함한다.

자. 인정감

업적에 대한 칭찬, 수행한 일에 대한 신뢰 등이 포함된다. 기대한 만큼 충분한 인정 및 피드백을 받고 있는가 하는 것이 중요한 요인이 된다는 것이다.

차. 감독방법

감독유형, 영향력, 기술적 및 인간적 관계, 관리기술 등을 포함한다. 과업지향적 감독자는 전제적, 독단적이며 방어적이고 부하에 대해 저항감을 가지고 있고, 부하중심적 감독자는 협조적, 민주적이며 부하와 상호작용하기 때문에 합리적이라는 것이다.

카. 동료관계

동료간의 협조 및 친밀성 등을 포함하며 동료관계나 팀워크가 이직과 부(-)의 상관관계를 가지고 있다.

2.2 이직결정모형

이직은 근로자의 직무만족과 높은 관련이 있다. 마치와 사이먼(J. G. March and H. A. Simon)은 이러한 사실을 기초로, 조직이 종업원에게 제공하는 유인과 공헌도의 정도가 최소한 같거나 유인이 많을 때 조직에 남게 된다고 하였다. 따라서 개인이 이직을 하는 원인은 그가 원하는 보상을 조직이 충족시켜 주지 못해 기대에 어긋나기 때문이며, 이때 유인과 공헌의 균형을 조직이탈욕구와 가능성이라는 두 요소의 함수관계로 설명한다.

즉, 개인이 직무에 만족할수록 이직하고자 하는 욕구는 작아진다는 것이다. 직무에 대한 만족은 첫째, 종업원의 자아상과 직무와의 적합성, 둘째, 직무만족에의 예측 가능성, 셋째, 직무와 다른 역할과의 양립성의 세 가지 요인에 의해 결정된다.

또한, 종업원이 조직을 이탈할 수 있다고 생각할 가능성은 그가 선택할 수 있는 조직의 수에 의존한다. 즉, 선택할 수 있는 조직의 수가 많아서 취업할 가능성이 높다면 조직을 쉽게 이탈할 수 있다는 것이다. 조직은 종업원으로서의 자질에 따라 서열을 만들며 노동력이 부족하면 더 많은 인원을 고용한다. 그러므로 종업원들은 자신의 서열상의 위치와 비교되는 다른 조직의 고용기회가 얼마나 많은가에 따라서 결정한다.

제 3 절

이직관리

3.1 사직관리

전직은 수행하던 직무에서 대체 직무로의 이동을 뜻하는 반면 사직은 근로자가 조직을 이탈하는 것을 뜻한다. 사직의 결정에 영향을 주는 것은 개인적인 특성, 노동시장의 추이, 조직환경 등의 요인들이 있으며 사직에 대한 문제를 이해하기 위해서는 이들에 대한 이해가 전제되어야 한다. 따라서 사직자를 감소시키는 작업은 구체적으로 임금의 상승, 명확한 직무범위, 조직 내 비전 제시, 제도적 개선 등의 형태로 나타난다.

조직 내 사직을 감소시키기 위해서는 사직자들의 사유에 대한 정확한 파악이 필요하다. 사직절차에서 인터뷰를 통해 사유에 대한 파악과정이 필요하다. 수집된 사유는 현재 기업의 여러 조건들을 고려하여 문제가 되는 지점에 대한 개선이 이루어져야 하며 이를 통해 동일한 사유로 사직자가 발생하는 것을 예방할 수 있다. 일반적으로 자신이 직무수행과정에서 부당한 대우를 받고 있다고 느끼거나, 직무의 범위가 불명확하여 과도하거나 모호한 업무 수행이 요구되는 경우 사직을 결정하게 되는 경우가 많아 교육훈련을 개선하거나 인사관리가 공정하게 이루어지고 있음을 실무를 통해 확인할 수 있도록 하는 등 제도를 개선하고 해당 직무 담당자가 이를 확인할 수 있도록 하는 것이 중요하다.

조직은 종업원의 사직에 대비하여 개별 노동자에 대한 노동의 유효성, 사직 시 예상되는 비용 등을 고려한다. 이러한 요인들은 종합적으로 사직의 허용 여부를 결정하는 지표가 된다. 조직이 현재 보유한 근로자들 중에는 대체 가능한 인력과 대체가 불가능한 핵심인력이 있으며 핵심인력의 사직은 조직에 치명적일 수 있다. 노동력의 다양성을 추구하는 조직일 경우 이는 더욱 중요하며, 조직 차원에서 대체인력을 양성하는 관리적 활동이 필요하다.

3.2 퇴직관리

퇴직(retirement)은 크게 정년에 의한 퇴직과 중도퇴직을 의미한다. 정년은 법적인 근거를 통해 일정한 연령이 되면 자동적으로 퇴직이 되는 제도이다. 최근 기술적인 발달로 인해 기업경영환경이 다각화되어 이에 대한 급부로 중도채용이 증가하는 추세이다. 따라서 중도퇴직 또한 증가하고 있다.

근로자의 개별적 특성에 따라 복수의 퇴직절차 중 자신에게 적합한 절차를 선택할 수 있는 선택정년제가 운용되고 있다. 기업의 노동력 필요 상태와 근로자의 희망에 의해 유연한 퇴직 선택이 가능하다.

정년퇴직, 선택정년, 중도퇴직 등은 새로운 인력의 유입과 젊은 근로자들에게 승진의 기회를 부여한다. 이로 인해 조직 분위기를 쇄신하고 전체적인 조직의 근로능률 향상을 기대할 수 있다. 근속연수가 높은 근로자가 낮은 근로자로 교체되는 것은 기업입장에서 임금 지출의 절감을 의미하기 때문에 기업경영에도 긍정적인 영향을 미친다.

그림 12-1 퇴직의 유형

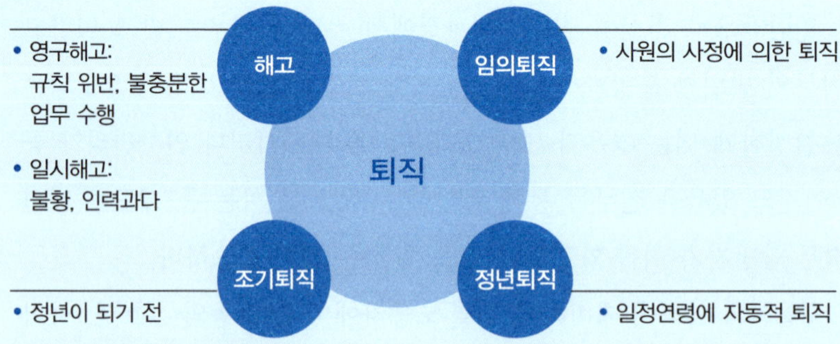

3.3 해고관리

해고(discharge)란 고용 중의 종업원을 기업이 일방적으로 사임시키는 것을 말한다.

1) 징계해고관리

종업원의 부정, 부당한 행위에 대한 처분으로써 행해지는 것으로, 경우에 따라 피하기 어렵고 또 필요한 조치이다. 징계해고(disciplinary discharge)를 준비하는 데 있어서 다음과 같은 정책구성이 필요하다.

가. 해고에 이르는 경우를 명확하게 문장화해 둔다.
나. 전 종업원에게 철저하게 주지시킨다.
다. 징계해고가 부가되는 경우에는 즉각적으로 사실분석을 행한다.
라. 인사부서뿐만 아니라 상위의 관리직이 재검토한다.
마. 해당 종업원은 그에 대한 조건이 완전하게 처리될 때까지 조직에 체류하도록 한다.
바. 종업원이 정당한 것이라고 한다면 재조사해야 한다.

2) 무능력 종업원의 해고관리

무능한 개인을 해고하는 것은 종업원의 경제적, 인간적 측면으로부터 보아도 곤란하고 어려운 것이다. 이 경우 고용주는 종업원에 대해서 가장 필요한 선택이고 절차가 될 수밖에 없다고 하는 상담이 필요하고, 될 수 있는 한 문제를 야기시키지 않도록 하는 배려가 있어야 하며 항상 기록을 보유해 두는 것이 바람직하다.

3.4 인적자원관리 시스템의 변화

최근 인적자원관리 시스템에 다양한 변화가 진행되고 있으며 그 변화의 내용은 다음과 같다.

첫째, 정년이 점으로부터 존(zone)으로 변화하는 것이다. 계속적으로 정년이 연장되고 있지만 선택정년제 및 조기퇴직우대제도가 설정되어 정년 전에 정년으로 취급하는 퇴직의 기회가 부여되는 것이다. 동시에 정년 전에 관련기업이나 거래처 등으로의 전적을 전제로 한 퇴직이 촉진되어 내부 노동시장의 일부가 자회사나 거래처로 확대된다.

둘째, 정년과는 별도로 직위정년제 및 직위임기제가 설정된다. 동시에 승진경력을 다변화하기 위하여 전문직제도가 도입되어, 복선형 인적자원관리 시스템이 구축되고 있다.

셋째, 정년 연장에 따르는 임금 코스트의 증가를 억제하기 위하여 임금곡선을 억제하거나 하향시킨다든지, 기업연금화를 포함해서 퇴직금제도의 새로운 변화가 진행되고 있다.

넷째, 정년 후에도 재고용 및 근무 연장에 의해 계속고용제도를 준비하고 있는 기업도 있지만, 대기업을 중심으로 계속고용제도의 도입률이 현격하게 감소하고 있다.

찾아보기

저자소개

안 동 규

건국대학교 경영과학 박사
(주)스카이미디어 감사
관심분야 : 의사결정, 지식경영, 인사관리

신 충 호

프랑스 Kedge Business School 경영학 박사
경민대학교 IT경영학과 겸임교수
관심분야 : 기업전략, 기업지배구조

최 정 웅

한국외국어대학교 경영정보 박사
(주)자우미디어 이사
관심분야 : 경영정보시스템, 빅데이터, 경영기획

인적자원관리

초판인쇄 2019년 2월 15일
초판발행 2019년 2월 20일

지은이 안동규 · 신충호 · 최정웅
펴낸이 김중용

총괄기획 박노일 · 최준규
편 집 심성보

펴낸곳 마인드탭 MIND TAP
경기도 파주시 책향기로 441, 1004동 1004호(동패동, 책향기마을)
등록 제406-2014-000093호
전 화 070)7550-3758 팩 스 02)718-8554
홈페이지 www.mindtap.co.kr 이메일 pnc@pncmedia.co.kr
ISBN 979-11-89675-01-1 93320

※마인드탭은 피앤씨미디어의 자매 브랜드입니다.

정 가 25,000원